AF413362

Miloň **Novotný**
FOTOGRAFIE

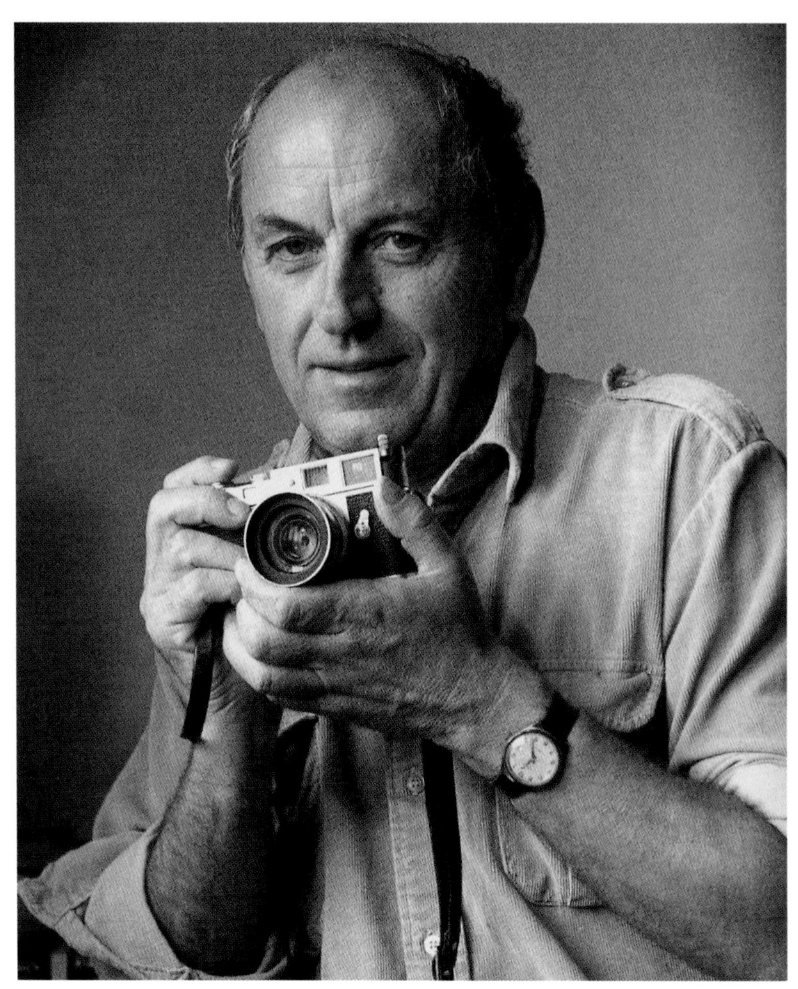

Miloň **Novotný**

1930 – 1992

FOTOGRAFIE

Okamžik chtěl bych oslovit:
jsi tolik krásný, prodli jen!

An instant would I fain adress:
So beauteous art thou, bide awhile!

J. W. Goethe (Faust)

50. – 60. léta
50s – 60s

Československo
Czechoslovakia

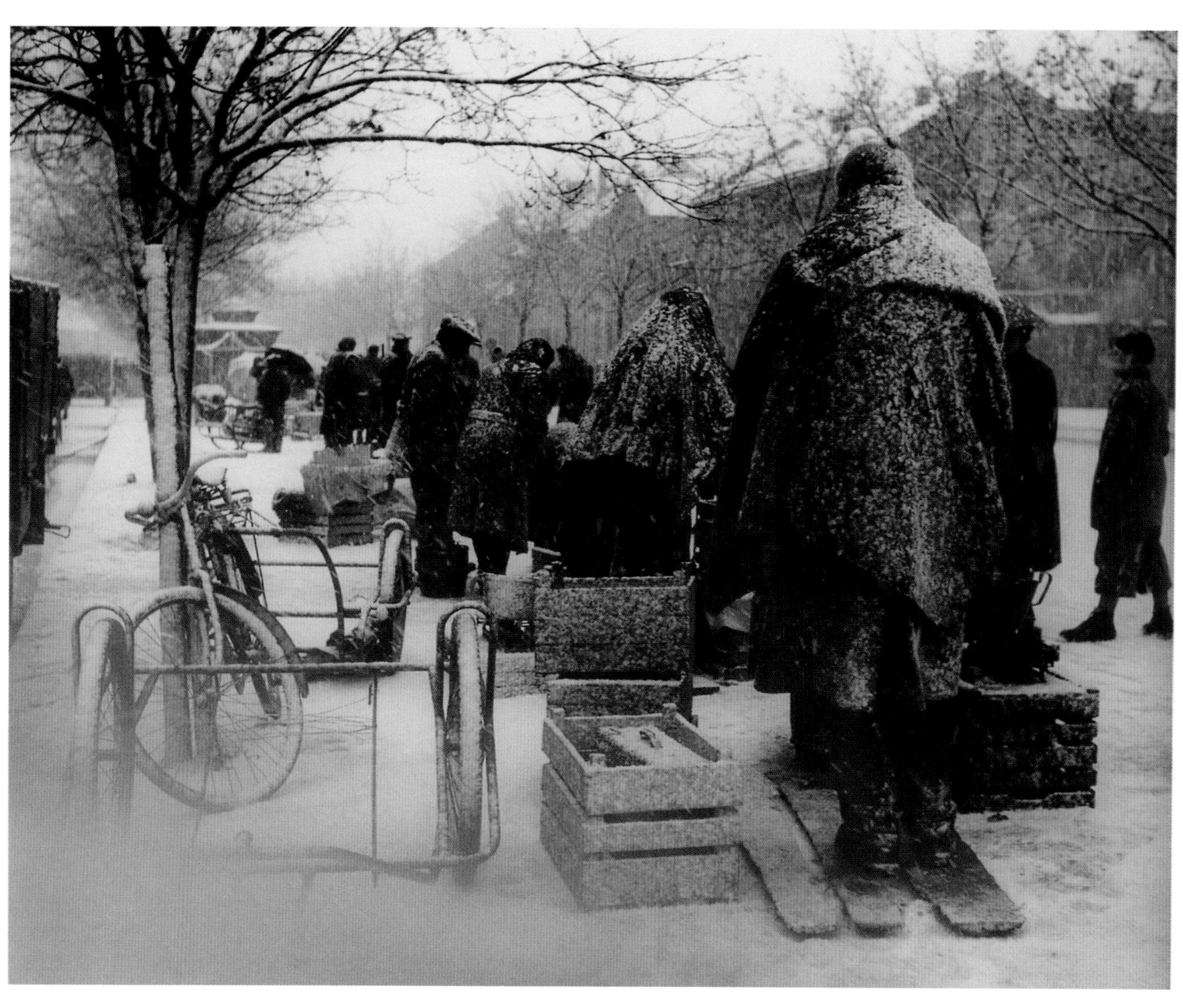

1. Trhovci, Prostějov, 1954
Market salesmen, Prostějov, 1954

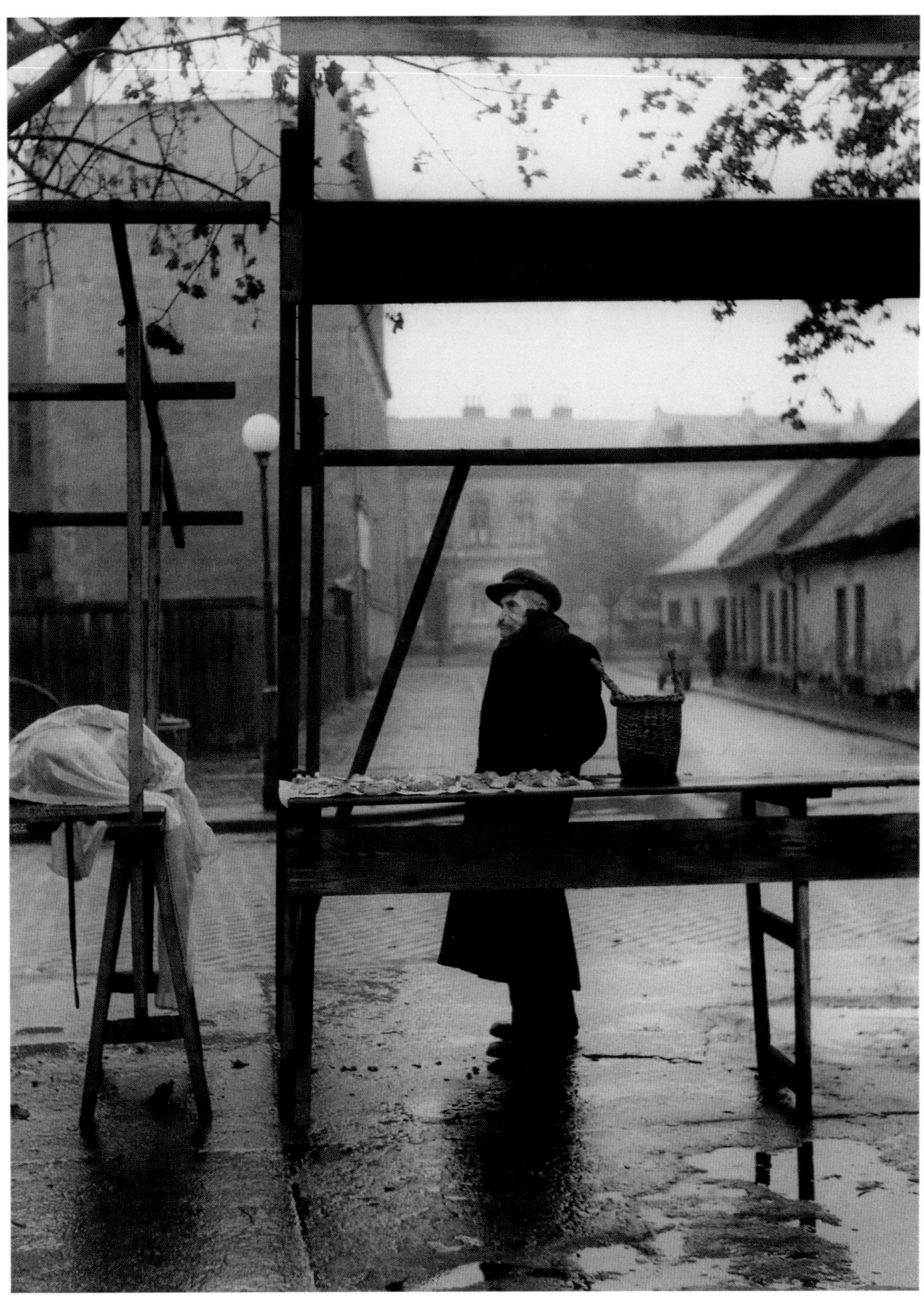

2. Prodavač hub, Prostějov, 1955
A Man selling mushrooms, Prostějov, 1955

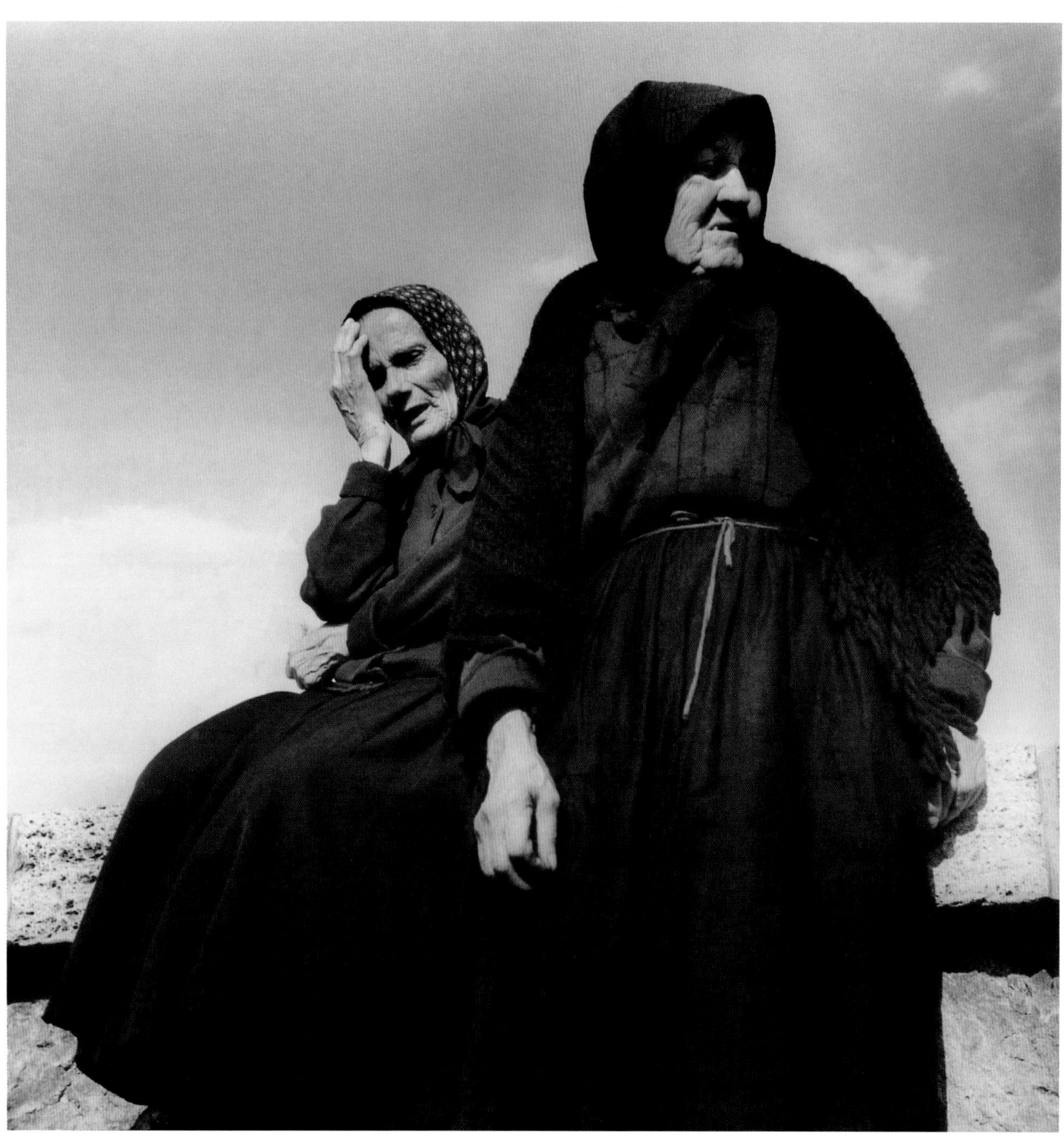

3. Staré ženy, Ružomberok, 1956
Old Women, Ružomberok, 1956

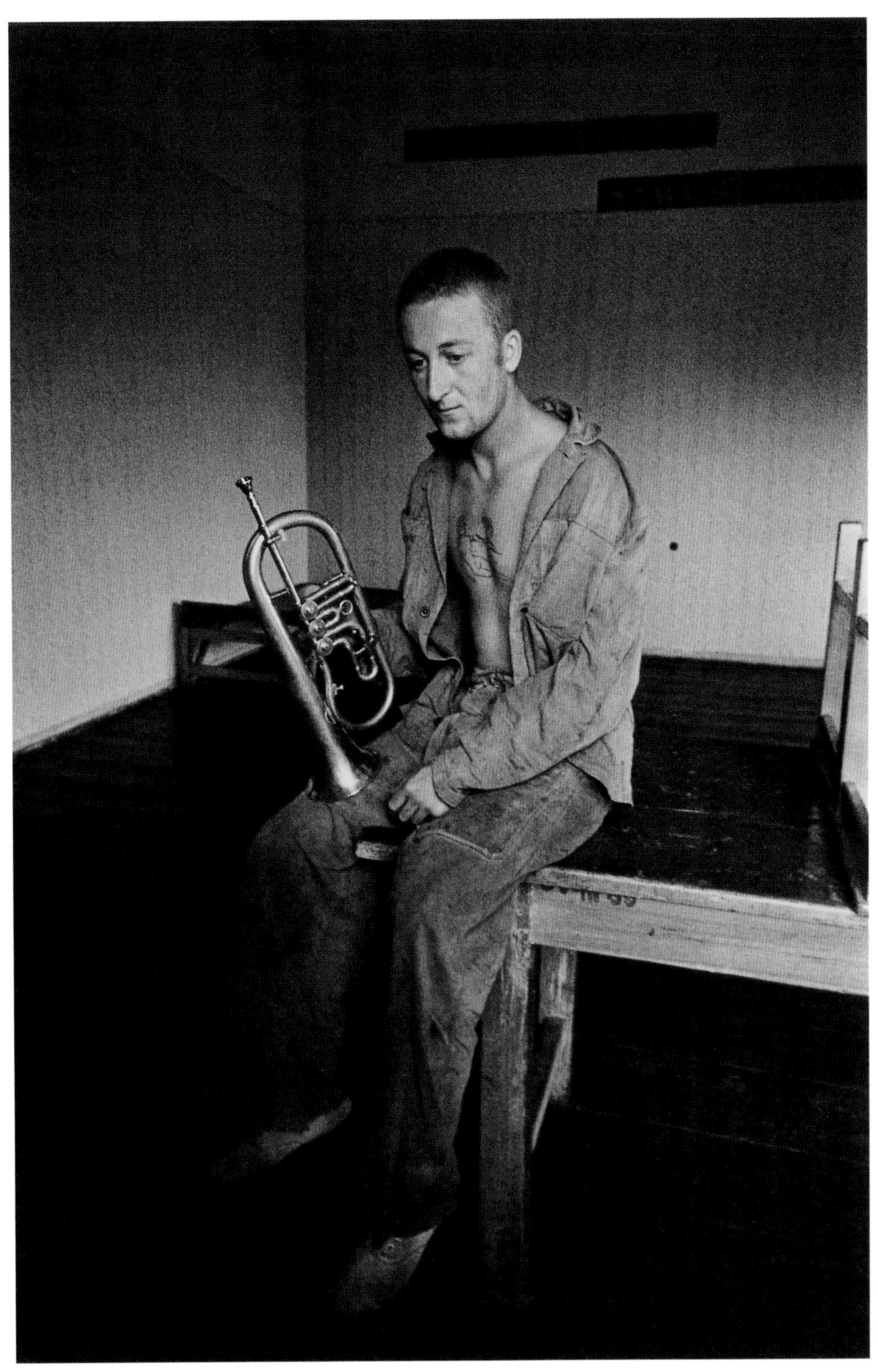

4. Výchovný domov mládeže, Obořiště, 1959
A House of correction for juvenile deliquents, Obořiště, 1959

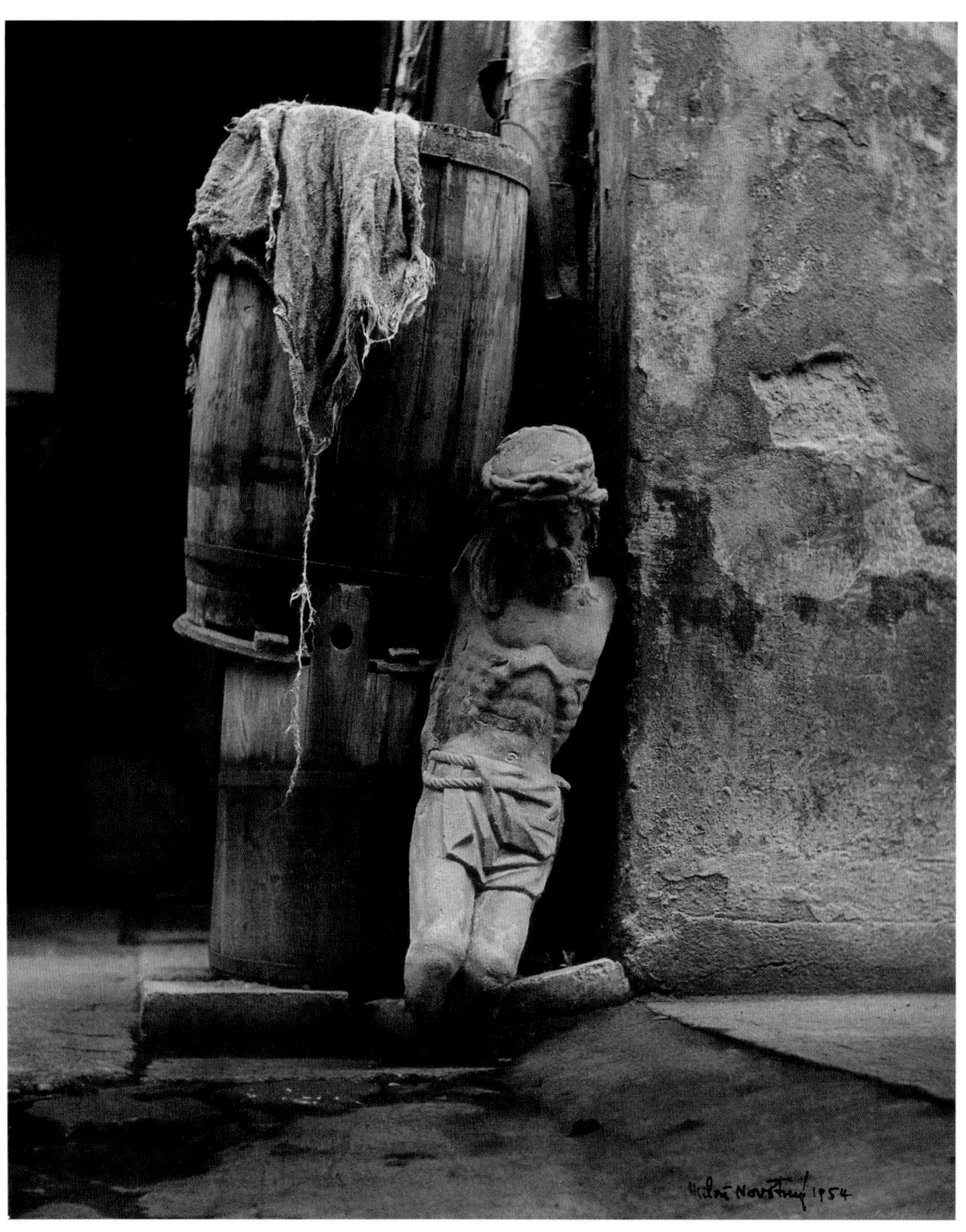

5. Prostějov, 1954

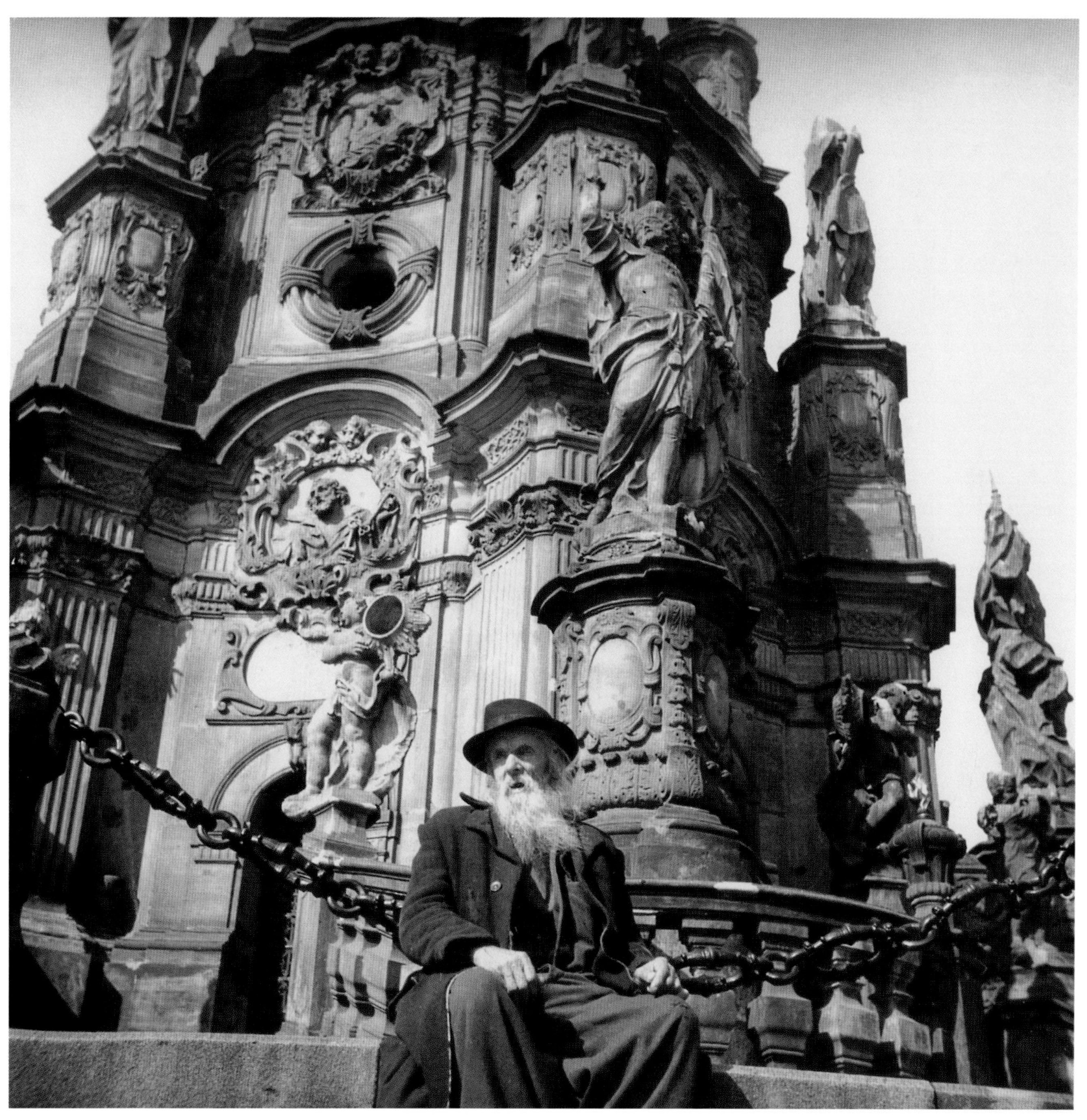

6. Morový sloup, Olomouc, 1956
A Pest column, Olomouc, 1956

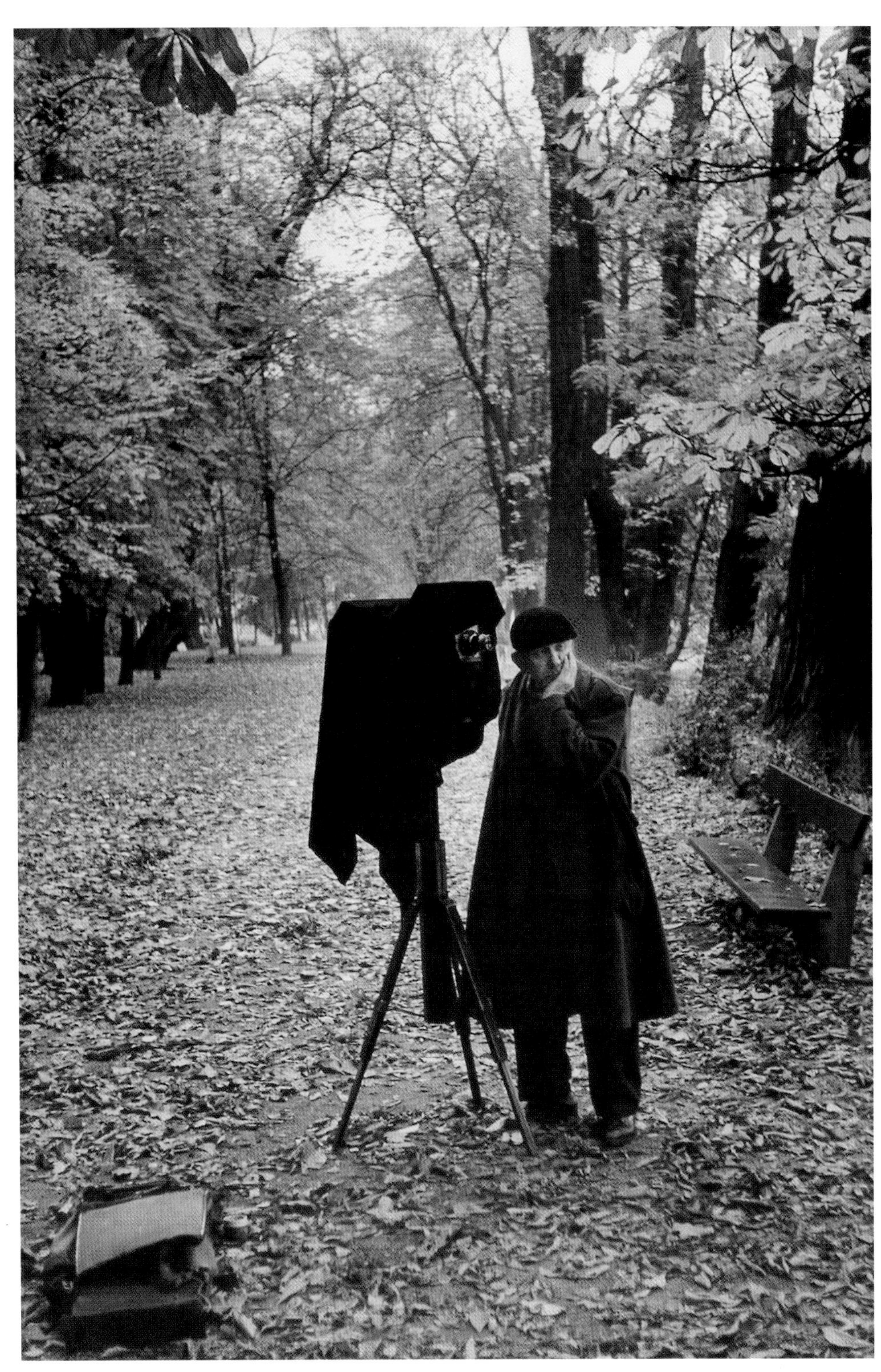

7. Pan fotograf Josef Sudek, Praha, 1958
The Photographer Josef Sudek, Prague, 1958

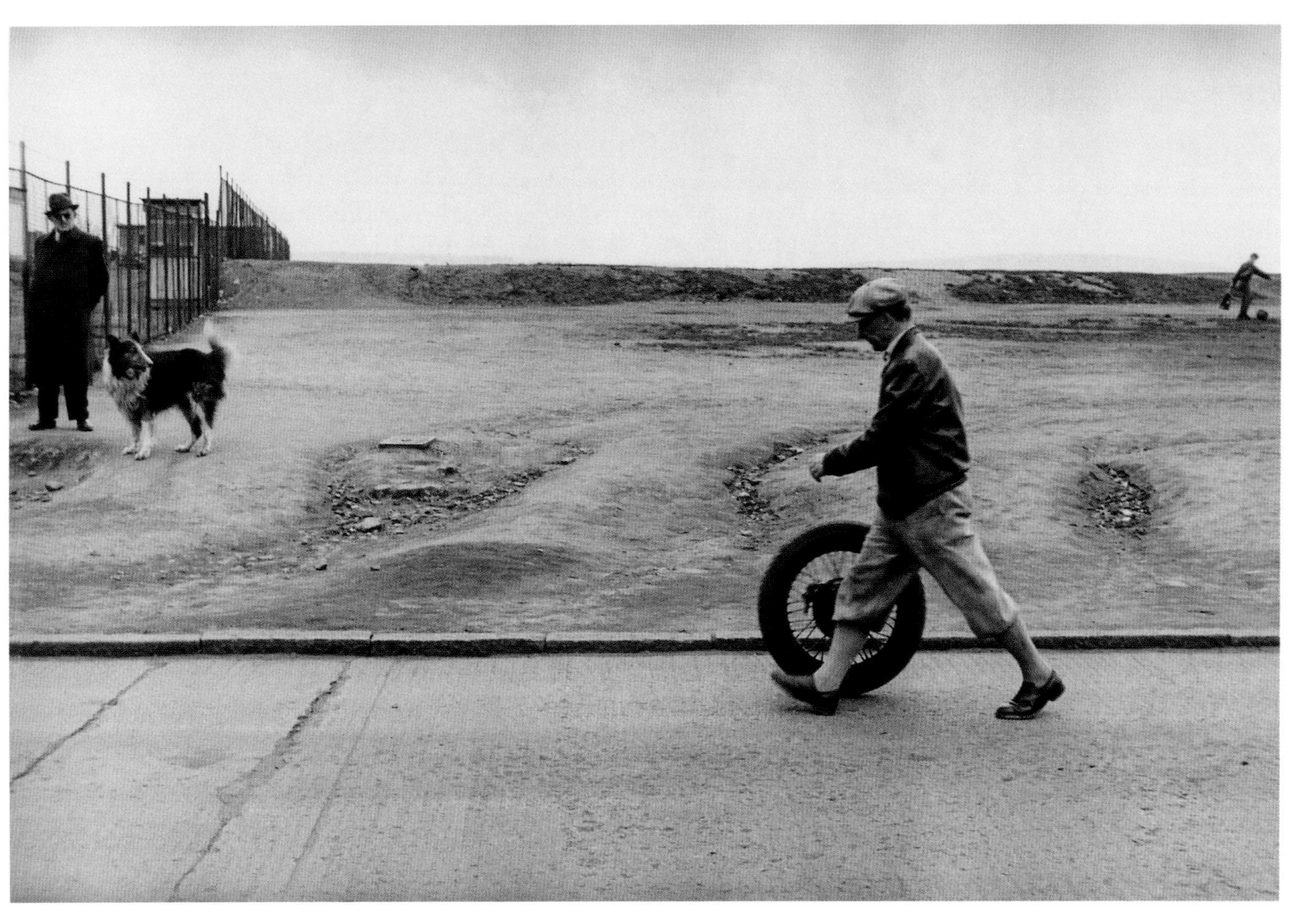

8. Muž s kolem, Praha, 1958
A Man with a wheel, Prague, 1958

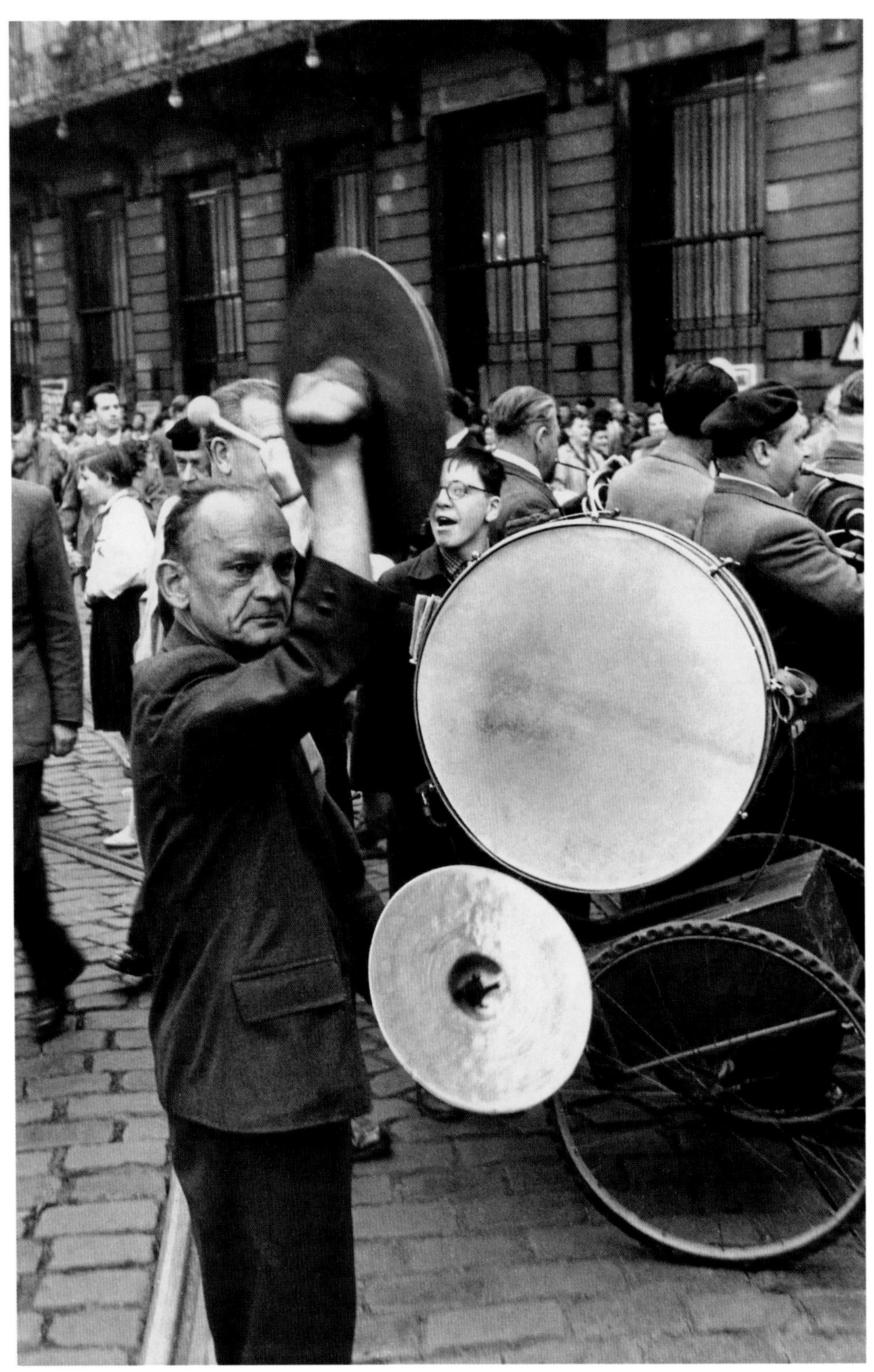

9. Bubeník, Praha, 1. máj 1960
A Drummer, Prague, May Day, 1960

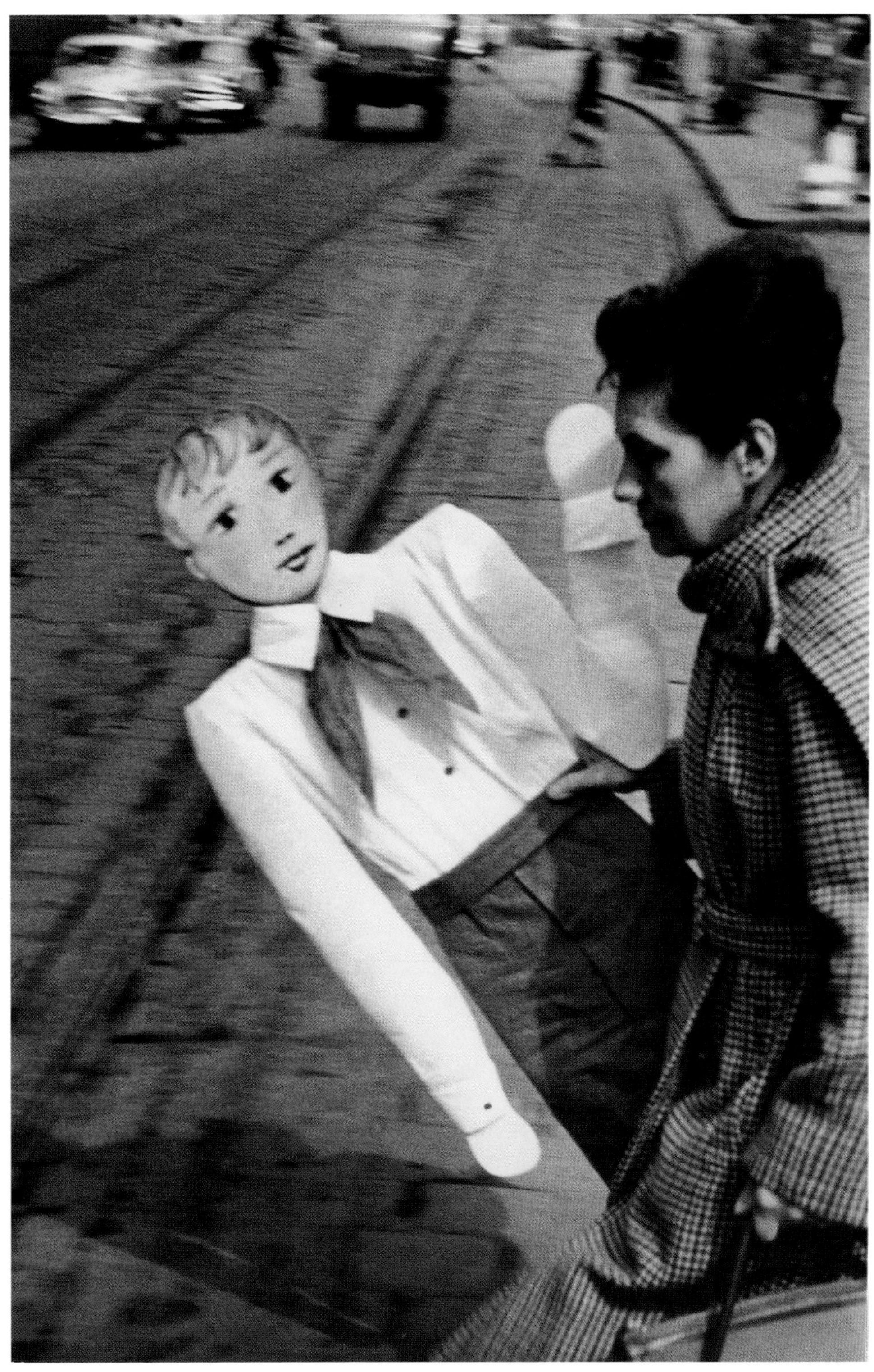

10. Pionýr, Praha, 1. máj 1963
A Pioneer, Prague, May Day, 1963

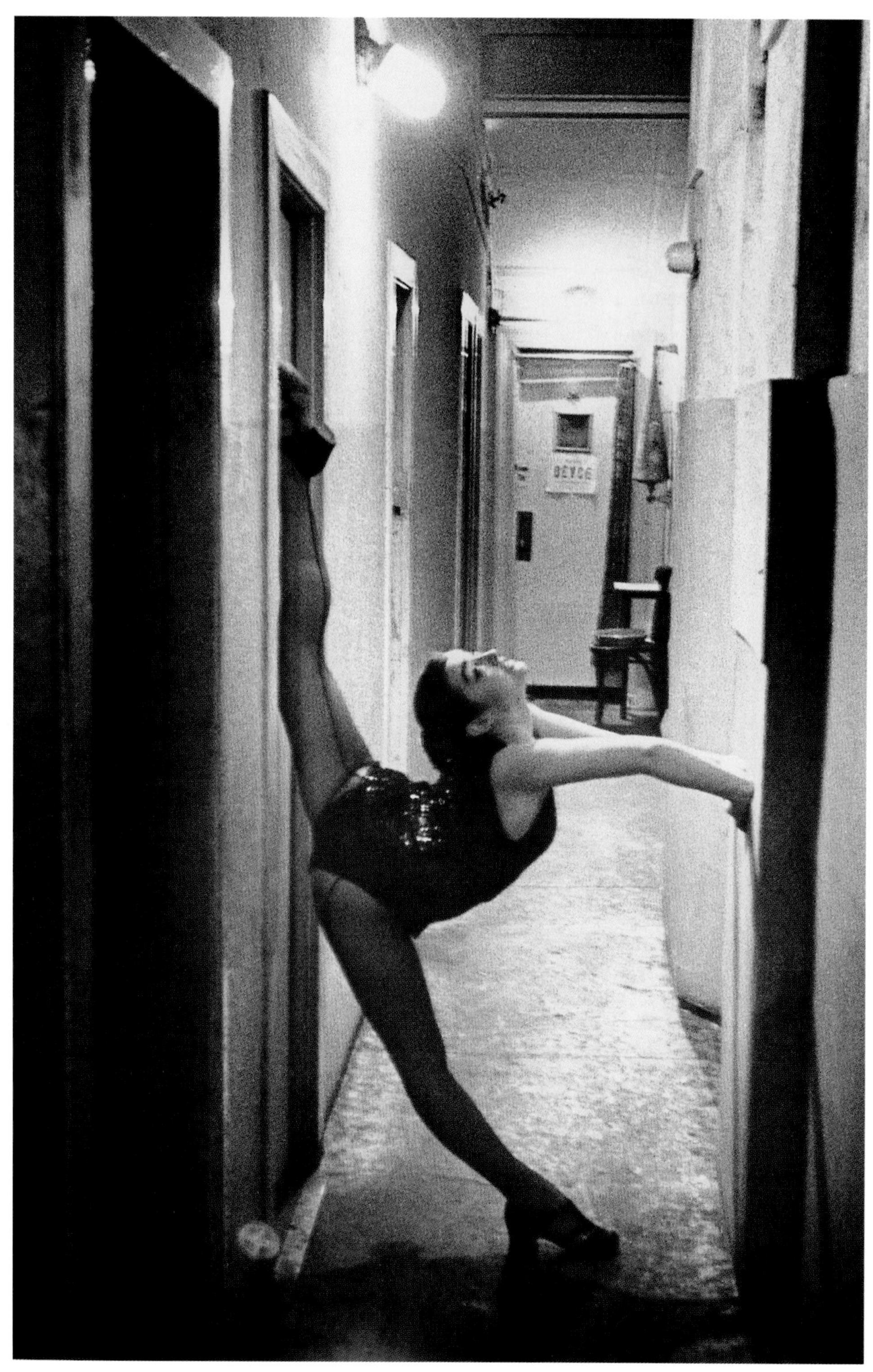

11. Varieté Alhambra, Praha, 1959
The Alhambra music-hall, Prague, 1959

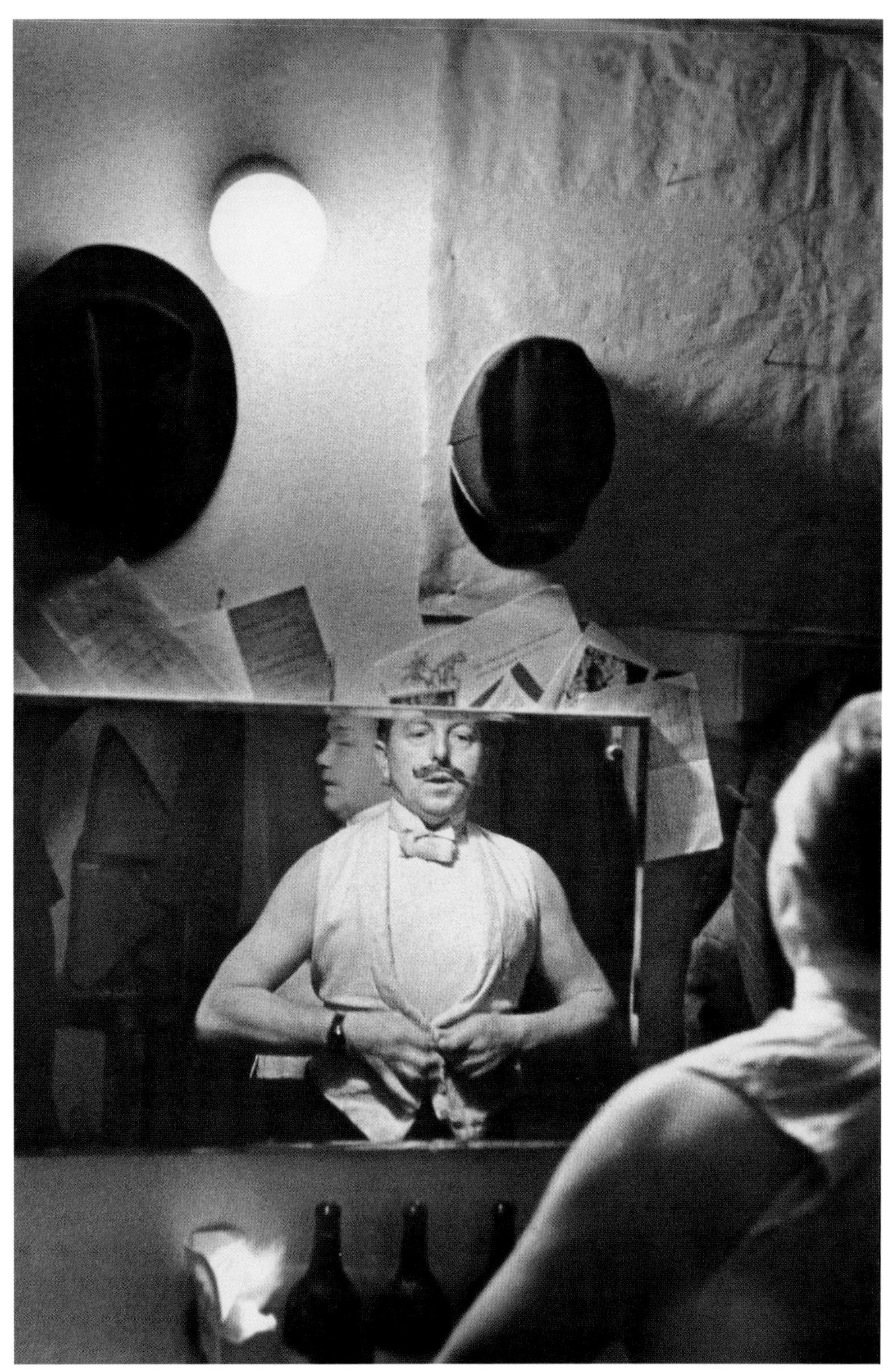

12. Varieté Alhambra, Praha, 1959
The Alhambra music-hall, Prague, 1959

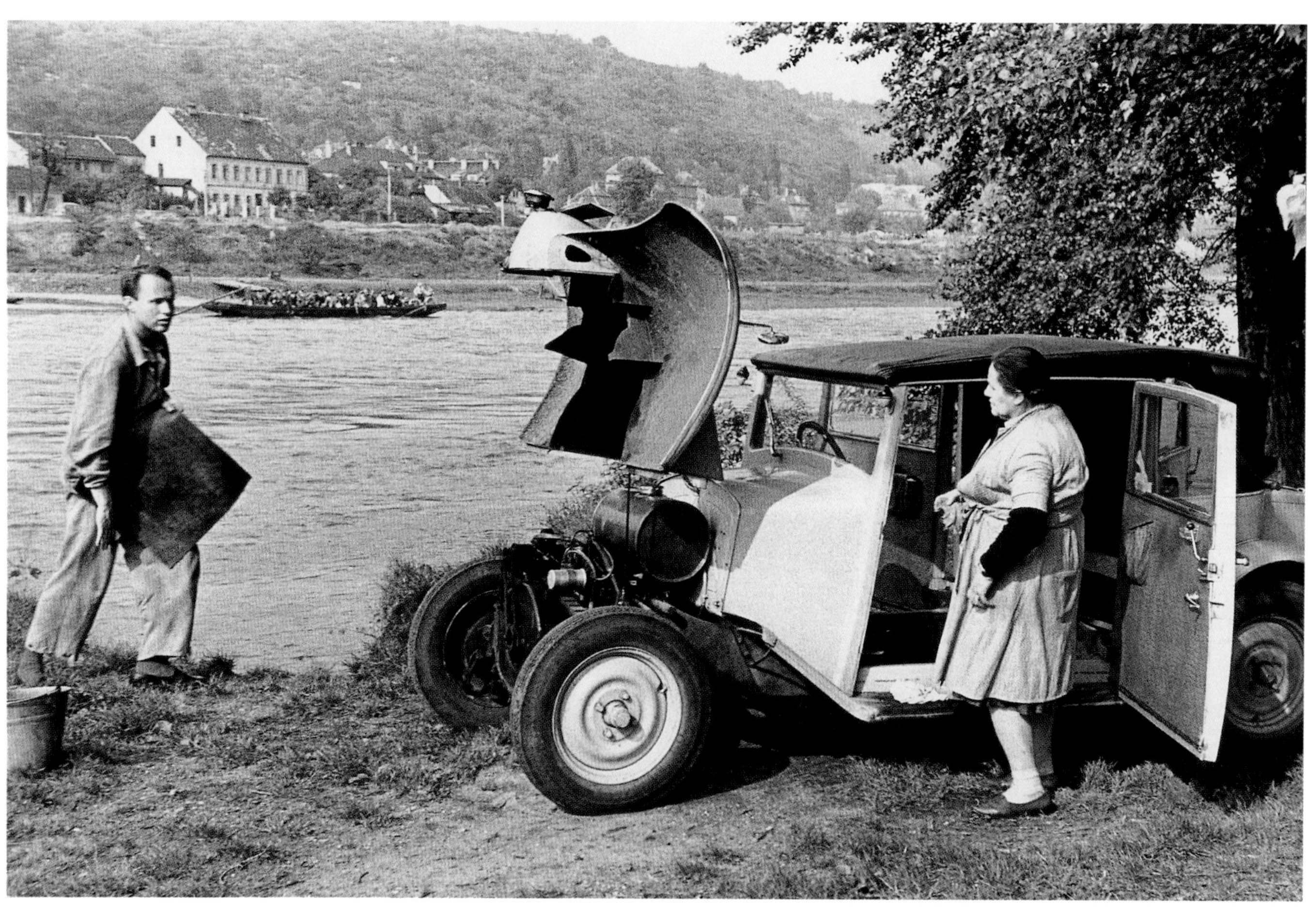

13. Staré auto, Praha, 1967
An old car, Prague, 1967

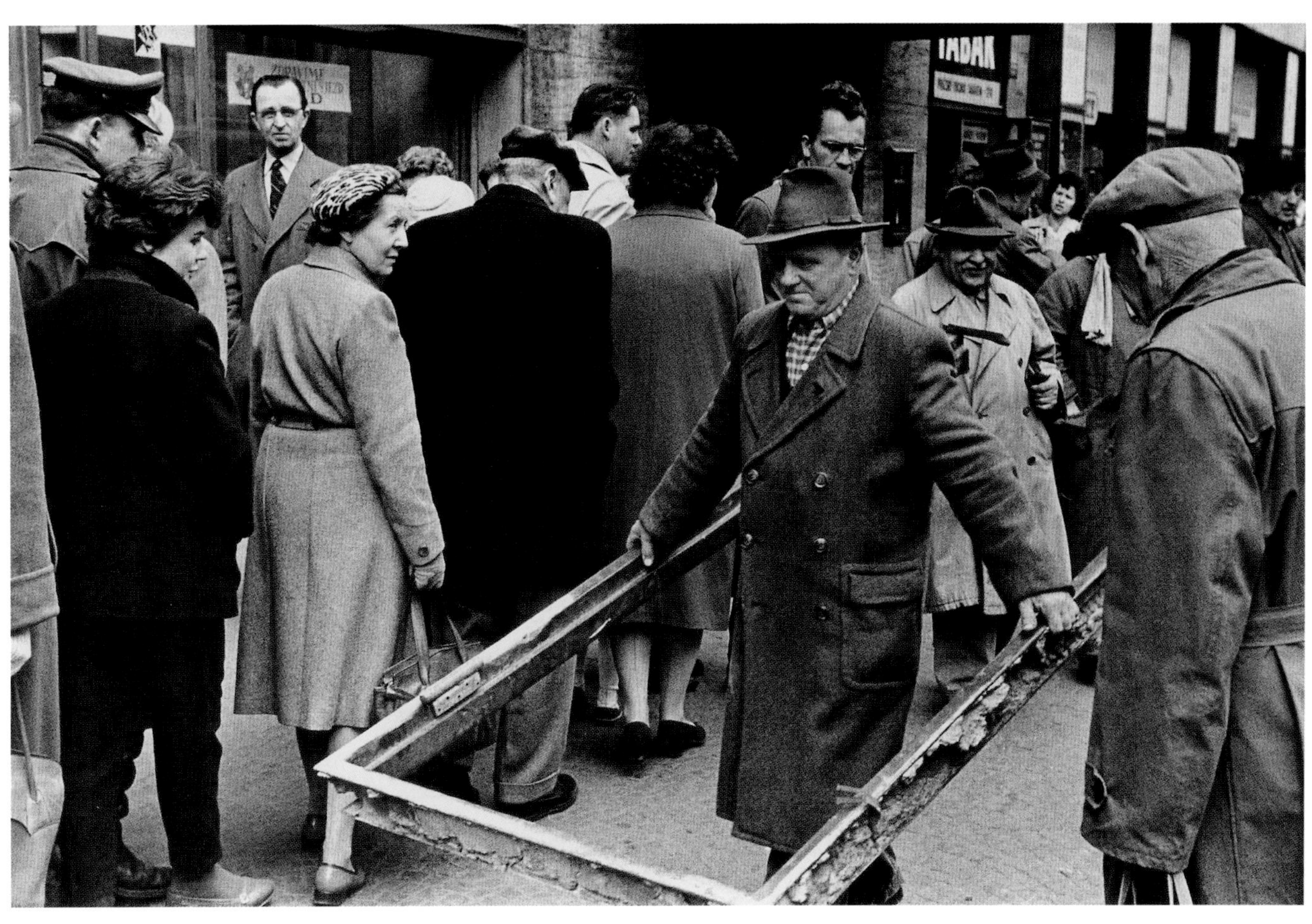

14. Muž s rámem, Praha, 1963
A Man with a frame, Prague, 1963

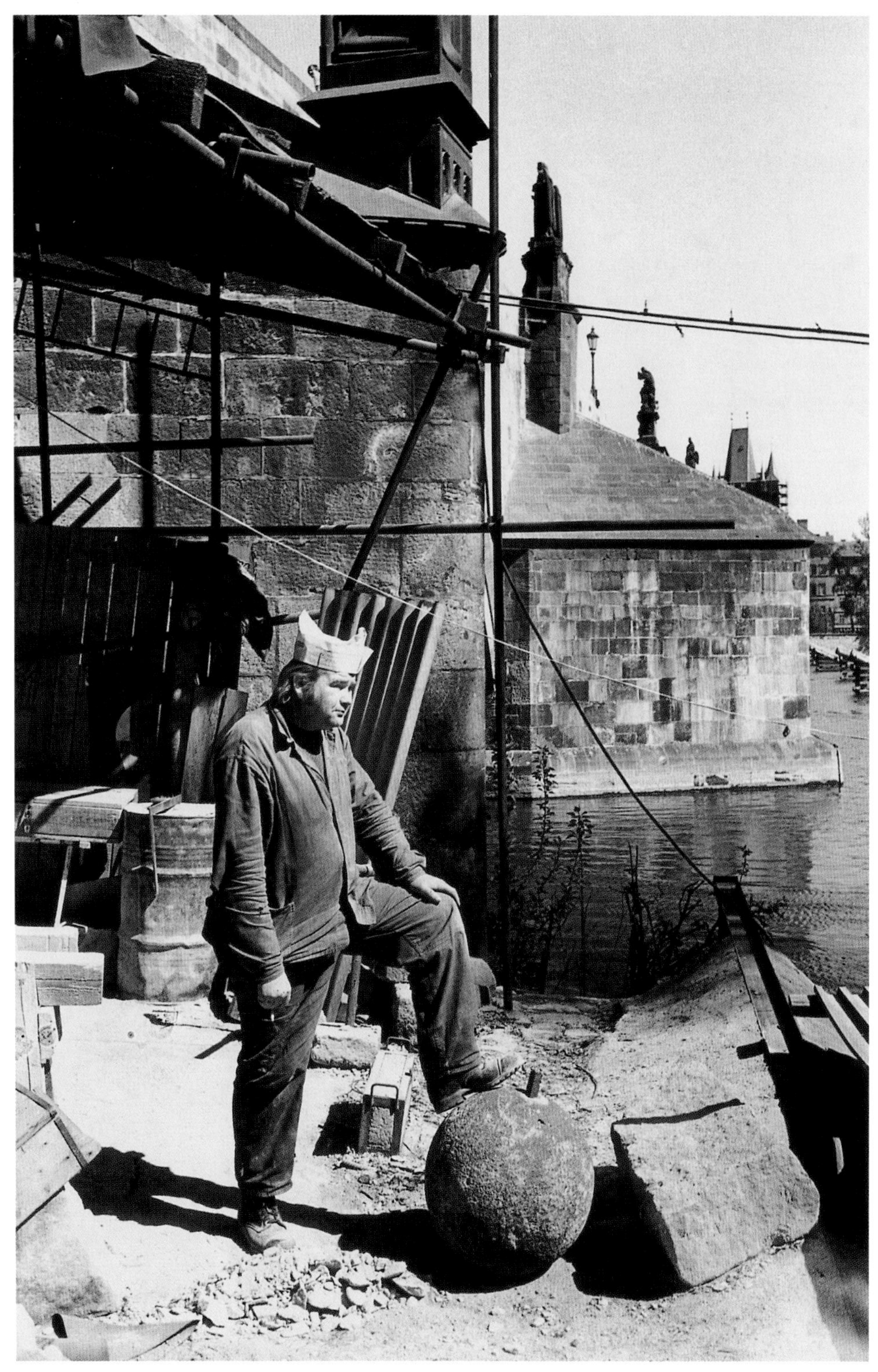

15. Oprava Karlova mostu, Praha, 60. léta
Repairs works on the Charles Bridge, Prague, 1960s

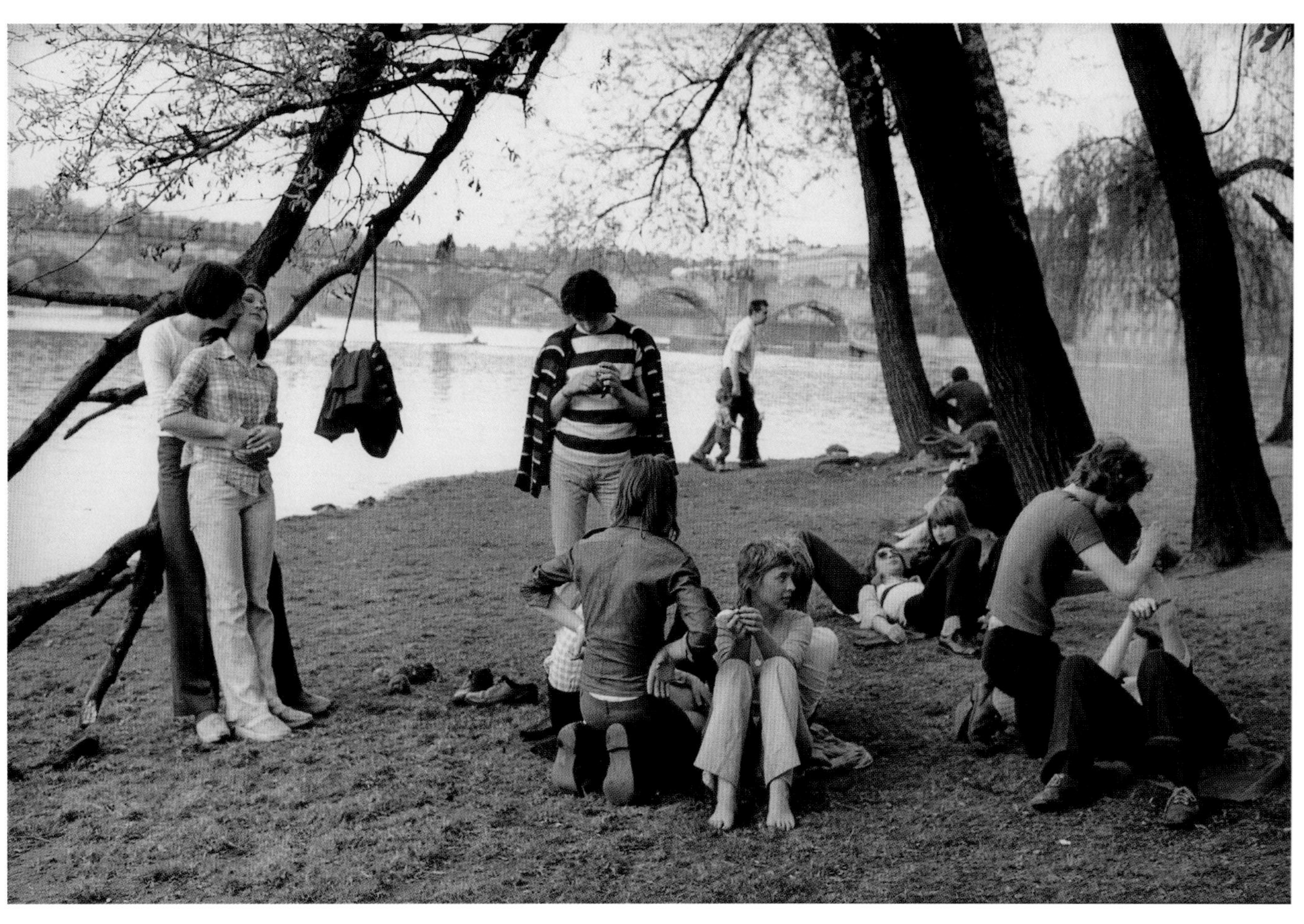

16. U Vltavy, Praha, 1967
By the river Vltava, Prague, 1967

Cizí země
Foreign Countries

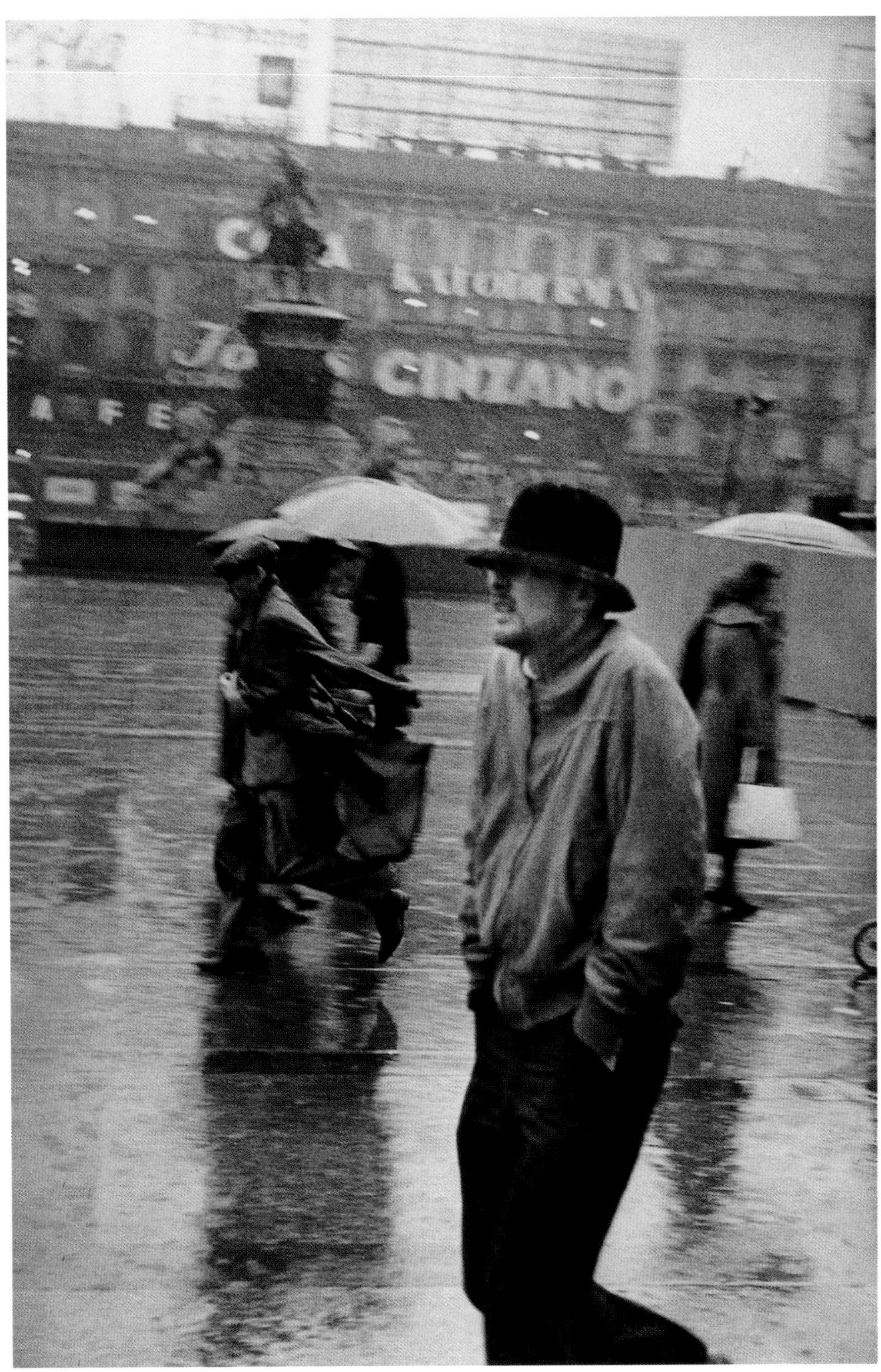

17. Piazza Duomo, Milano, 1961

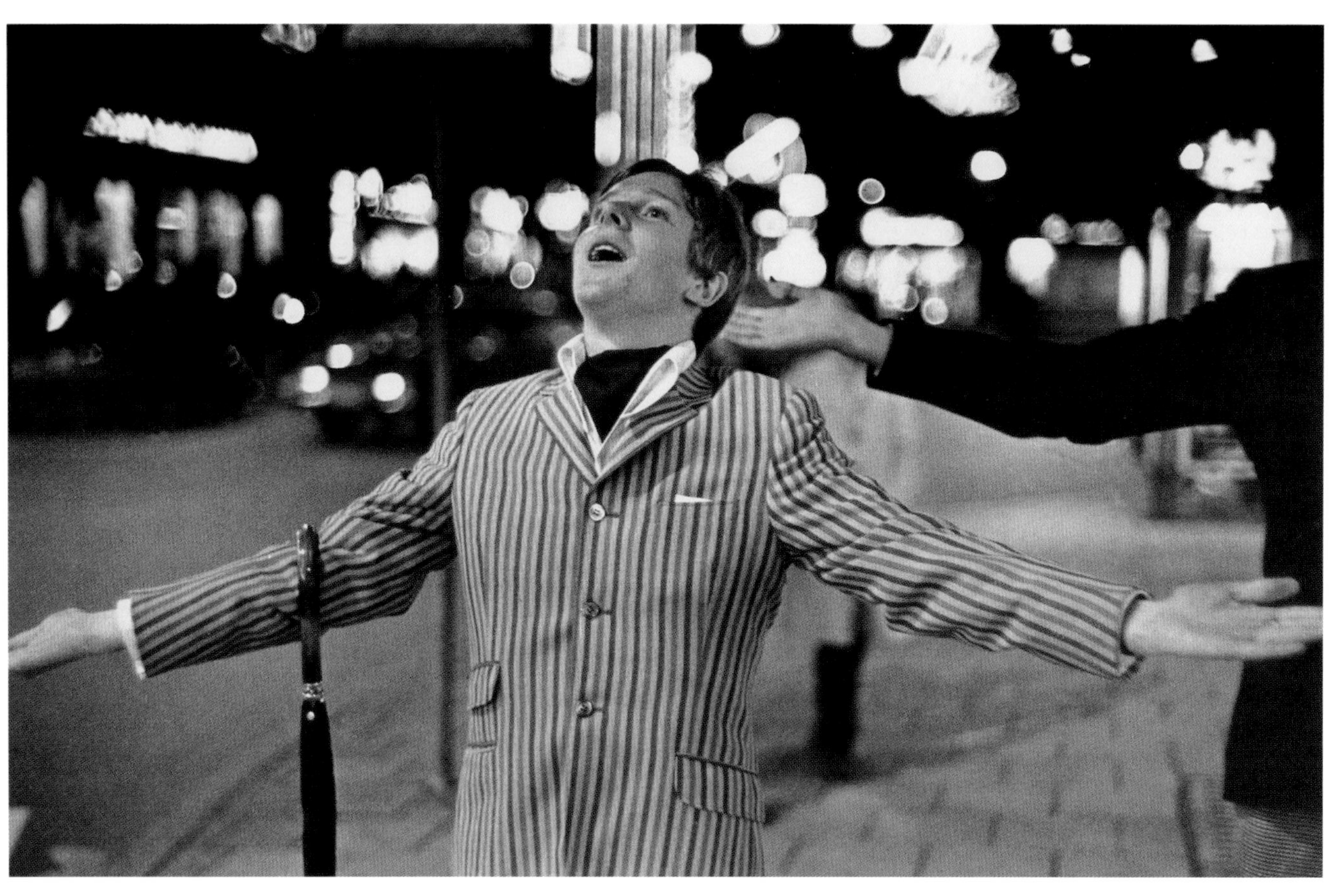

18. Kungsgatan - Stureplan, Stockholm, 1966

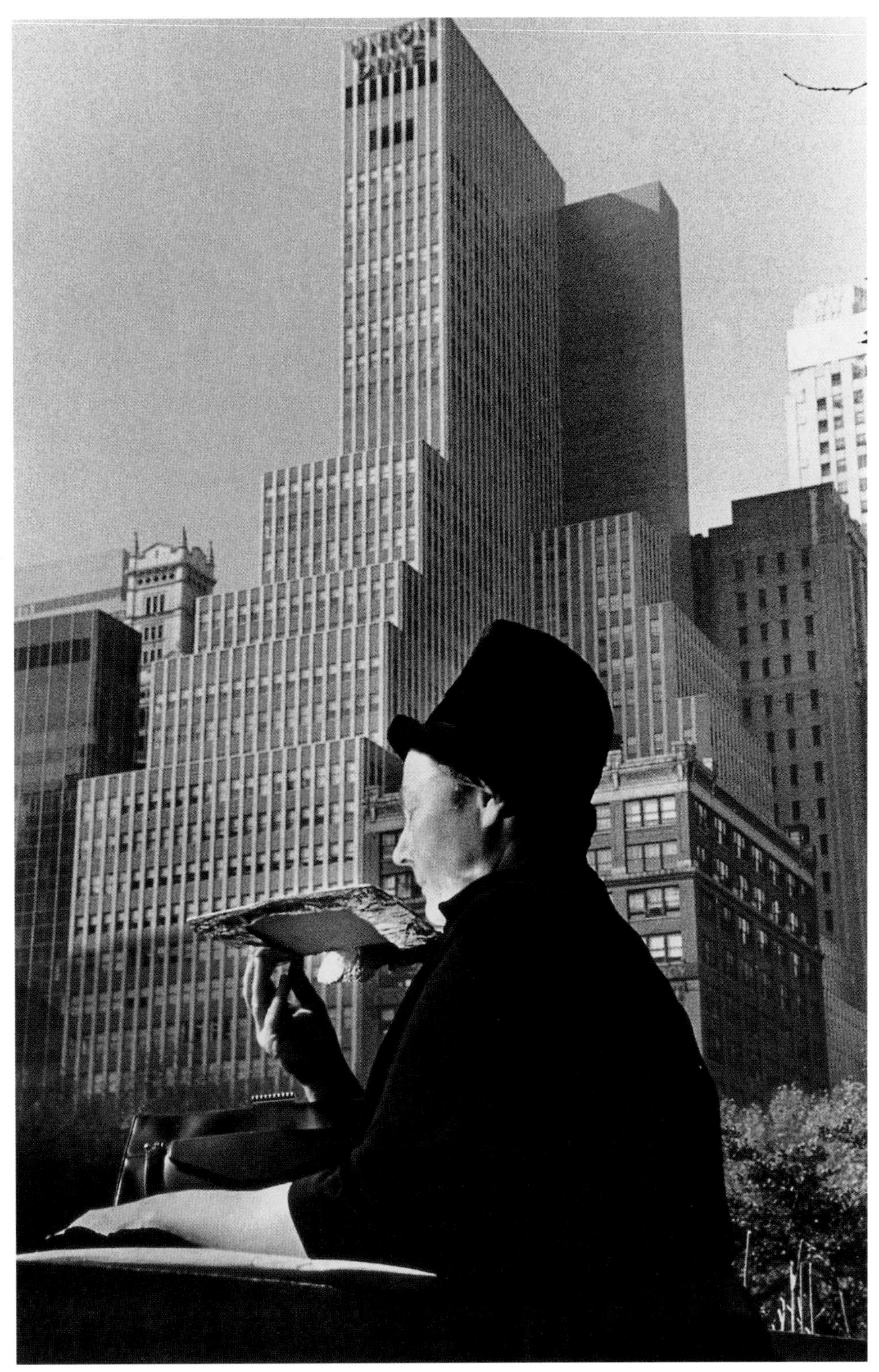

19. Paní slunící se pomocí staniolu, New York, 1964
A Lady taking a tinfoil bath, New York, 1964

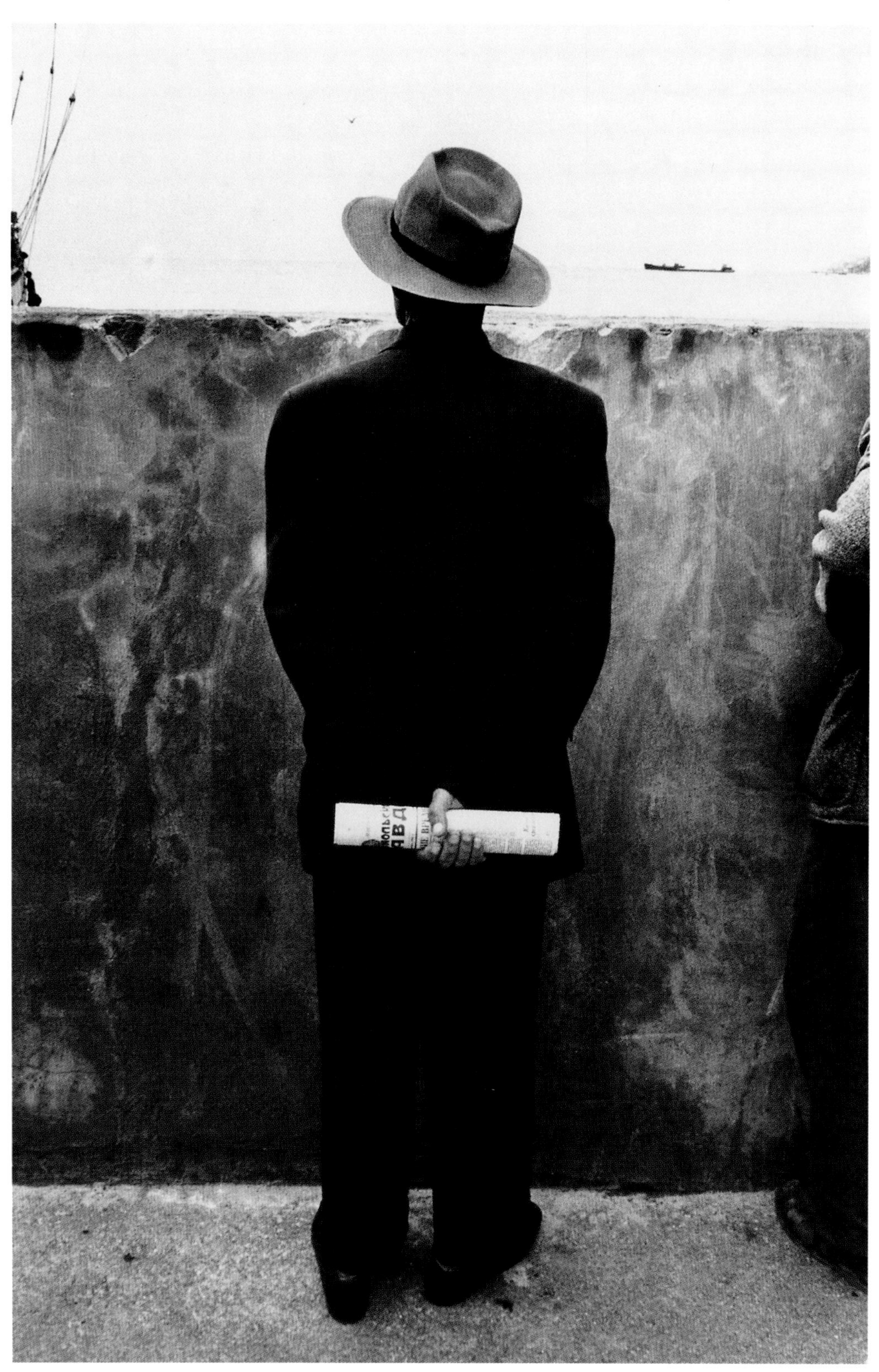

20. Zeď na pobřeží, Jalta, 1962
A seaside wall, Yalta, 1962

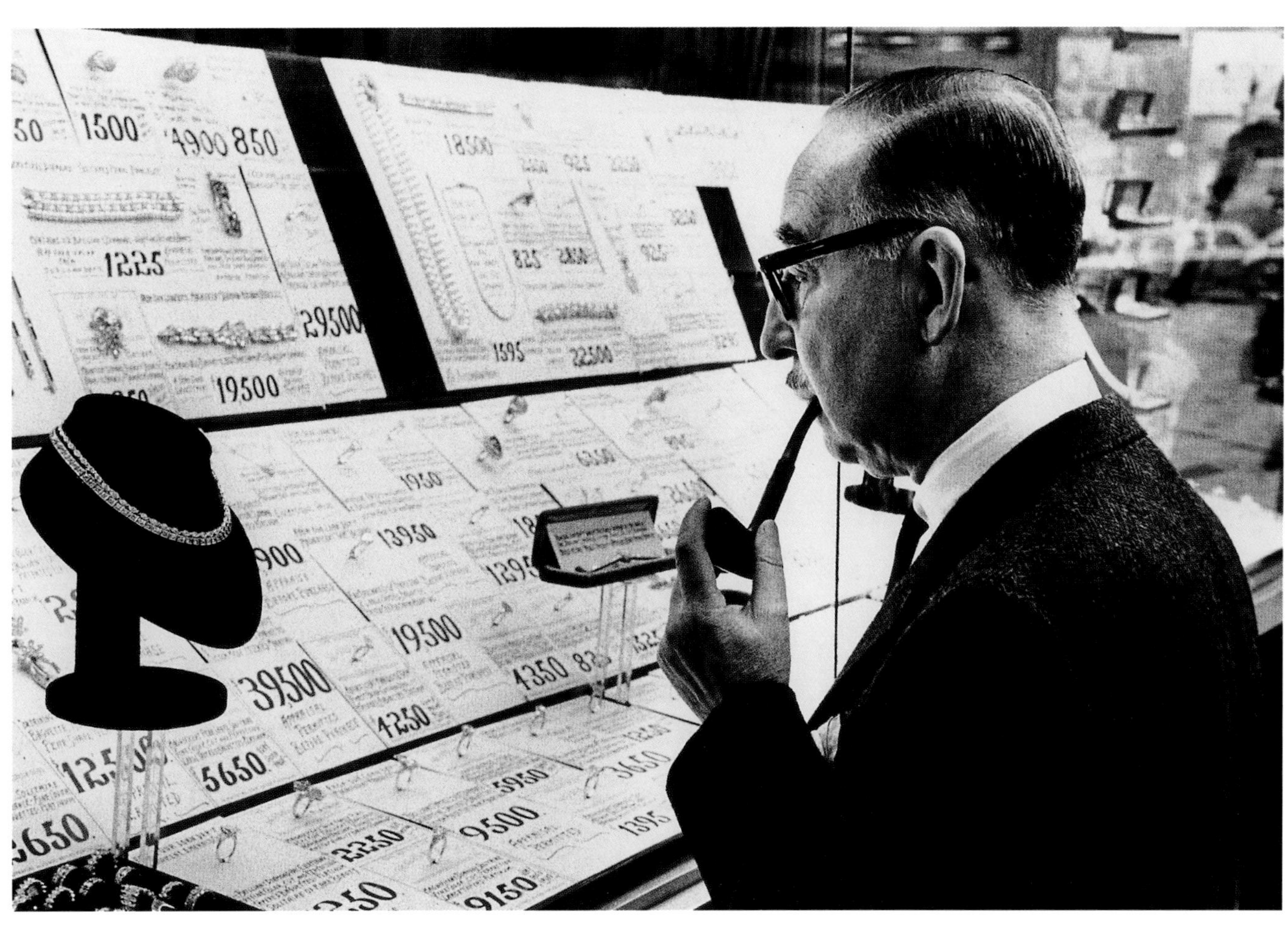

21. Prodejna drahokamů na 6. avenue, New York, 1964
A jewellery store on the 6th Avenue, New York, 1964

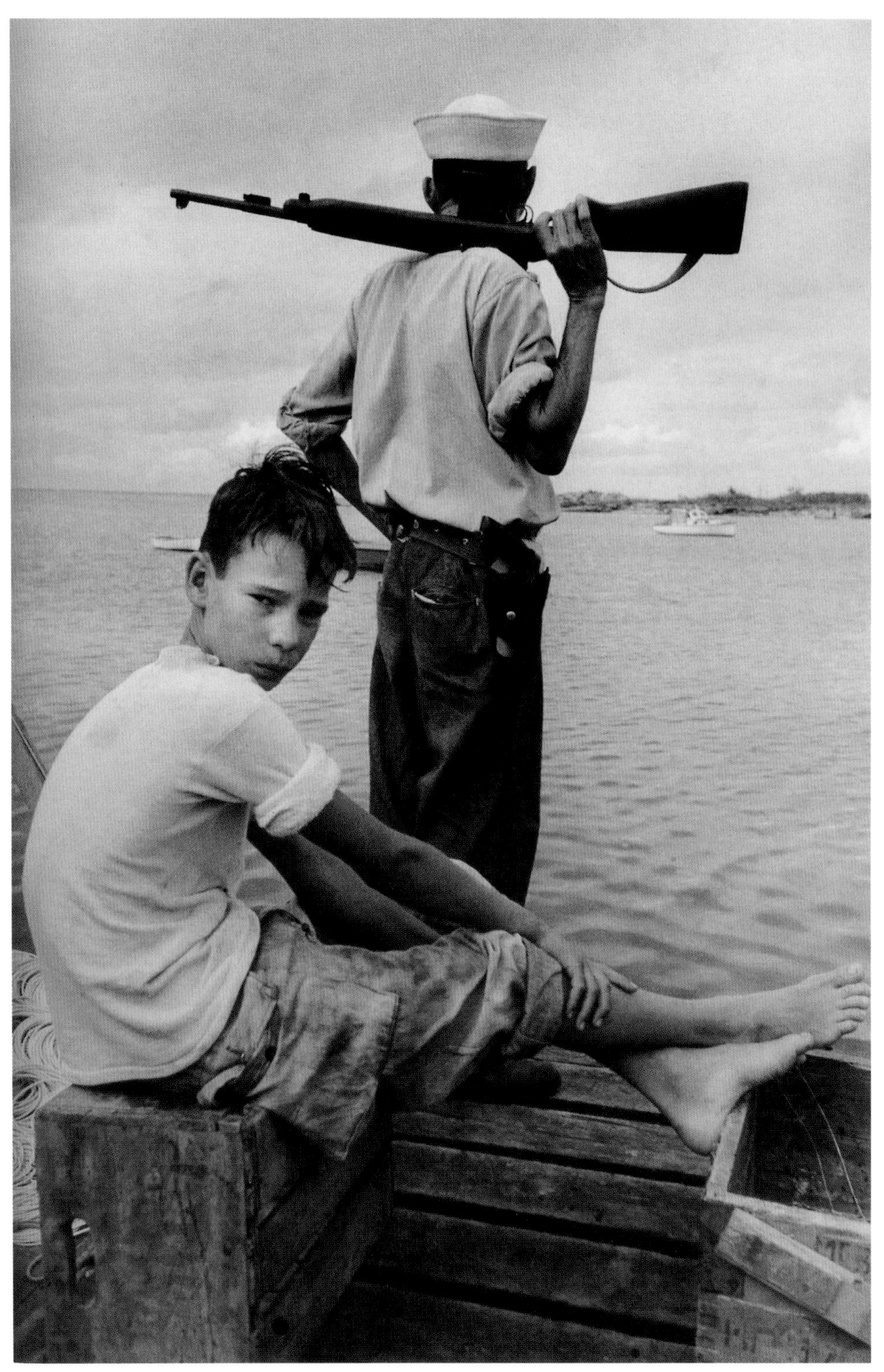

22. Cojimarská zátoka, Kuba, 1962
In Cojimar, Cuba, 1962

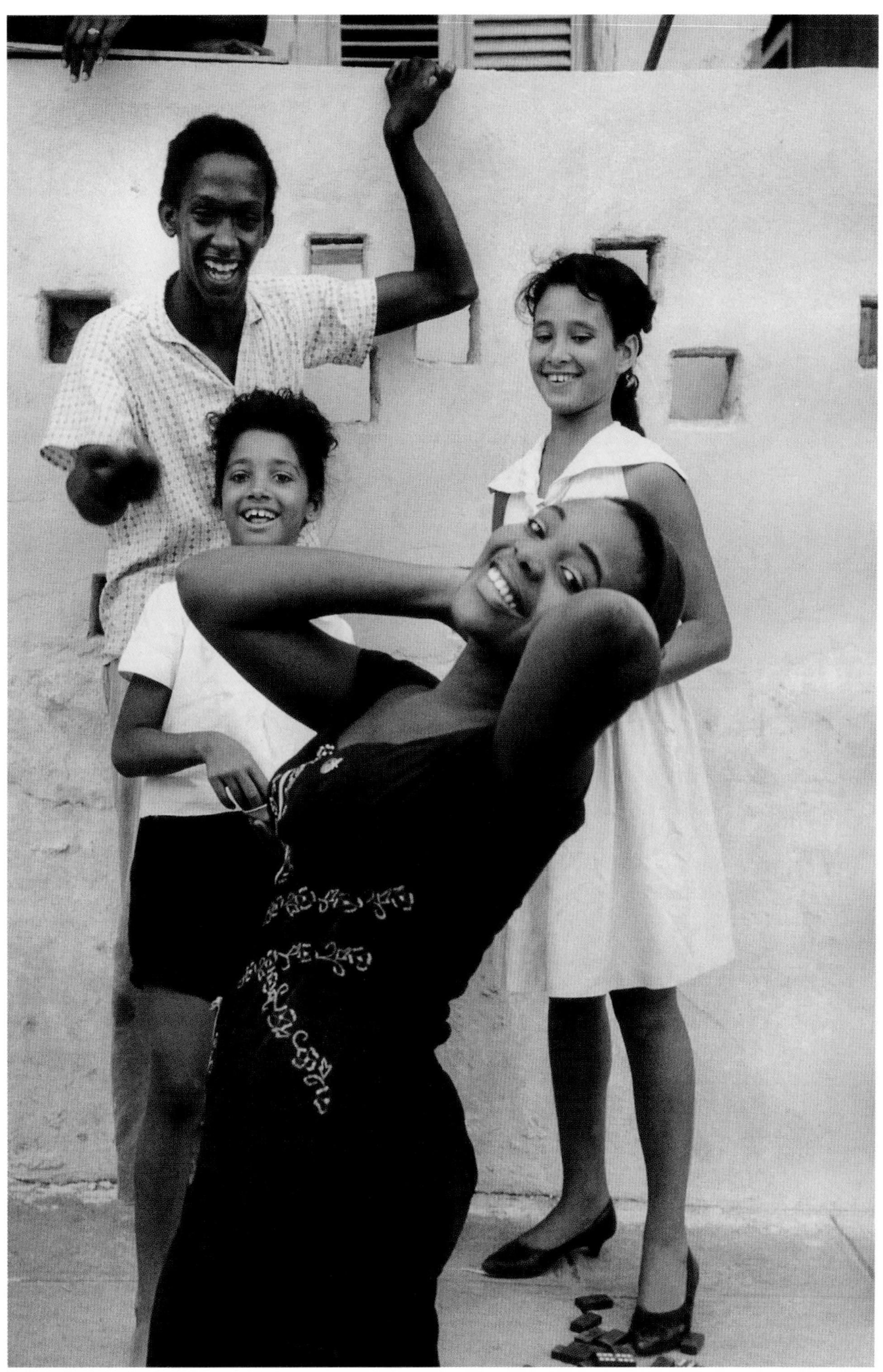

23. Cojimarská zátoka, Kuba, 1962
In Cojimar, Cuba, 1962

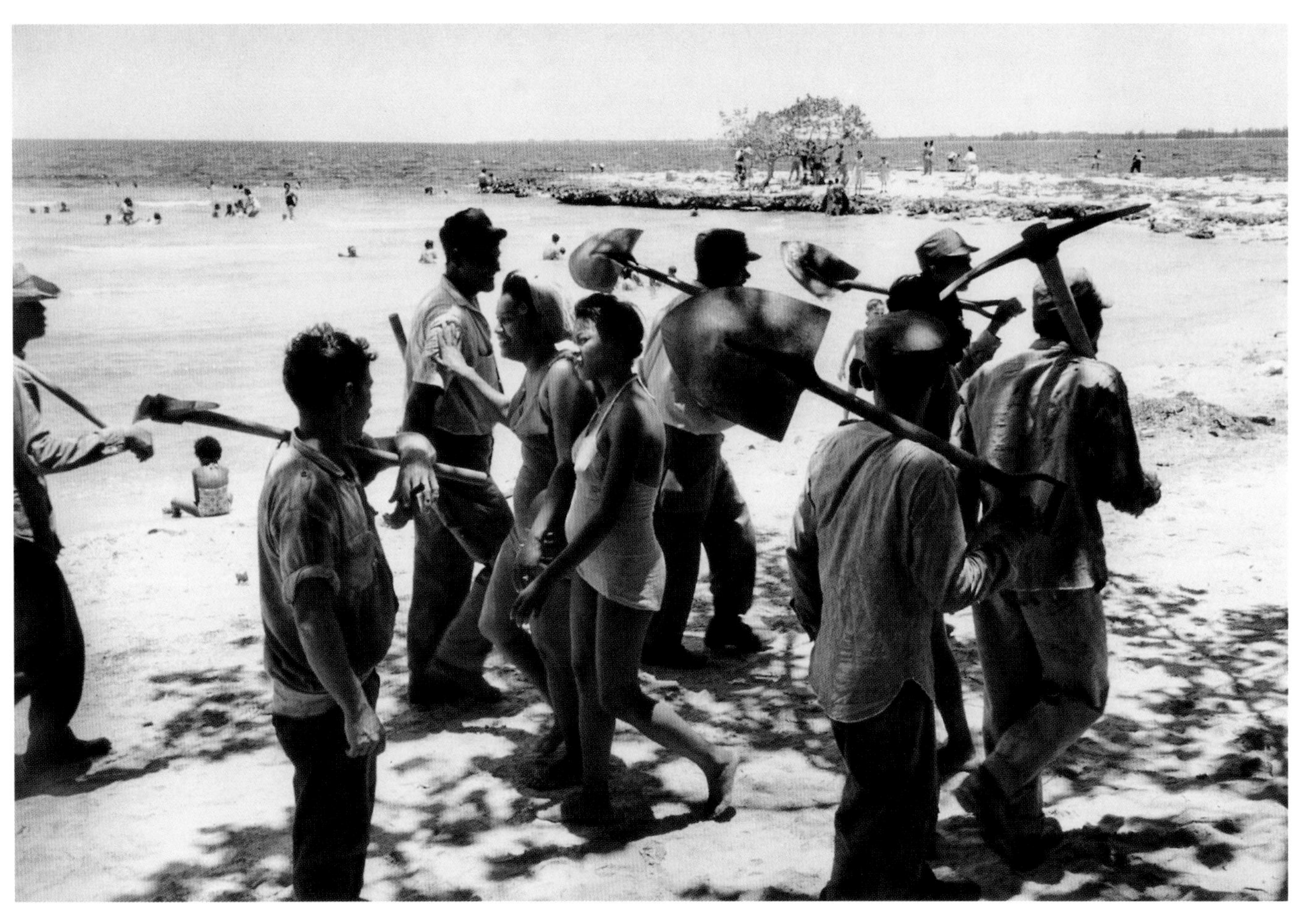

24. Kopání zákopů na Playa Larga , Kuba, 1962
Digging the trenches on Playa Larga, Cuba, 1962

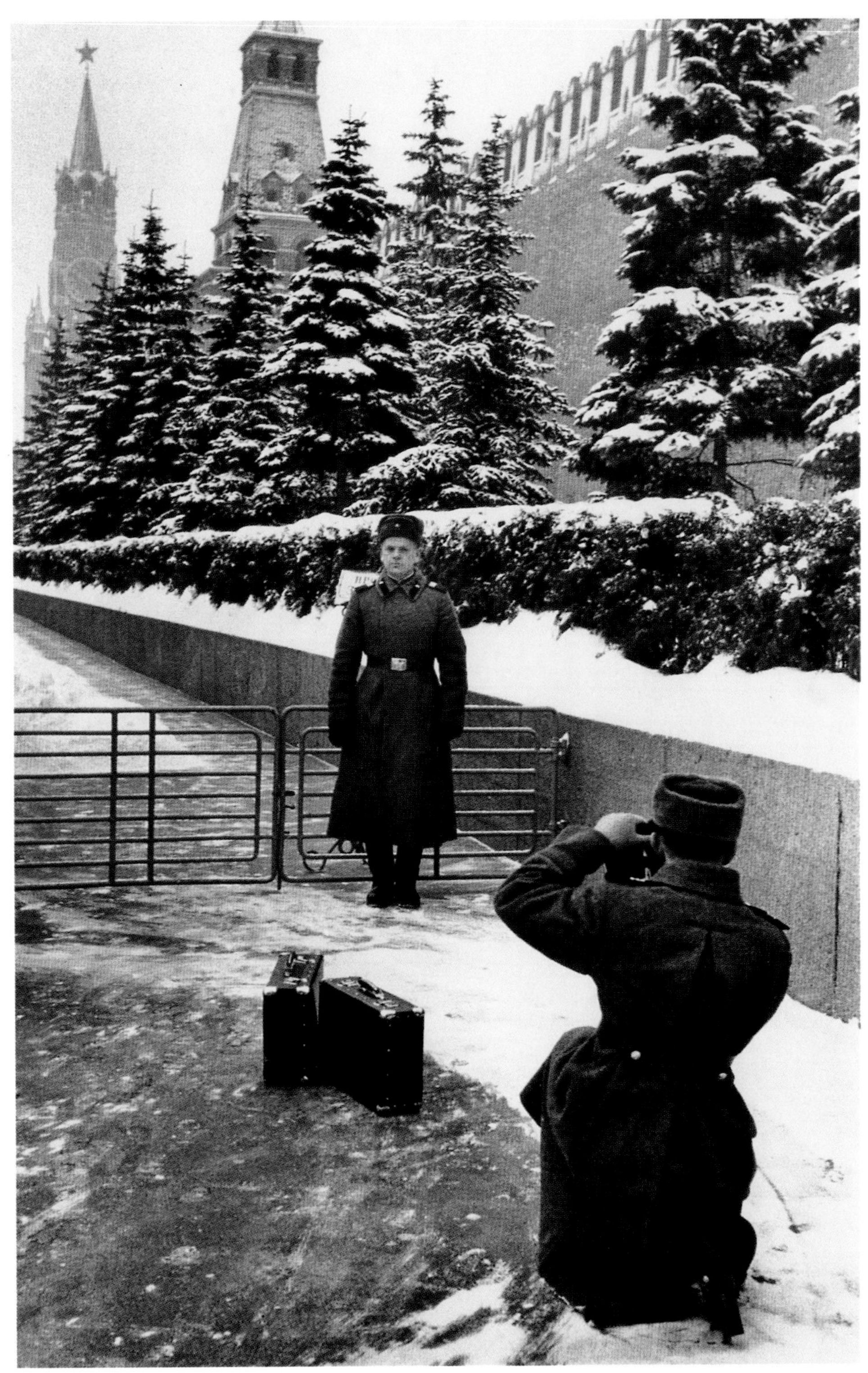

25. Před dovolenou, Moskva, 1962
Soldiers going on leave, Moscow, 1962

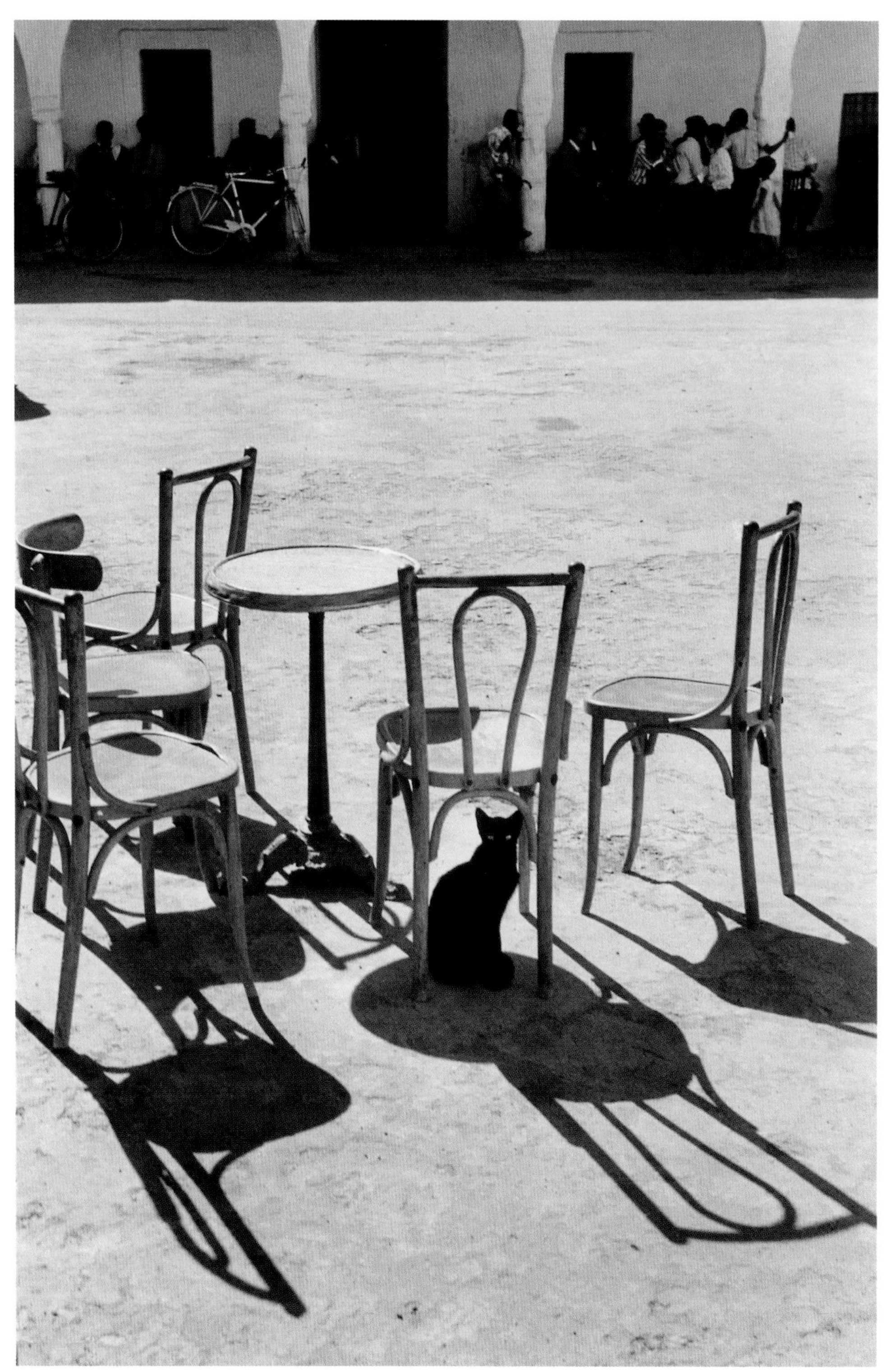

26. Tunis, 1961

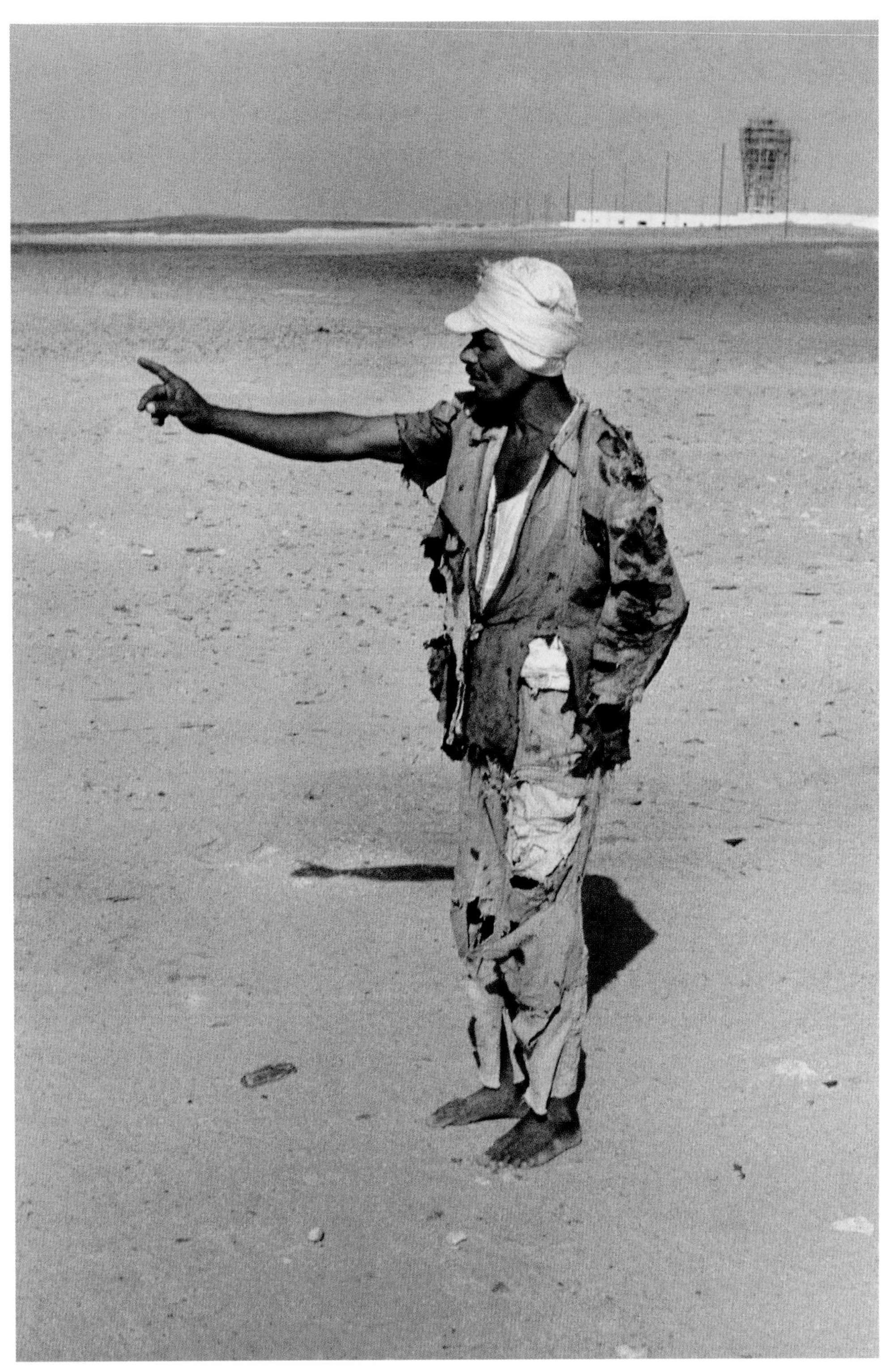

27. V egyptské poušti, 1962
In the desert of Egypt, 1962

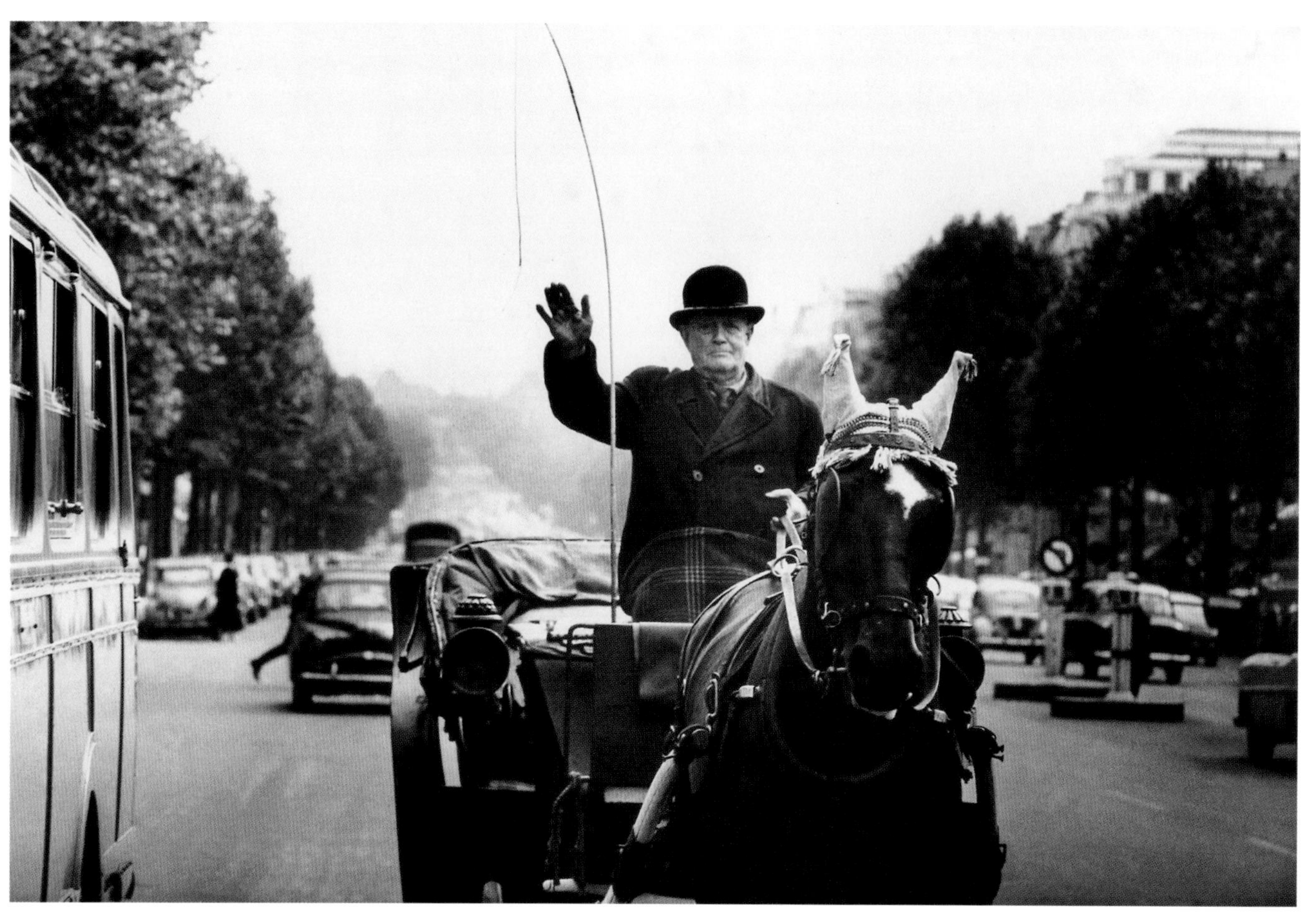

28. Champs-Elysées, Paris, 1963

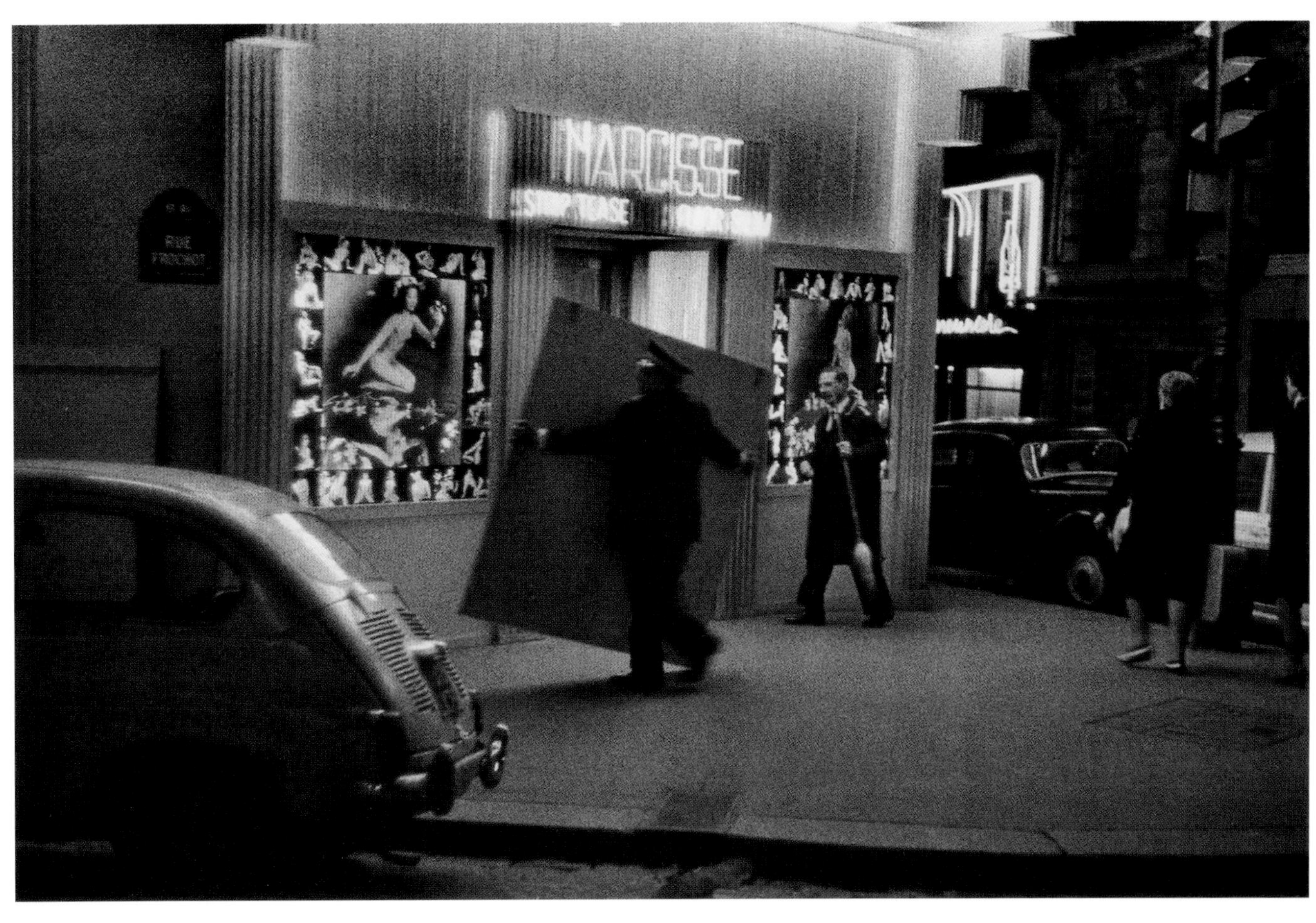

29. Pigalle, Paris, 1963

Londýn

London

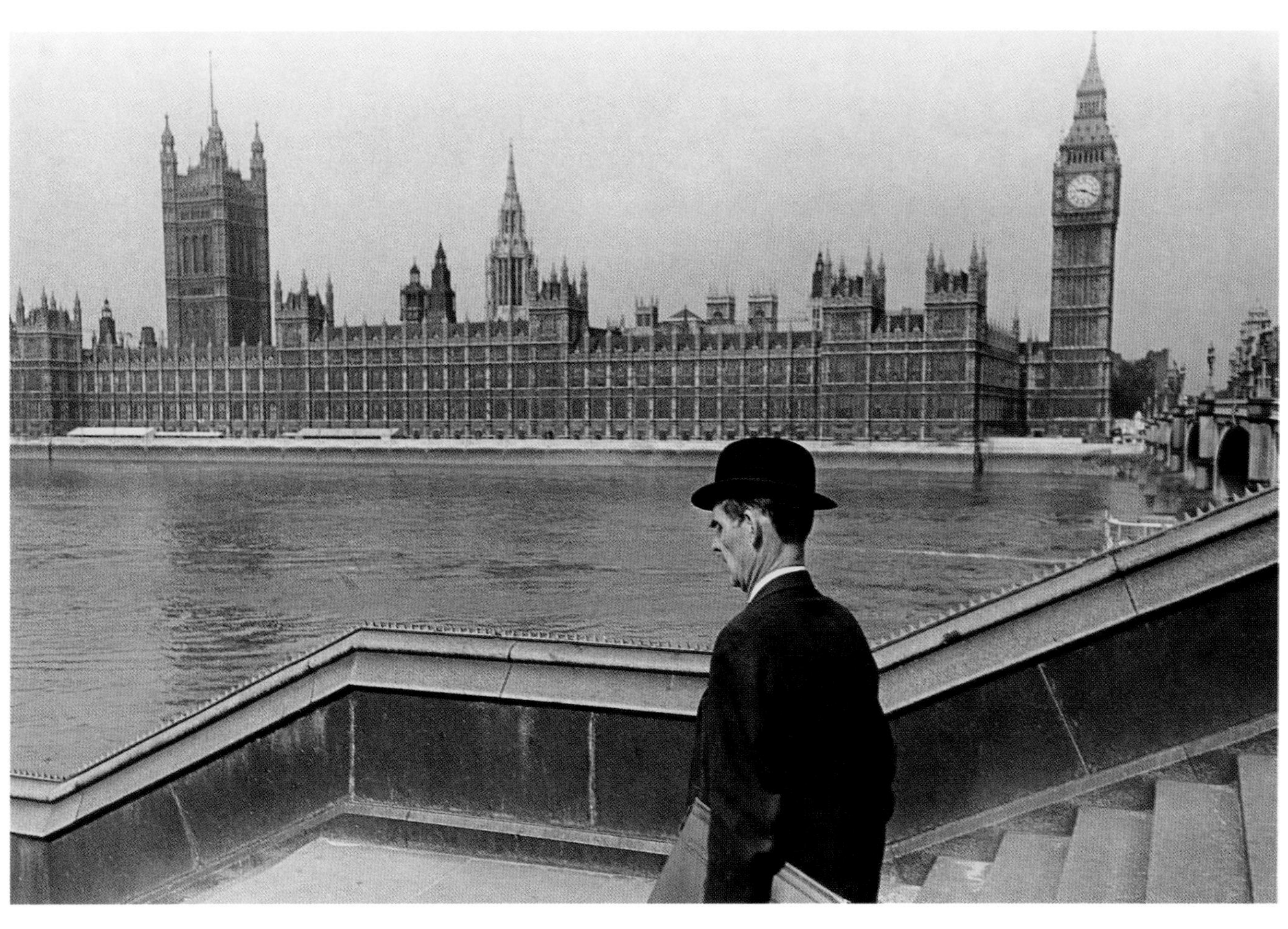

30. Parlament, 1966

The Houses of Parliament, 1966

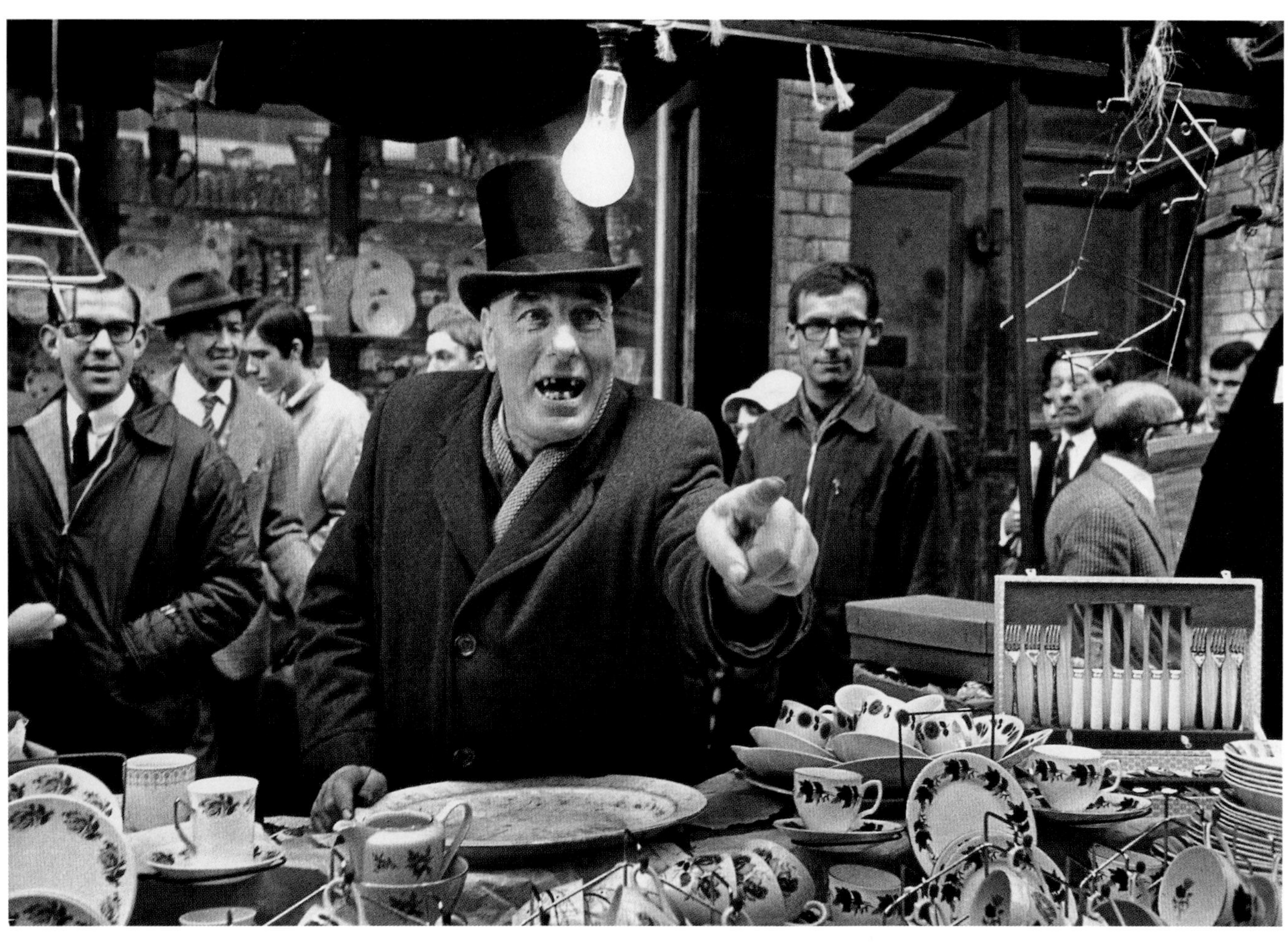

31. Tržiště v Middlesex, 1966
A market place in Middlesex, 1966

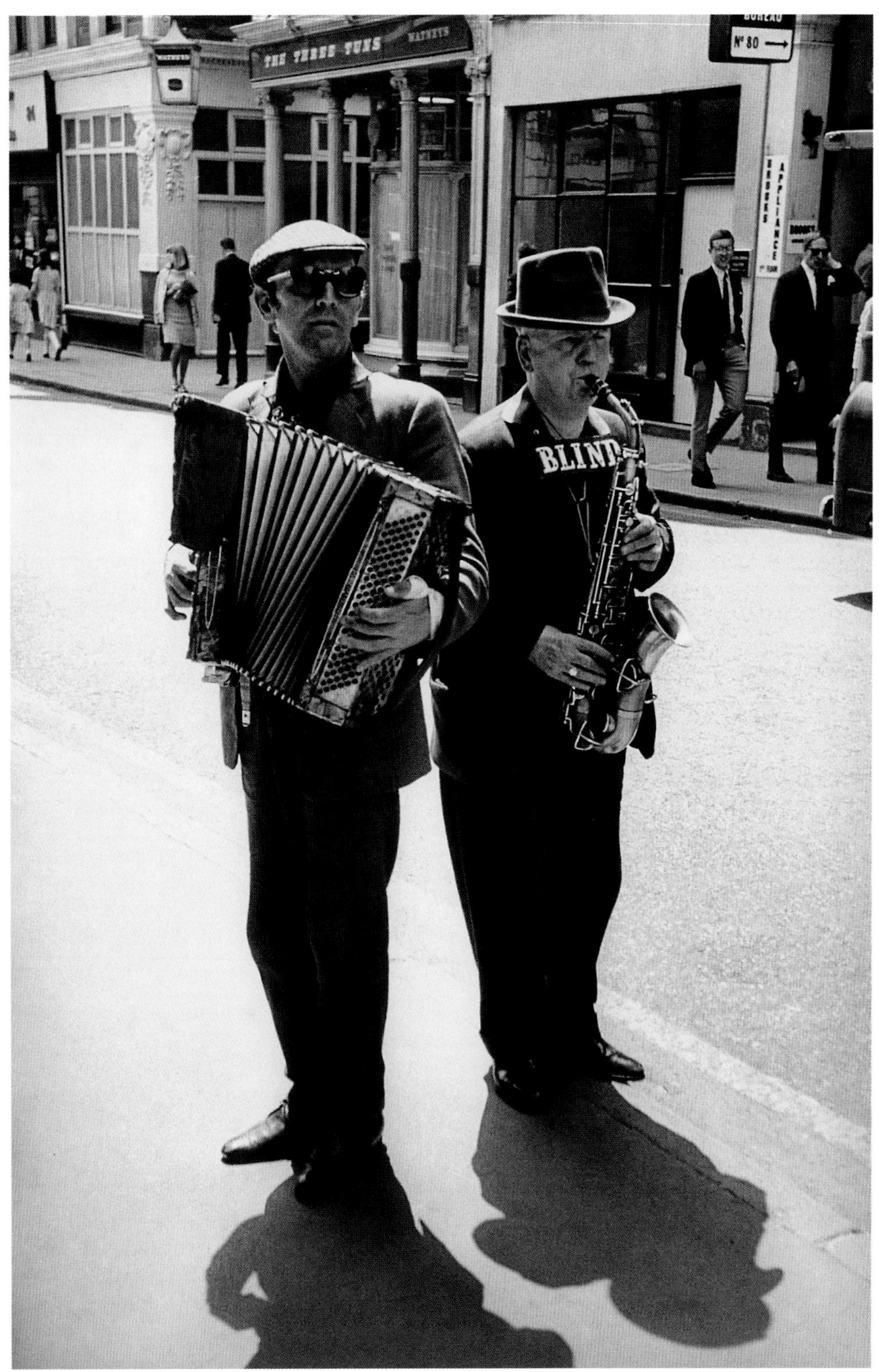

32. Slepci, 1966
The blind, 1966

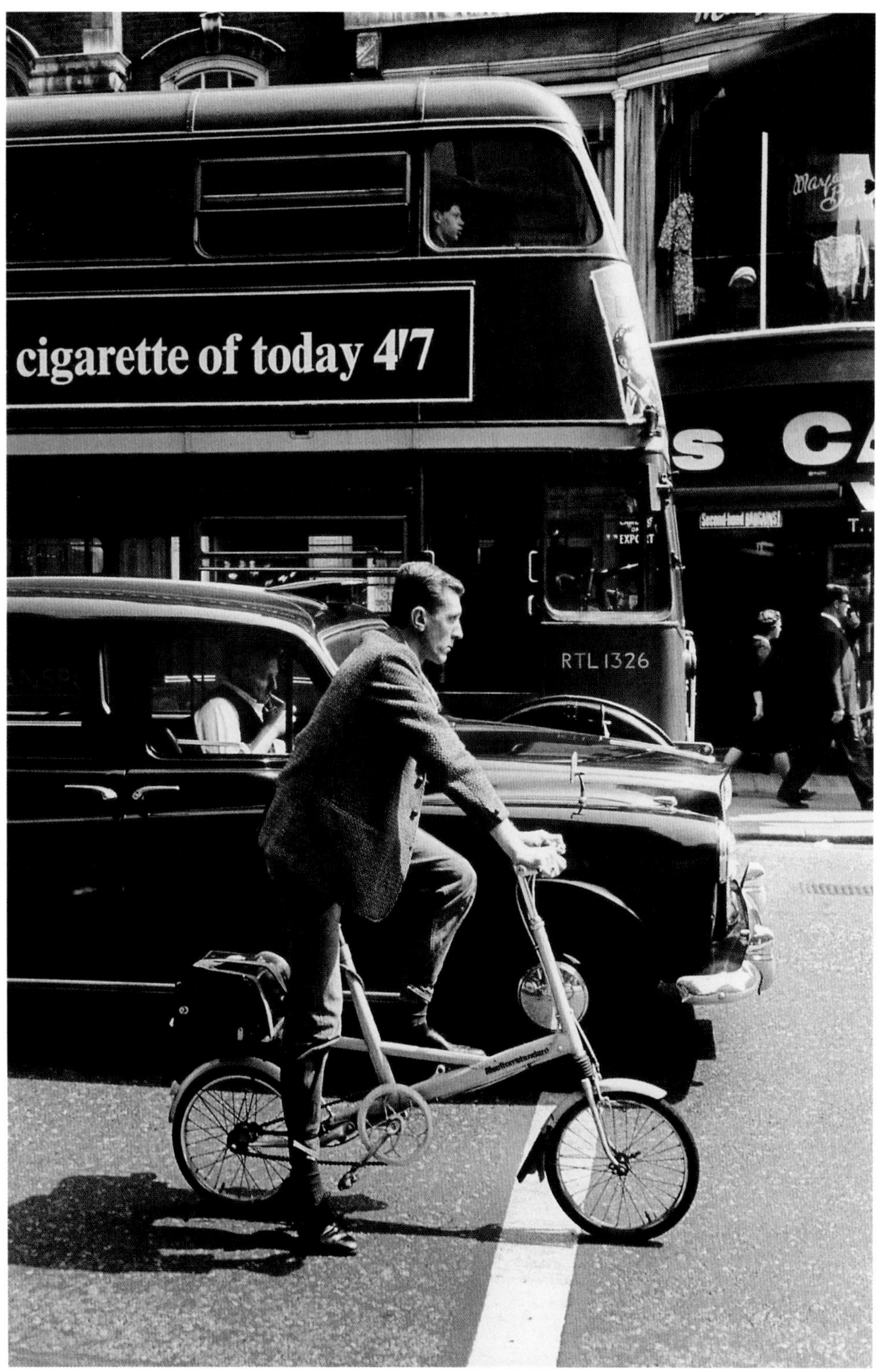

33. Červená, 1966
Red light, 1966

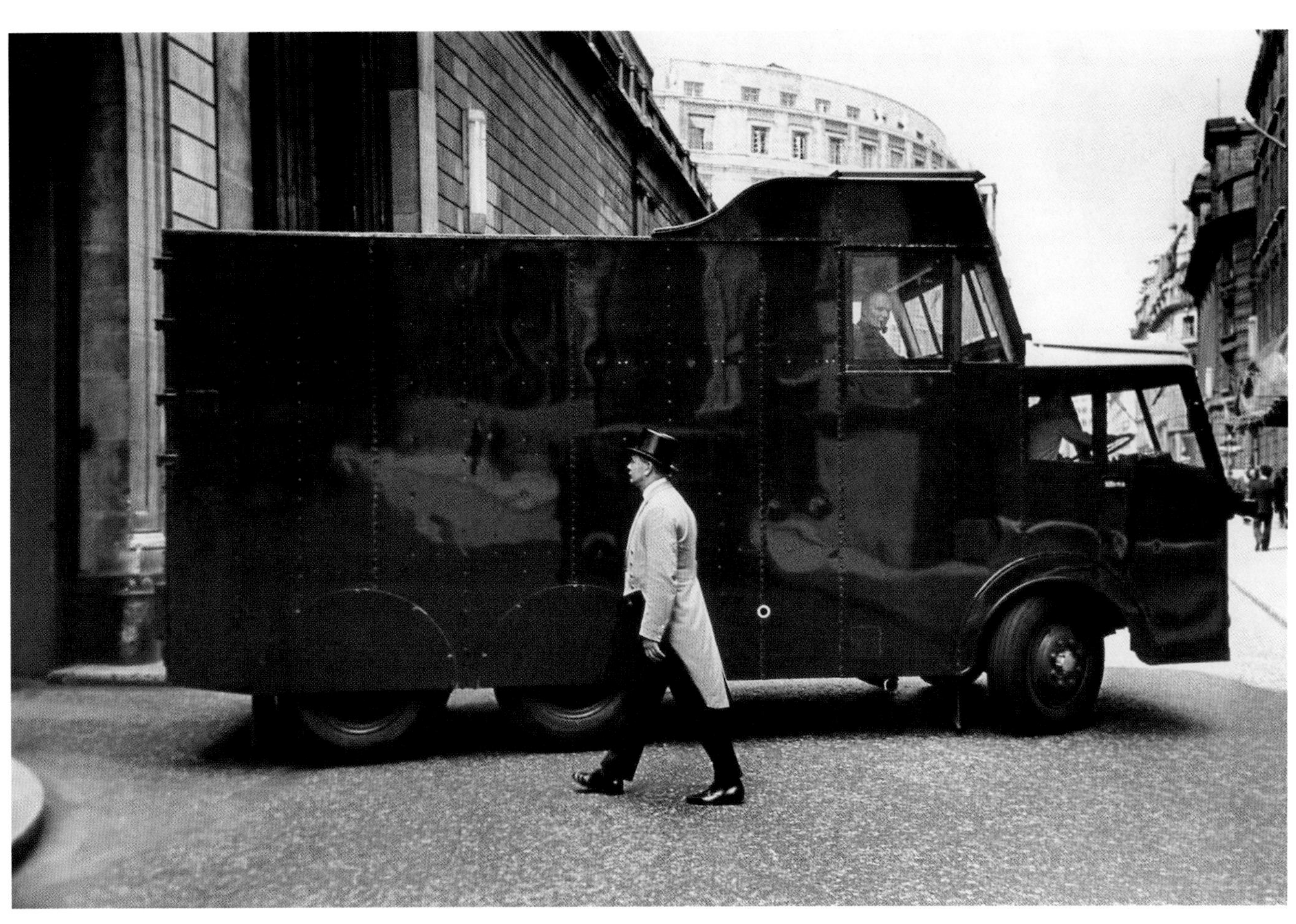

34. Bankovní auto, 1966
A bank van, 1966

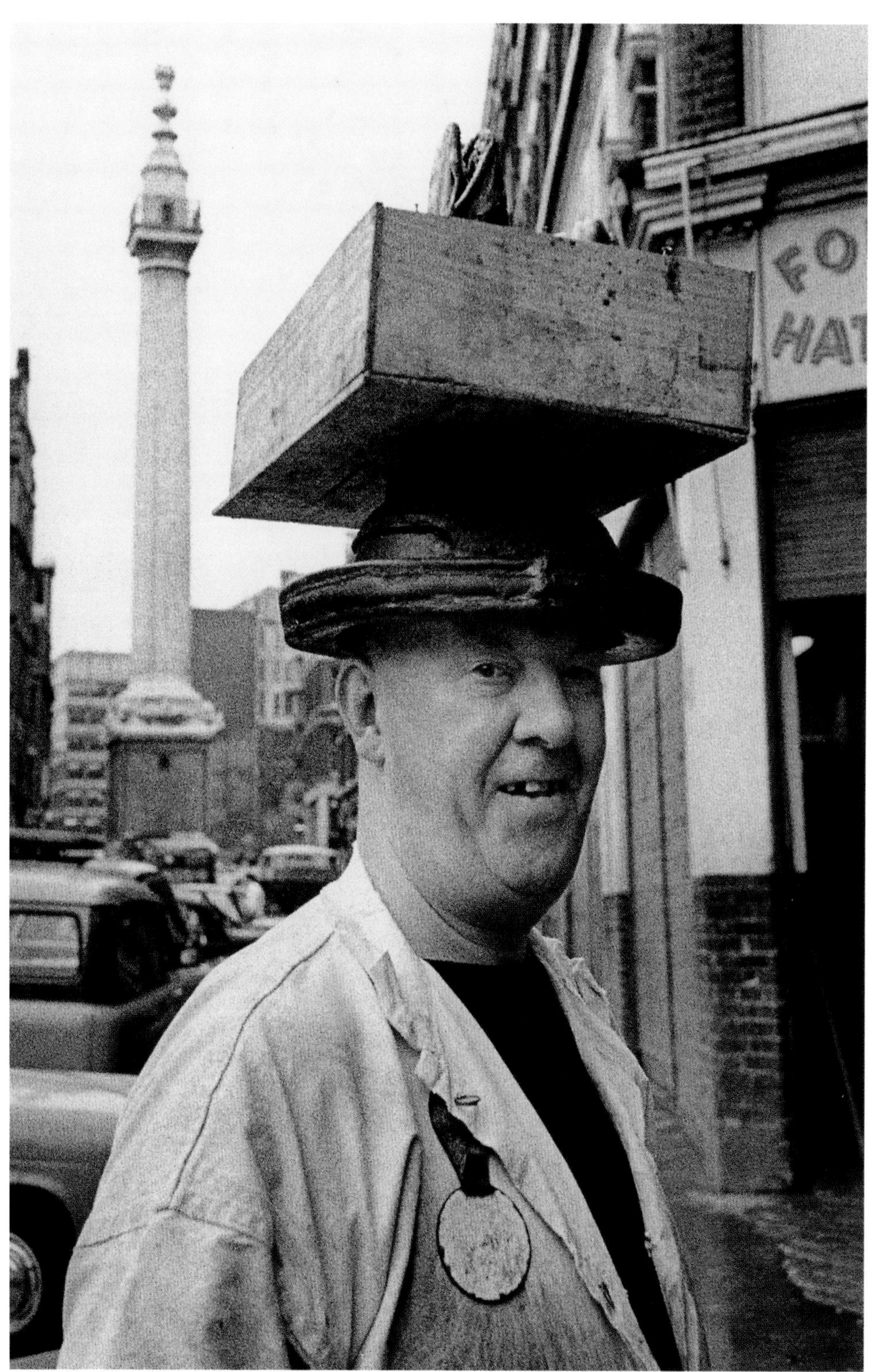

35. Rybí trh v Billingsgate, 1966
The Billingsgate fish market, 1966

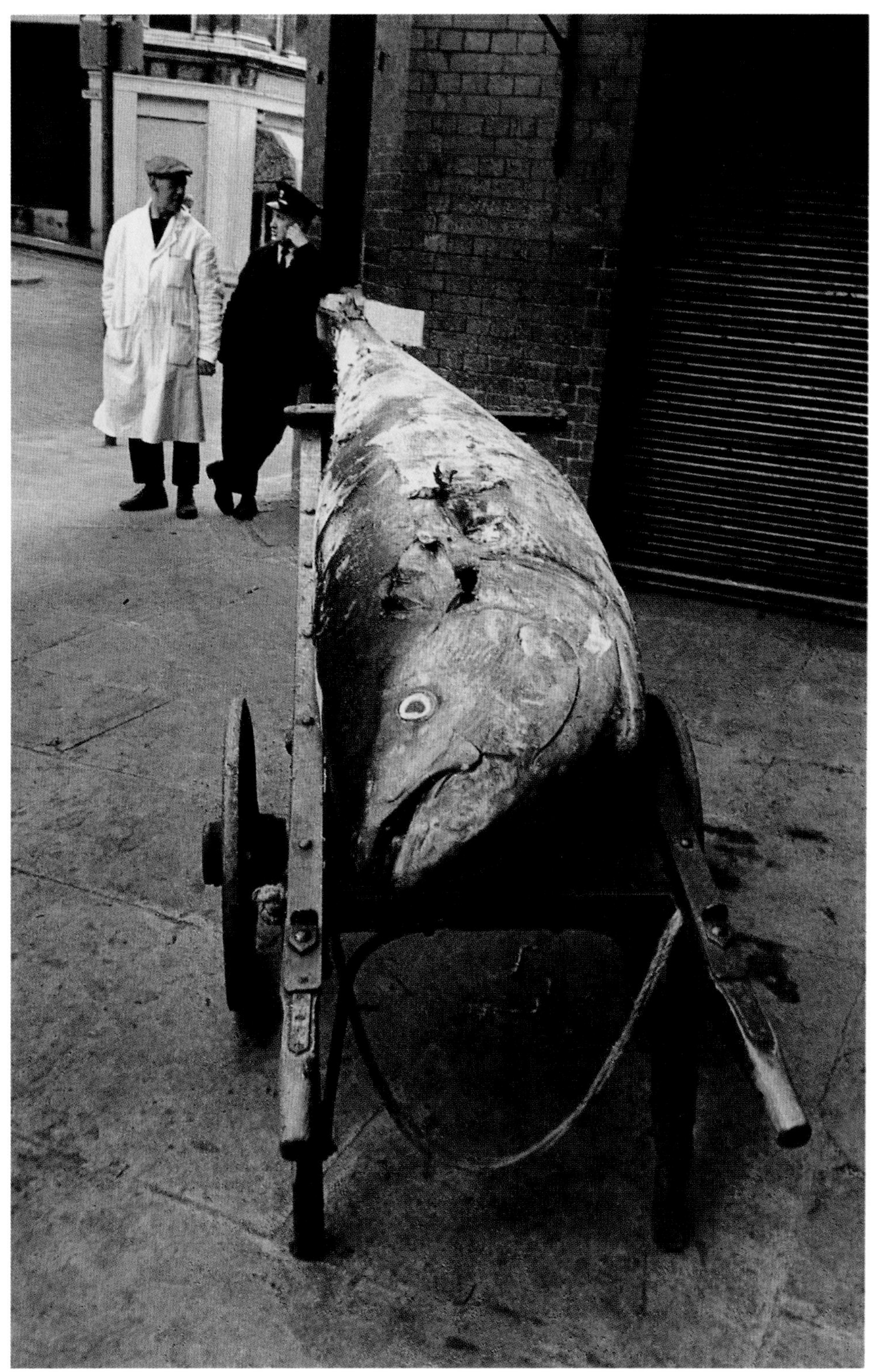

36. Rybí trh v Billingsgate, 1966
The Billingsgate fish market, 1966

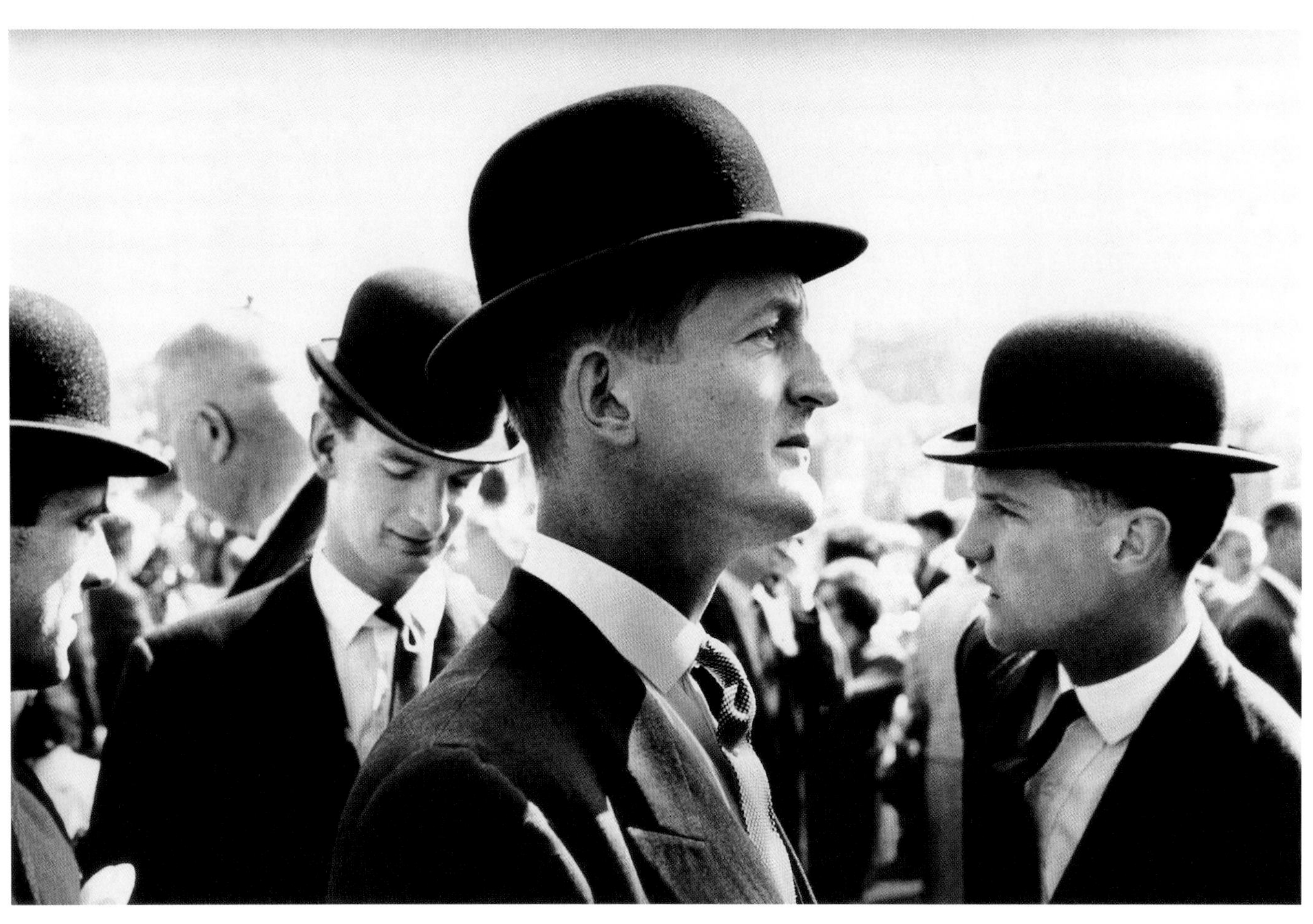

37. Čekání před Buckinghamským palácem, 1966
Expectant waiting in front of the Buckingham Palace, 1966

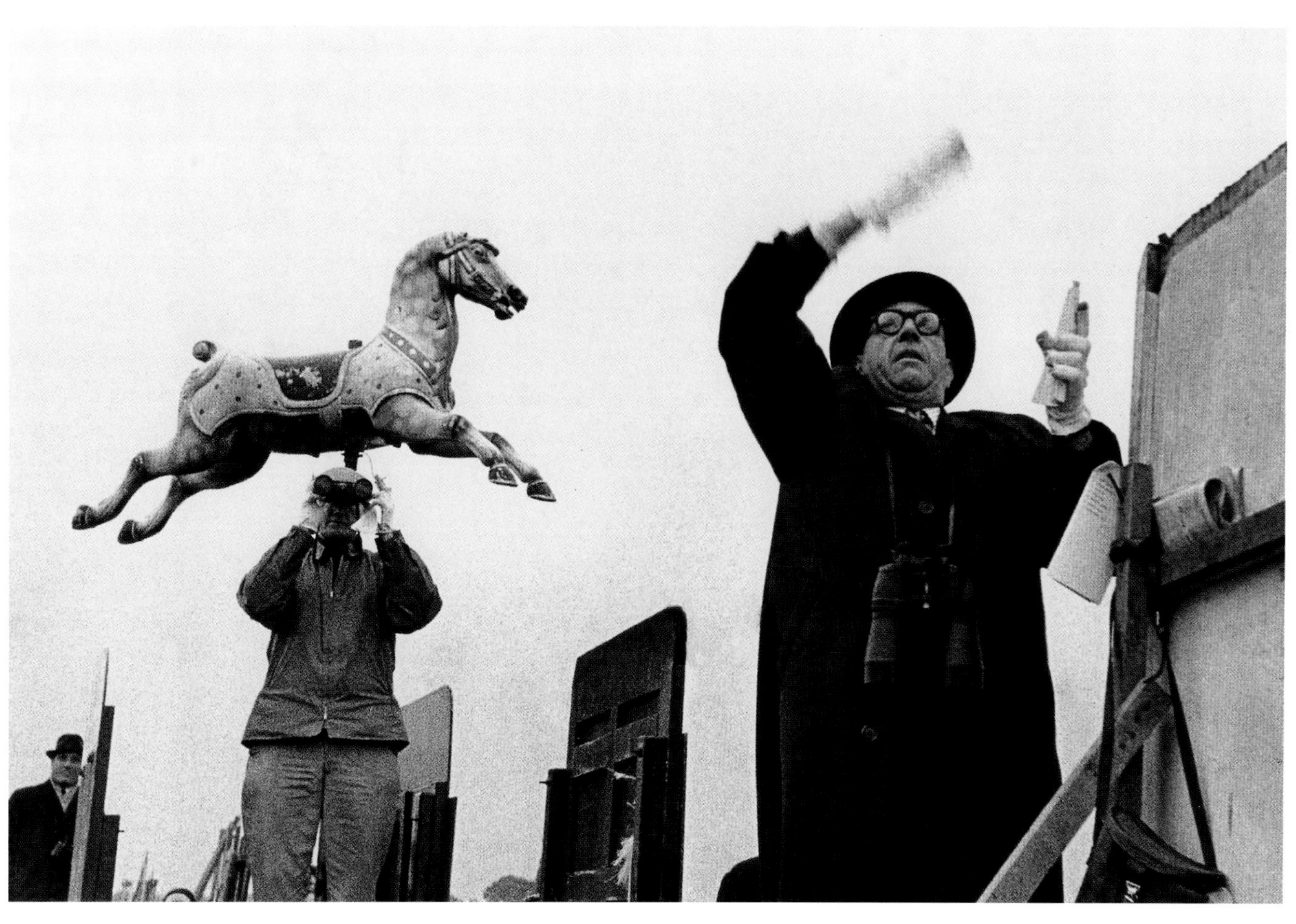

38. Závodiště v Epsomu, 1966
The Epsom race-course, 1966

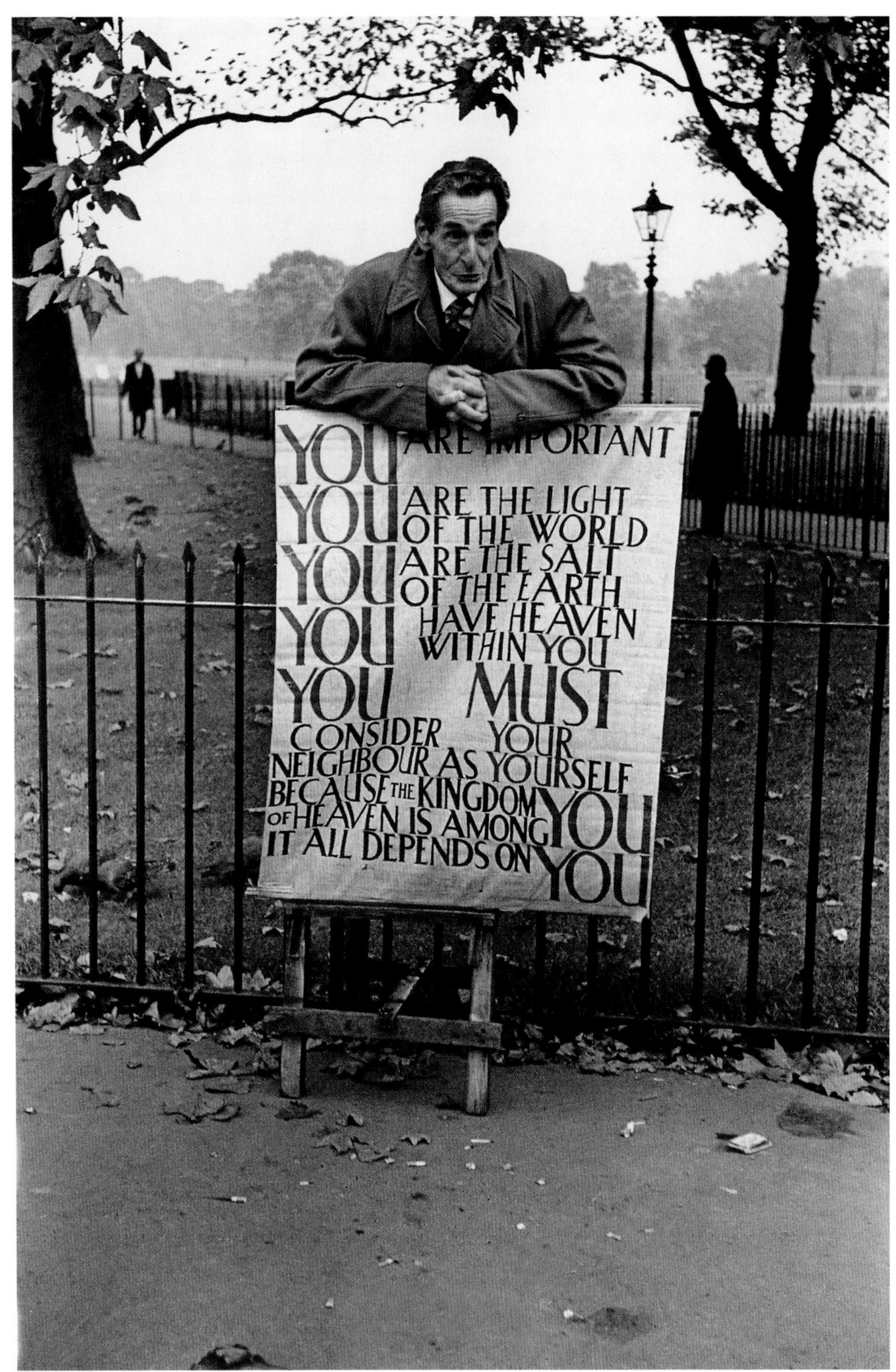

39. Hyde Park, 1966

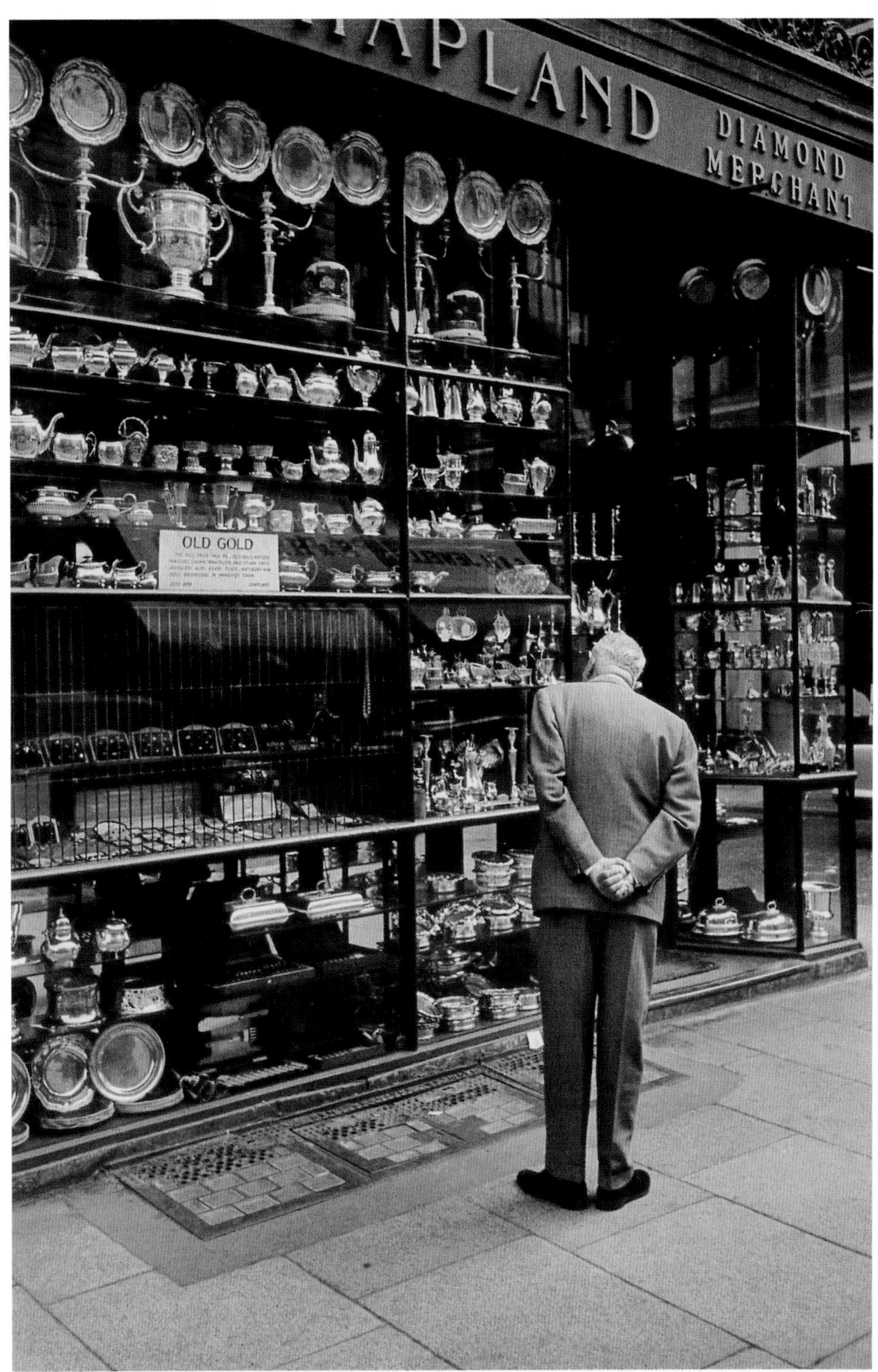

40. Obchod se stříbrem, 1966
A Silver trinket shop, 1966

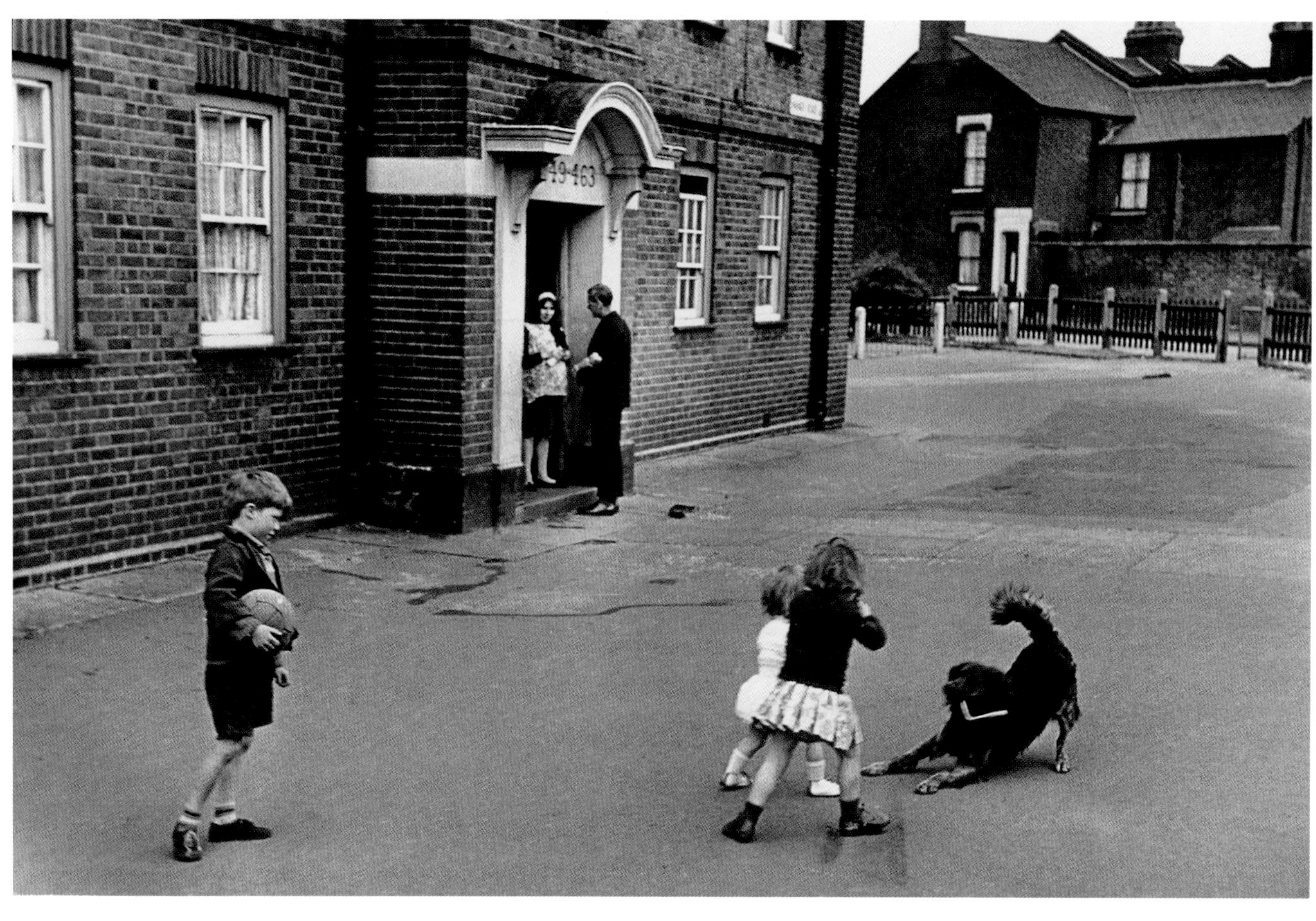

41. East End, 1966

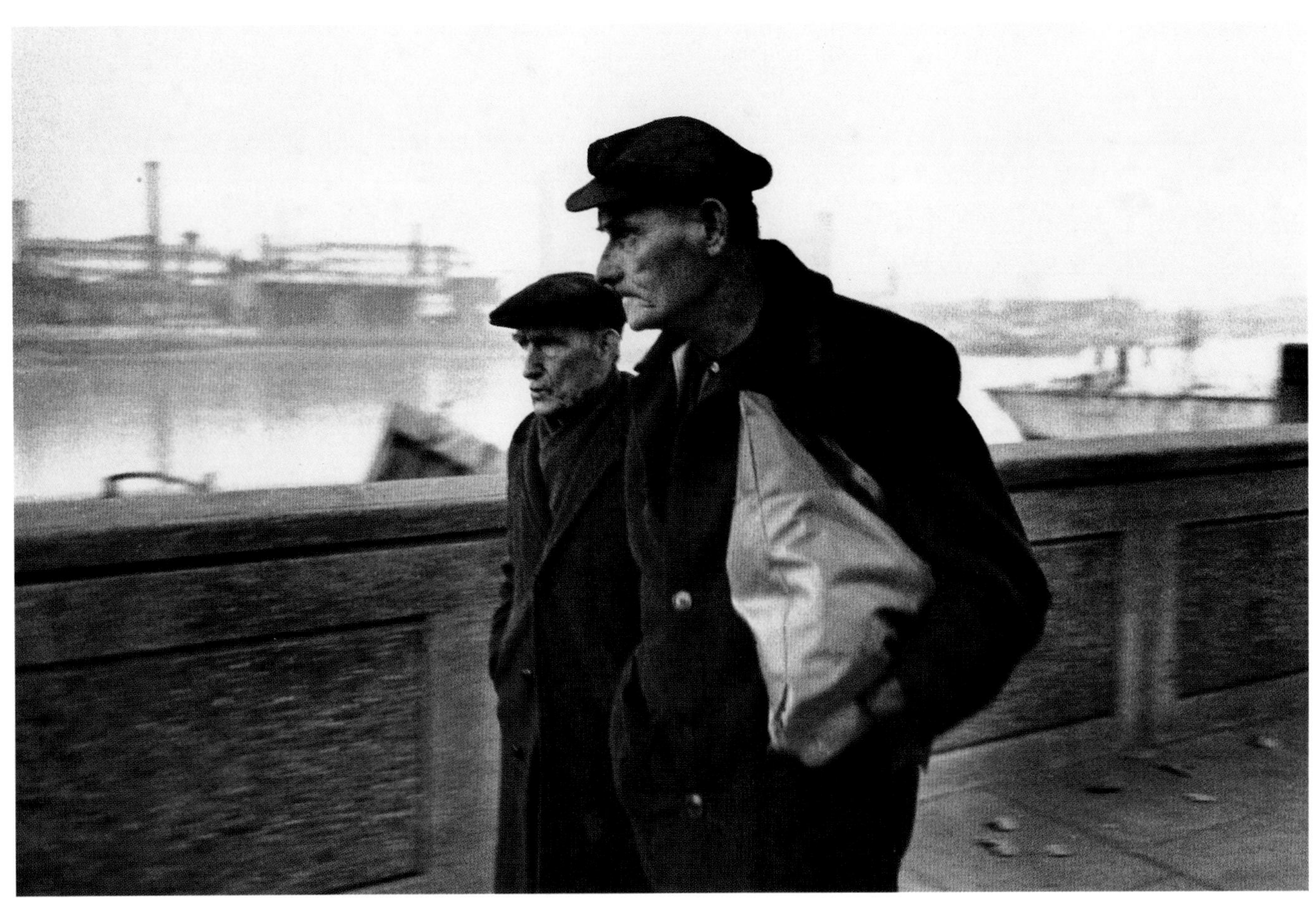

42. Nábřeží v Chelsea, 1966
The Chelsea Embankment, 1966

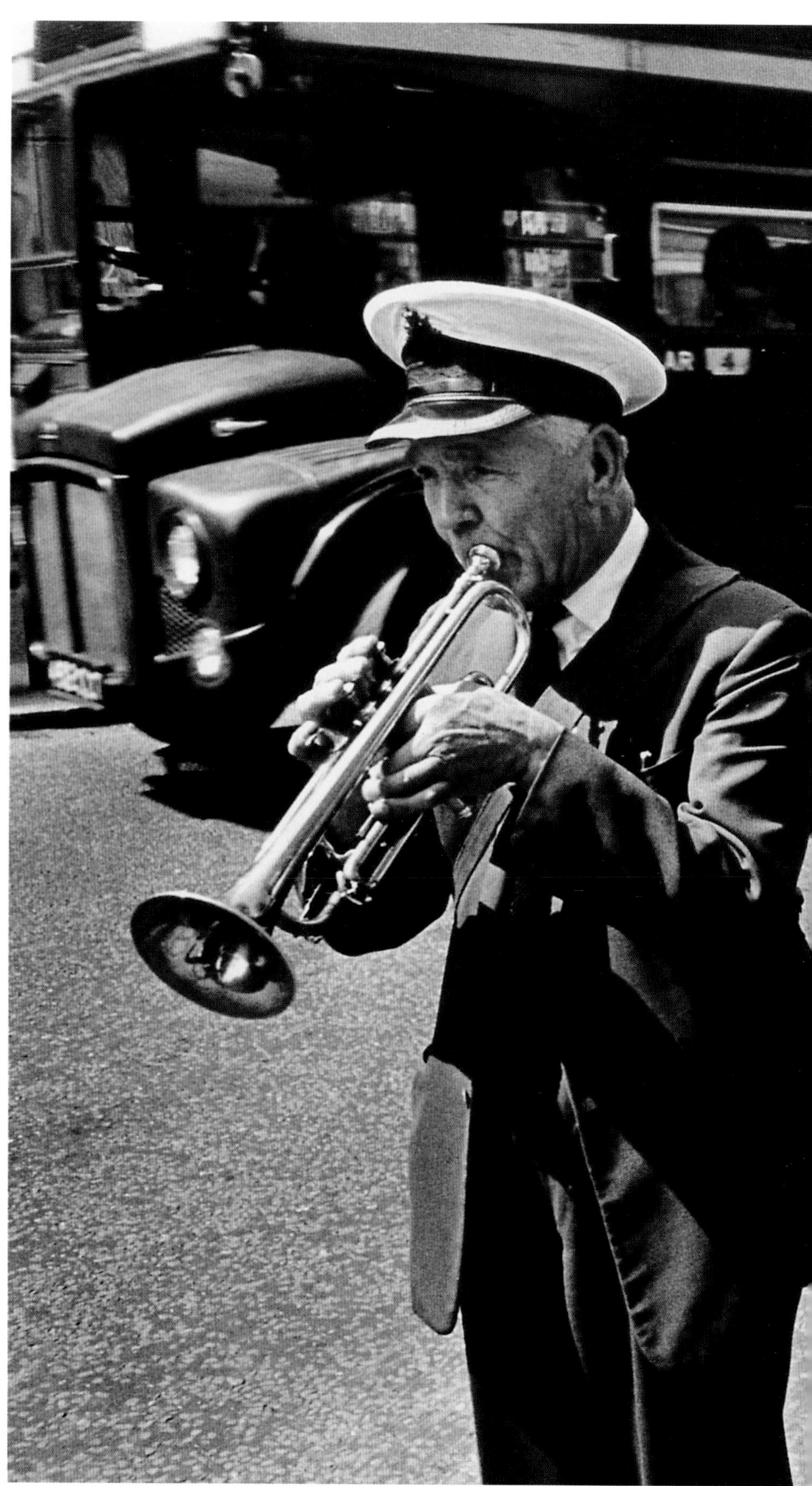

43. Pouliční muzikanti, 1966
Street Musicians, 1966

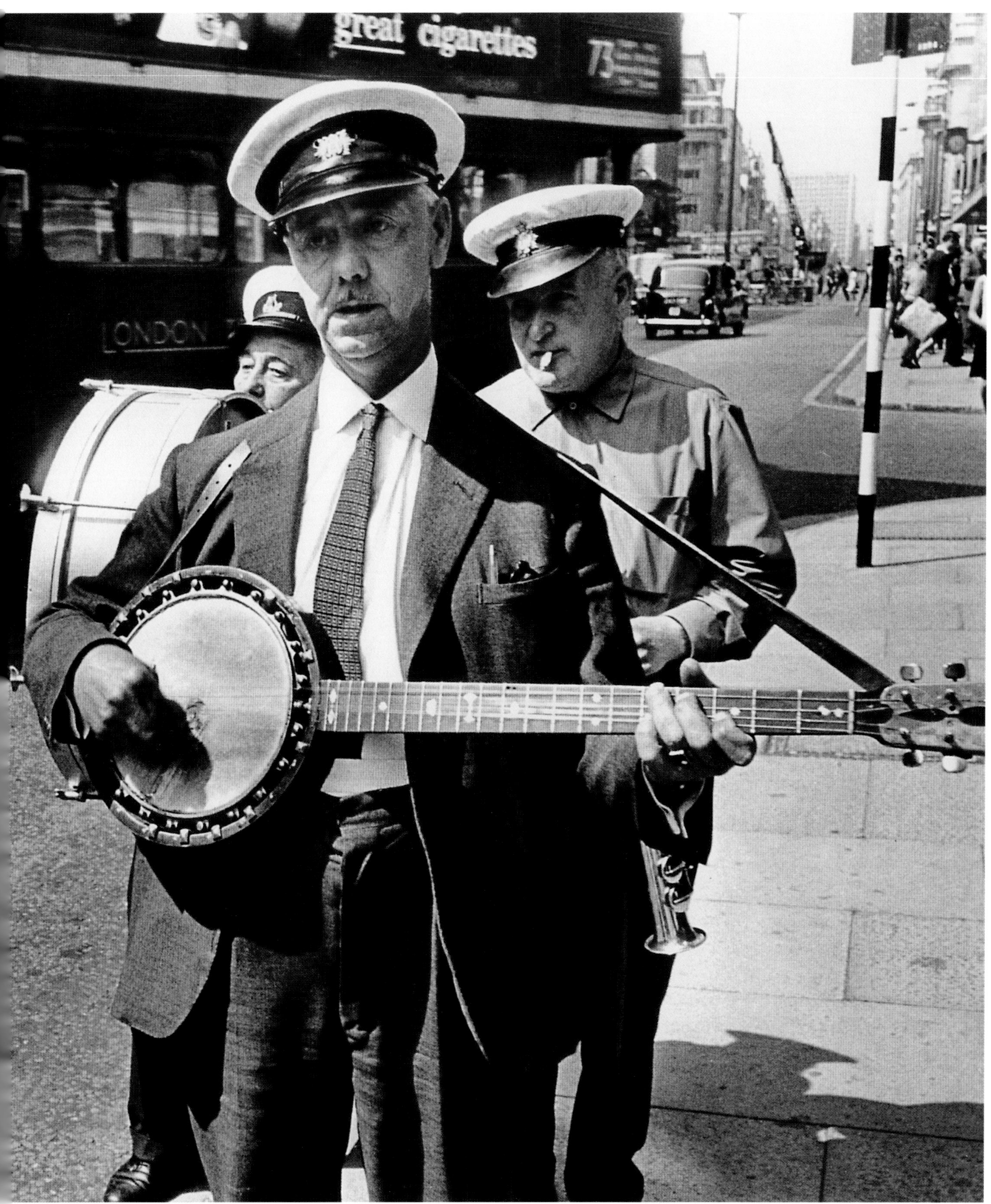
great cigarettes
LONDON

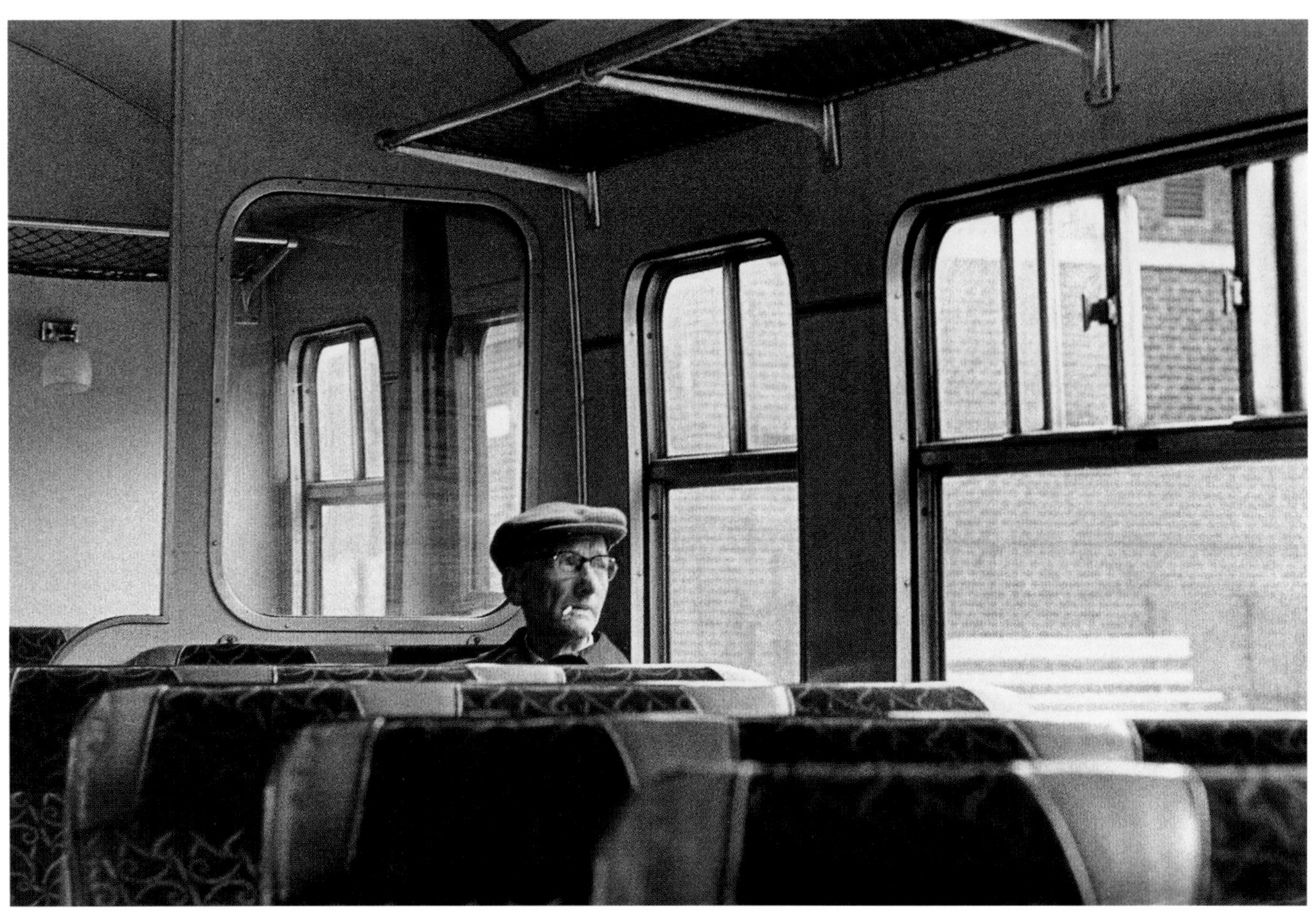

44. Vlak do Silvertown, 1966
A train to Silvertown, 1966

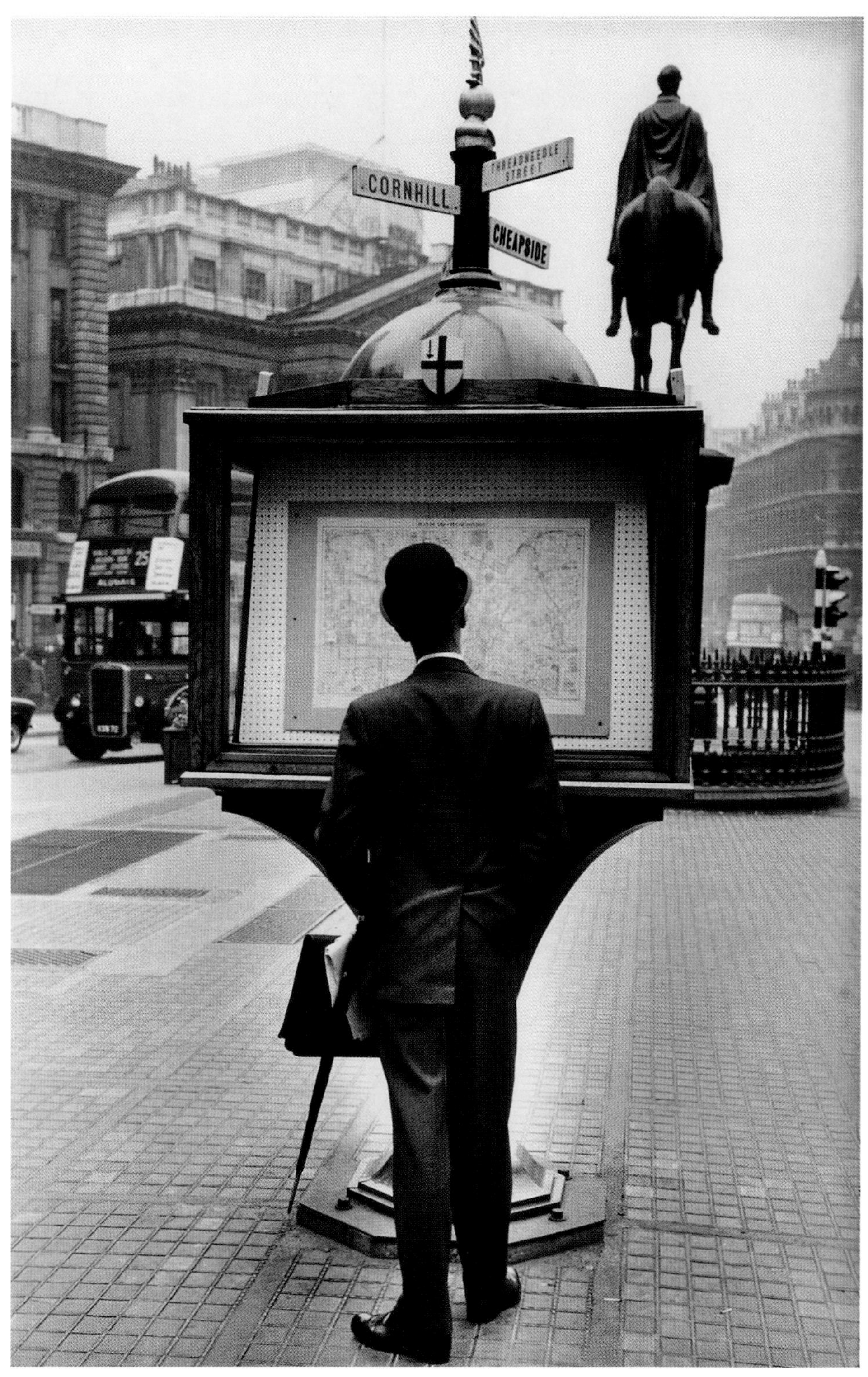

45. Náměstí u Anglické banky, 1964
Bank of England Square, 1964

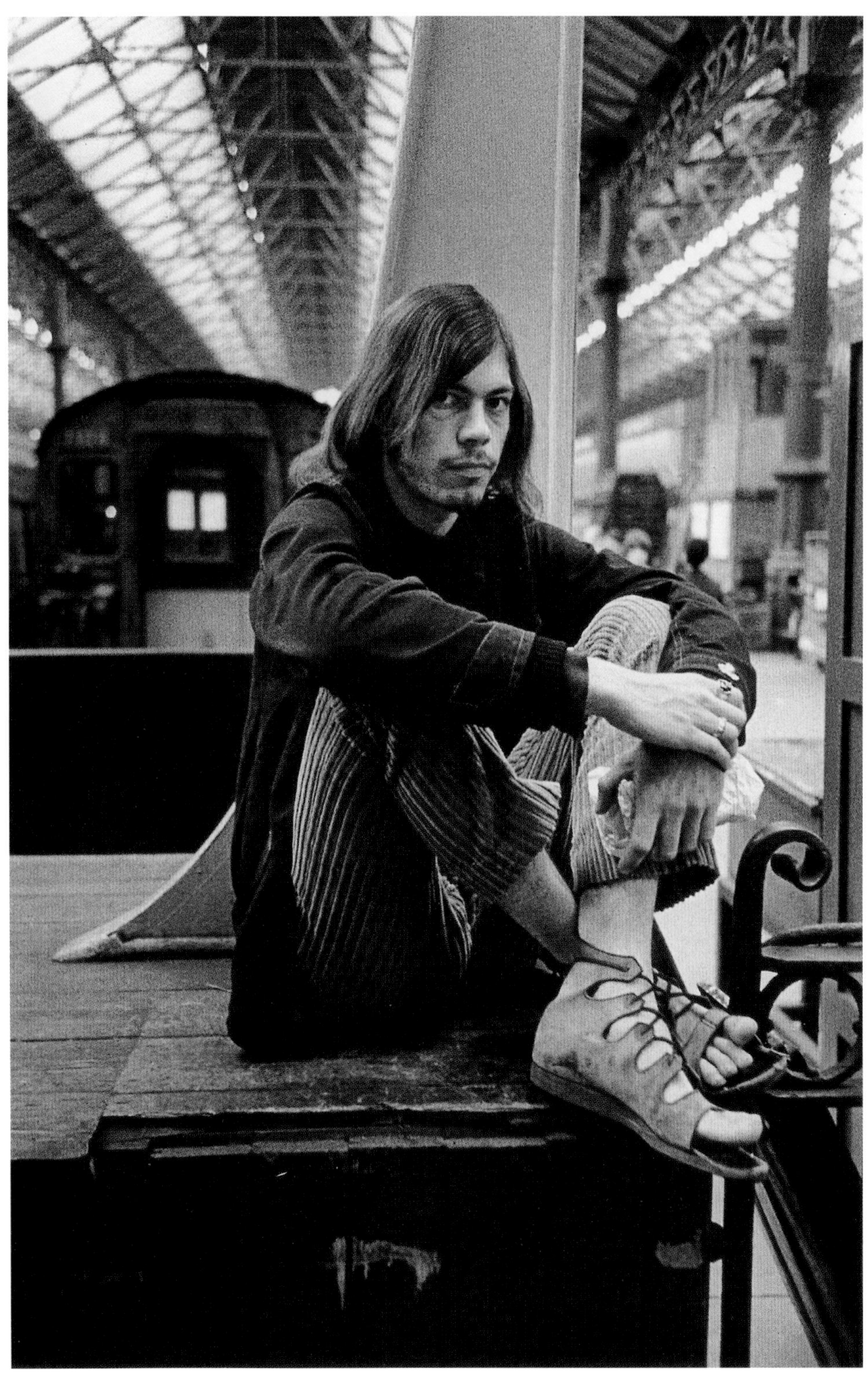

46. Victoria Station, 1966

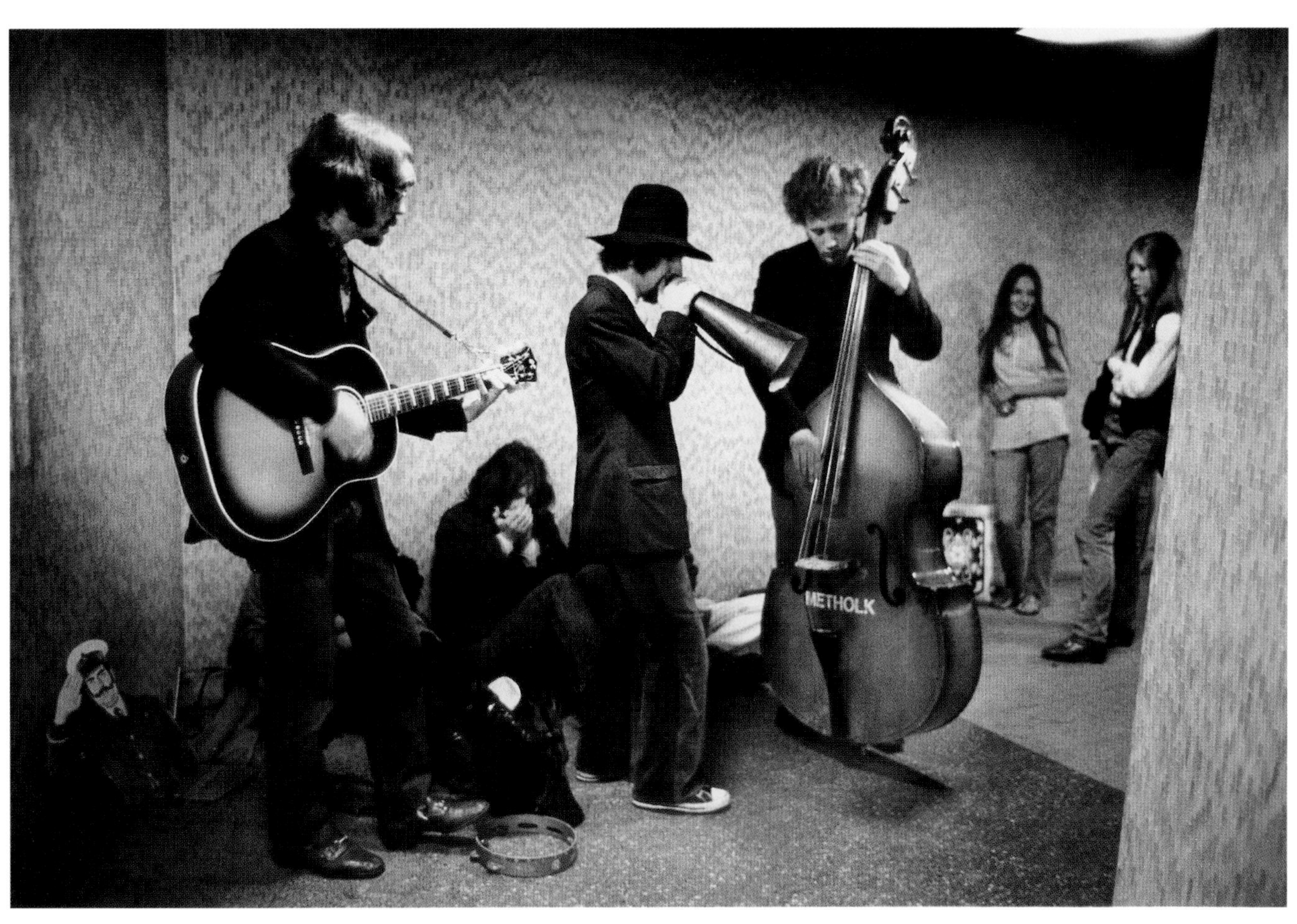

47. Kapela v podchodu, 1966
A Band in the subway, 1966

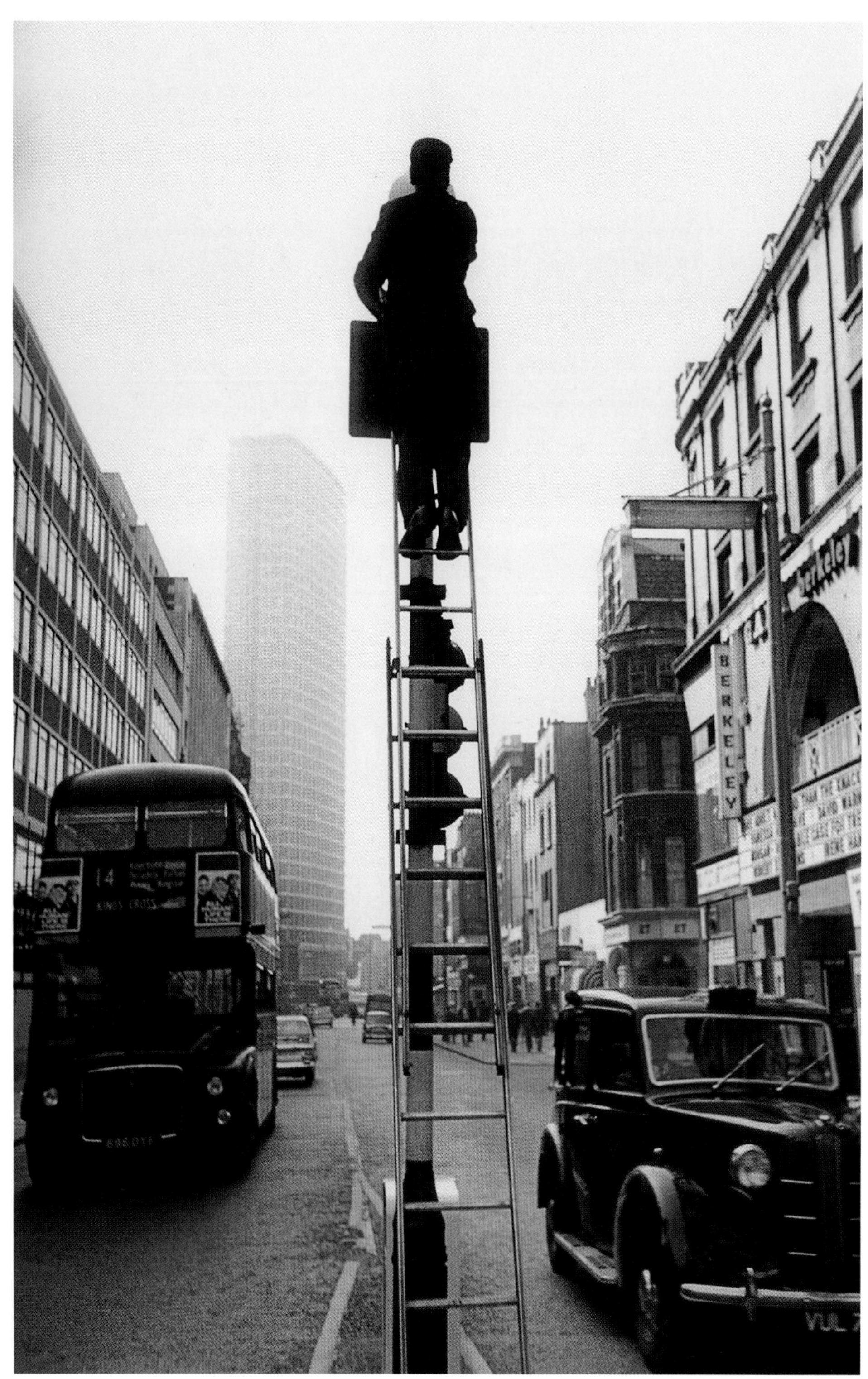

48. Ulice ráno, 1966
A Street in the morning, 1966

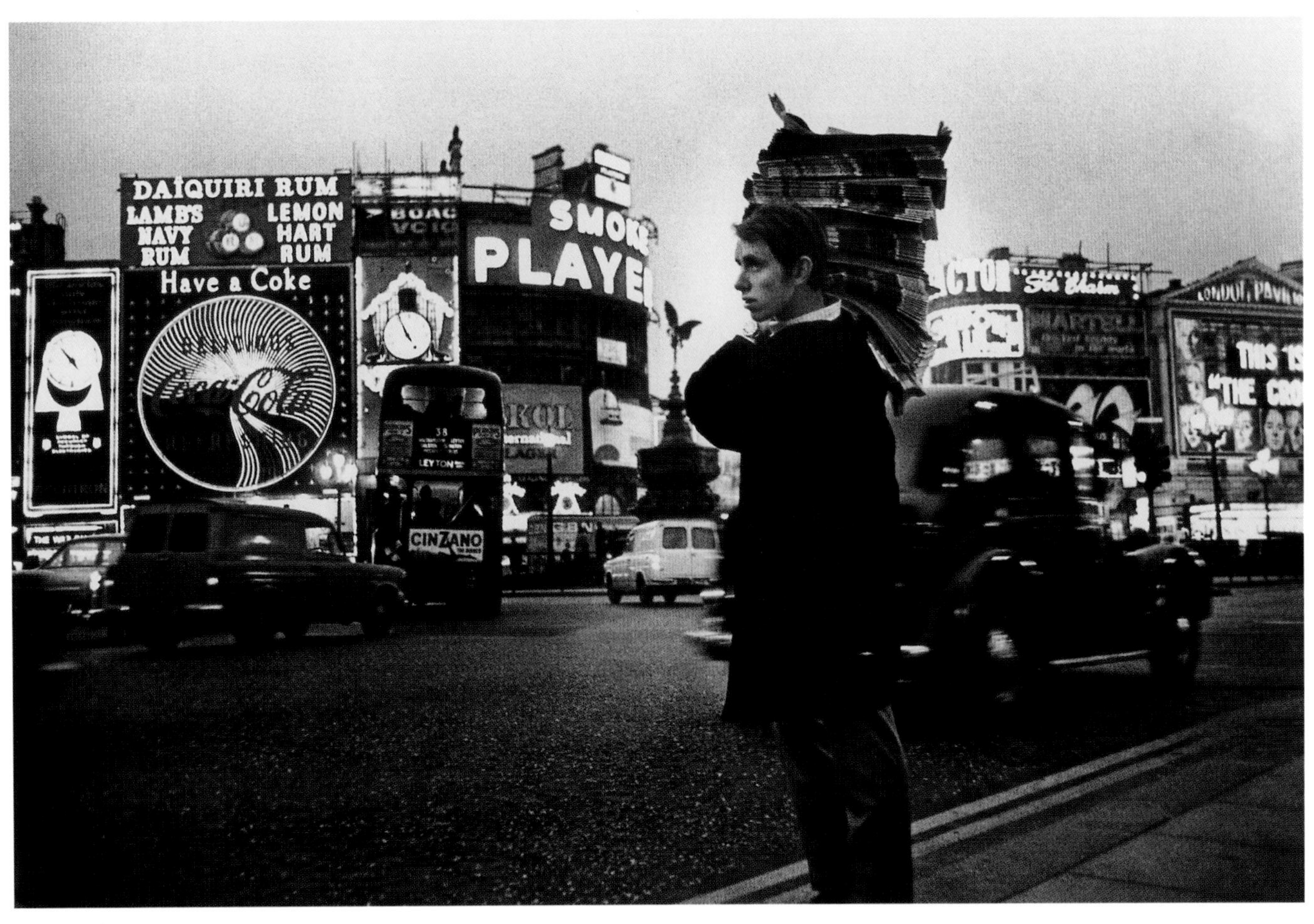

49. Piccadilly, 1966

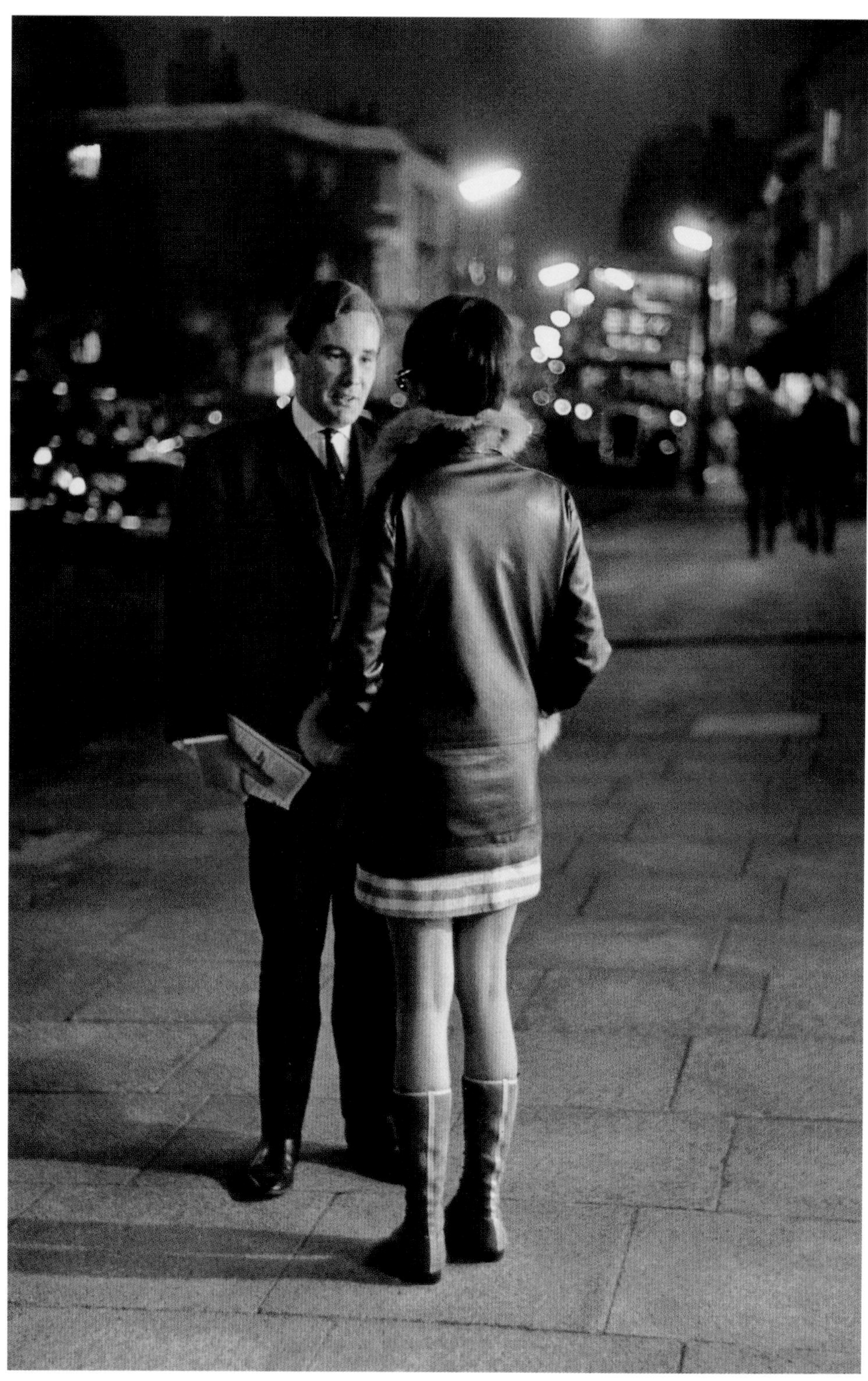

50. King's Road, 1966

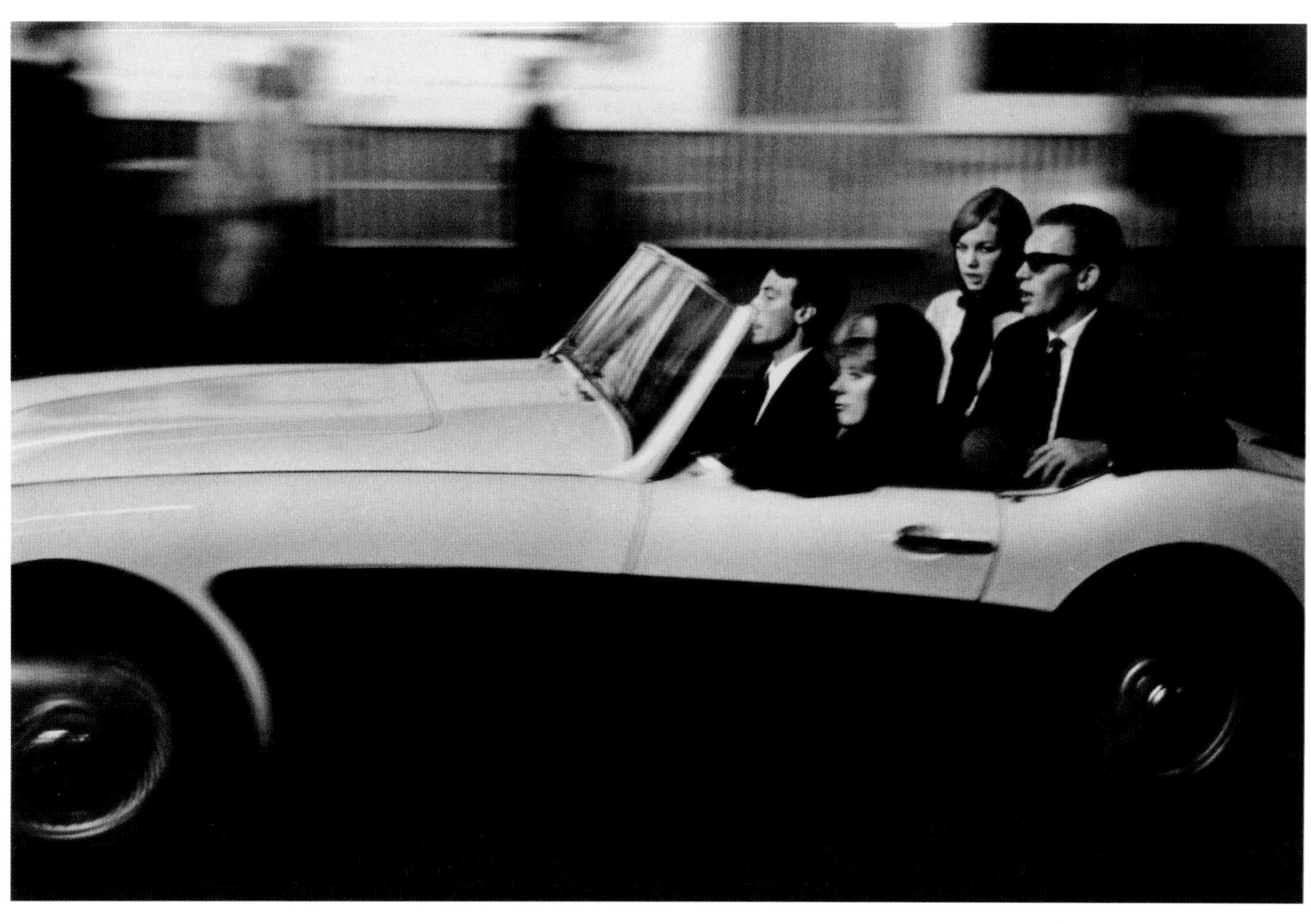

51. Noční jízda, 1966
A Night Ride, 1966

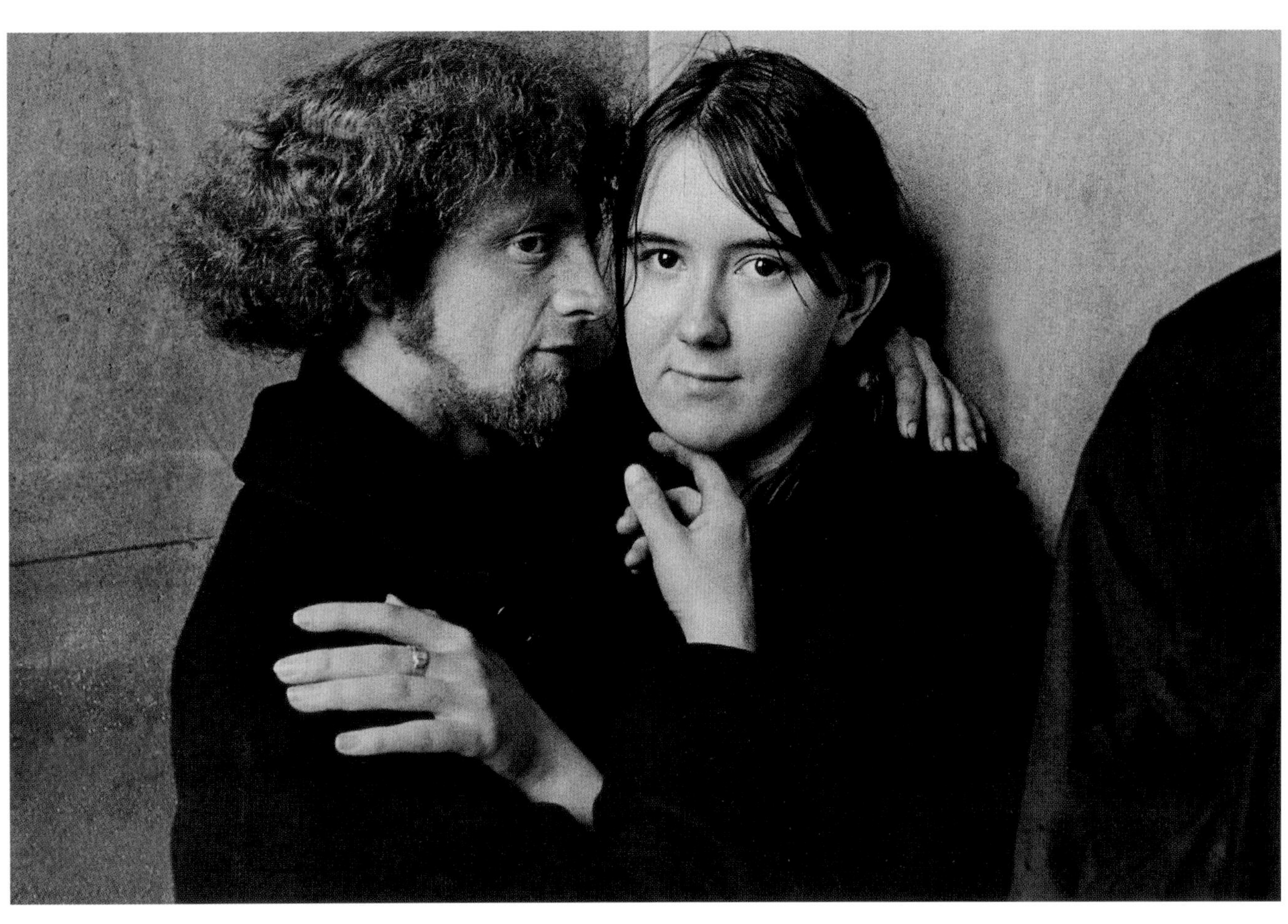

52. Setkání, 1966
A Rendezvous, 1966

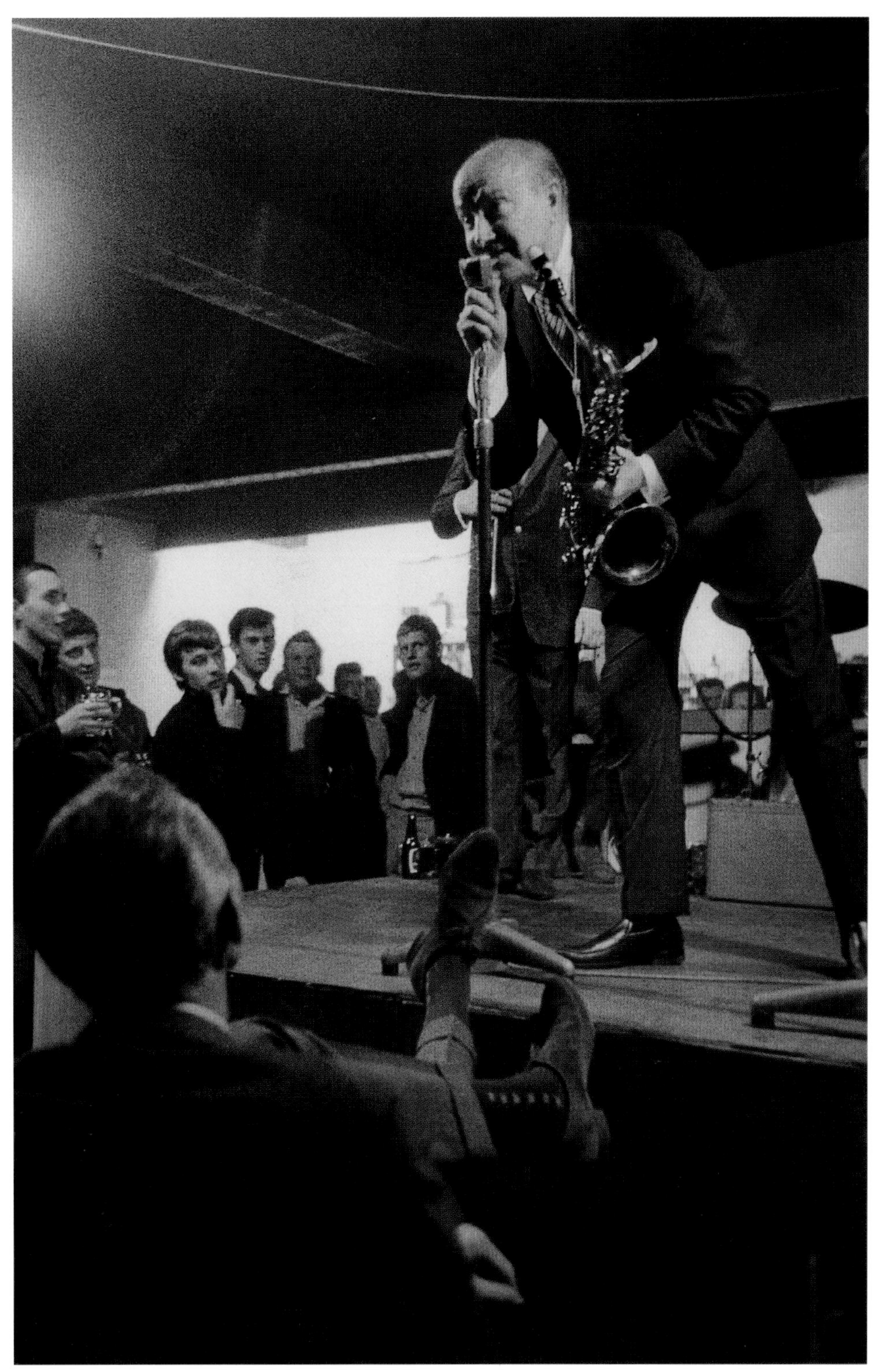

53. Jazz club „100“, 1966

Pražské jaro
The Prague Spring

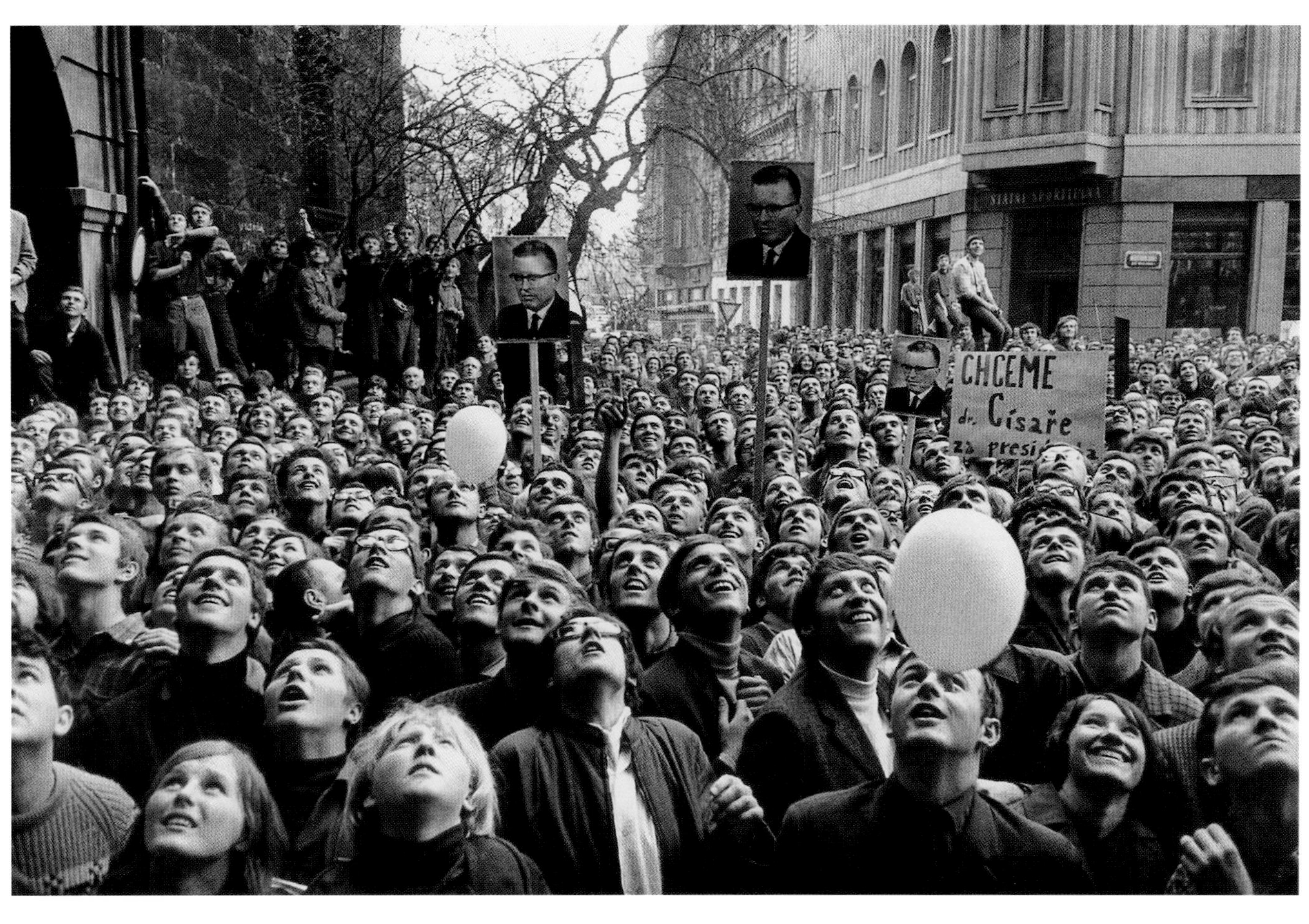

54. Před Národním shromážděním, Praha, březen 1968
In front of the House of the National Assembly, Prague, March 1968

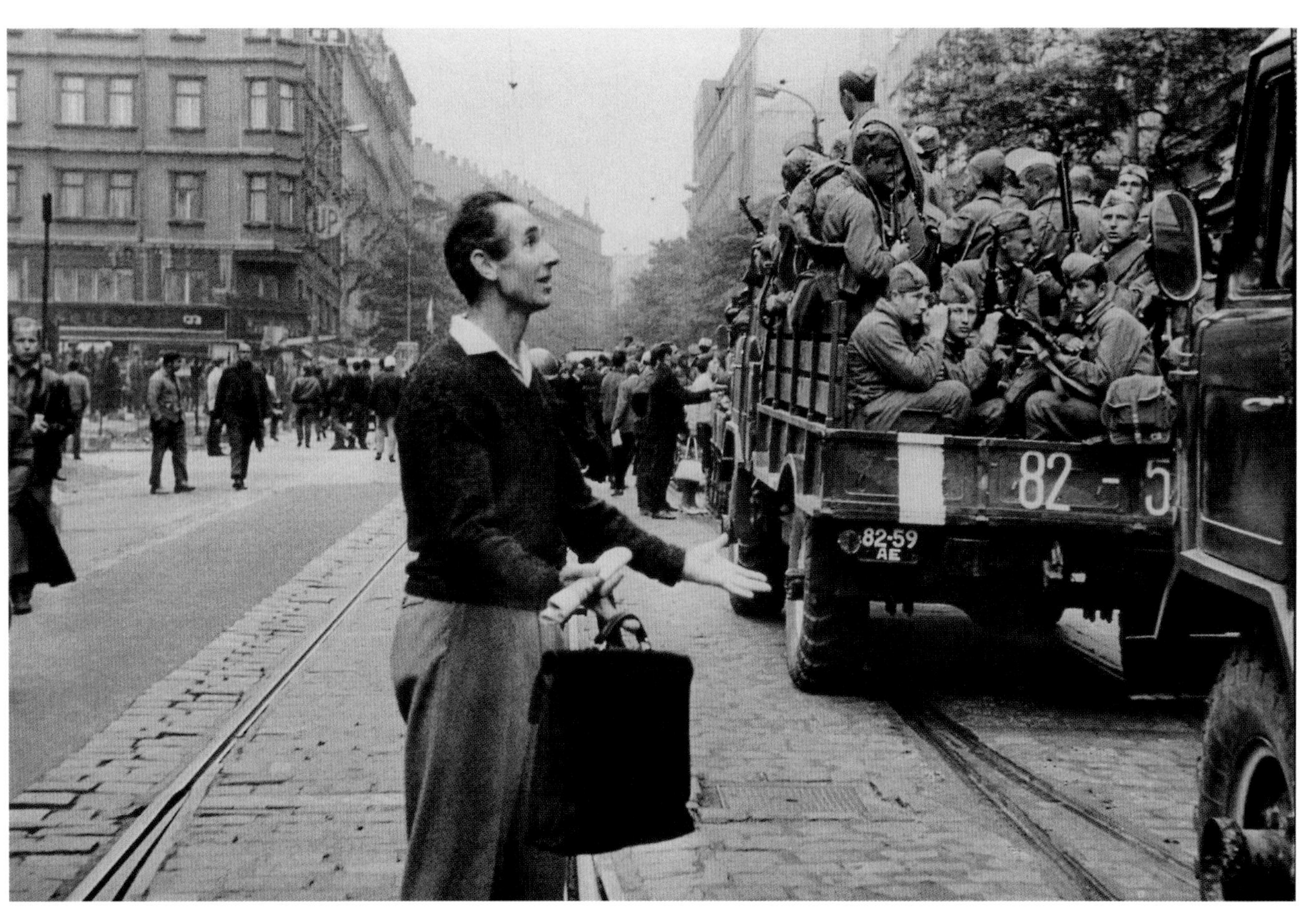

55. Praha, 21. srpen 1968

The Soviet occupation on 21th August 1968, Prague

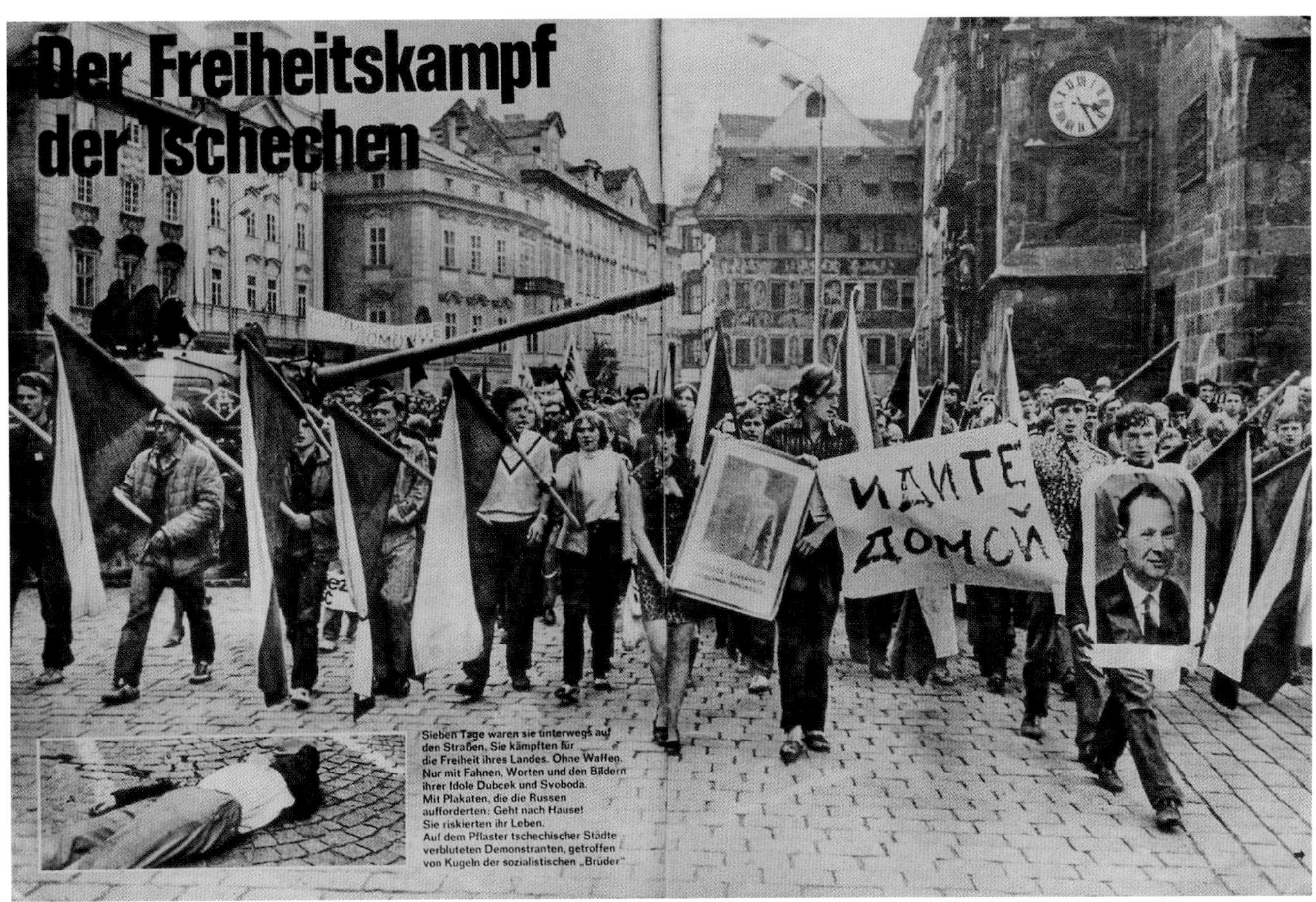

Fotografie publikovaná 11. 9. 1968 v časopise Quick pod jménem Ian Berry (Magnum),
dlouholetého přítele M. Novotného. Všechny naexponované filmy M. Novotného ze srpna
1968 odvezli reportéři tohoto časopisu (Otmar Kauck a Karl Breyer) do Německa.
Negativy zůstaly v archivu Quick dodnes.

The photograph published on 11th September 1968 in the Quick magazine
under the name of Ian Berry (Magnum), an old friend of Miloň Novotný. All the exposed
rolls of Miloň Novotný, dating from August 1968, were brought by the reporters of this
magazine (Otmar Kauck and Karl Breyer) to Germany. Since then, the negatives have
been in the Quick archives.

56. Praha, 21. srpen 1968
The Soviet occupation on 21th August 1968, Prague

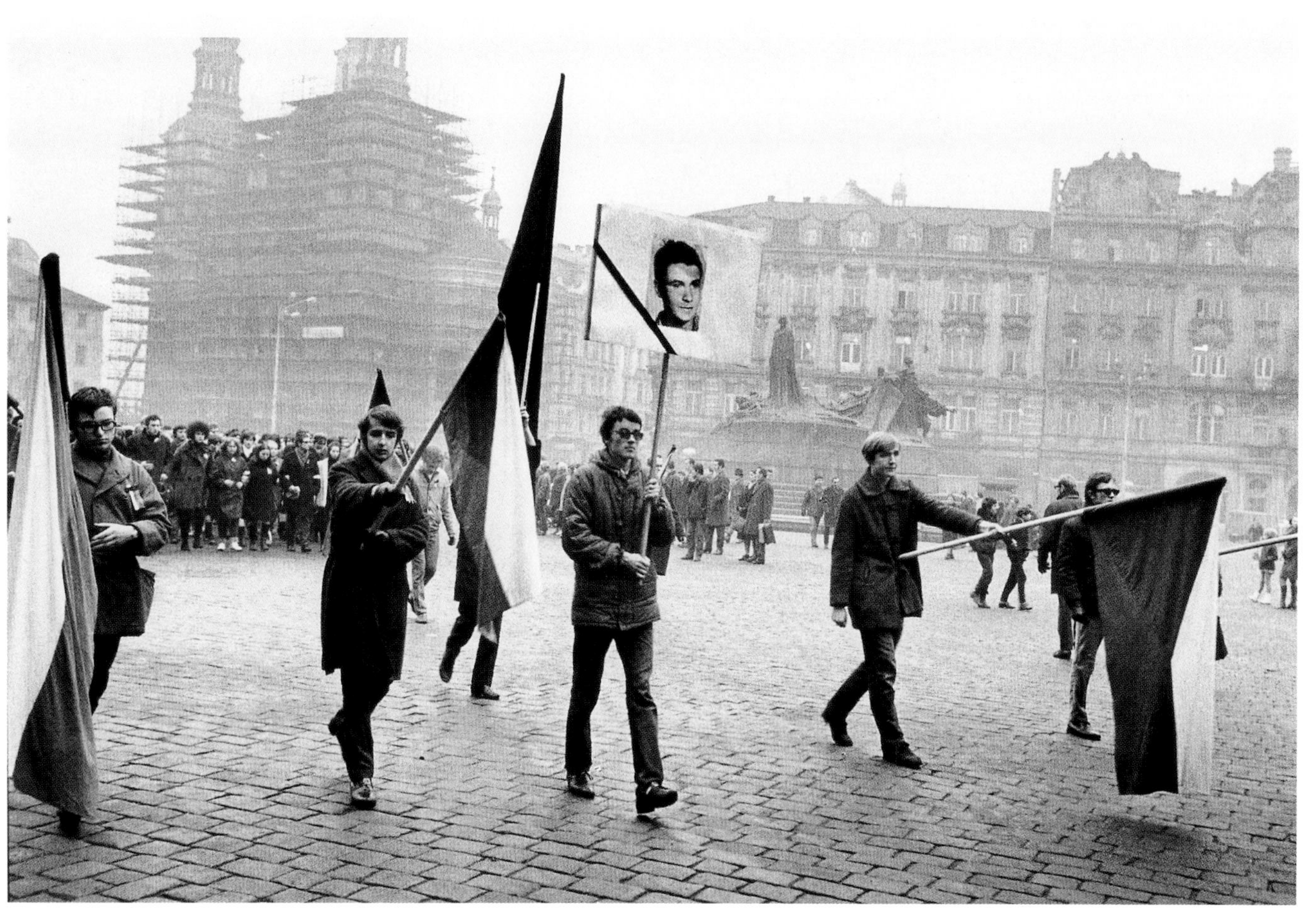

57. Smuteční shromáždění po úmrtí Jana Palacha, Praha, 20. 1. 1969
The mourning gathering on the death of Jan Palach, Prague, 20th January 1969

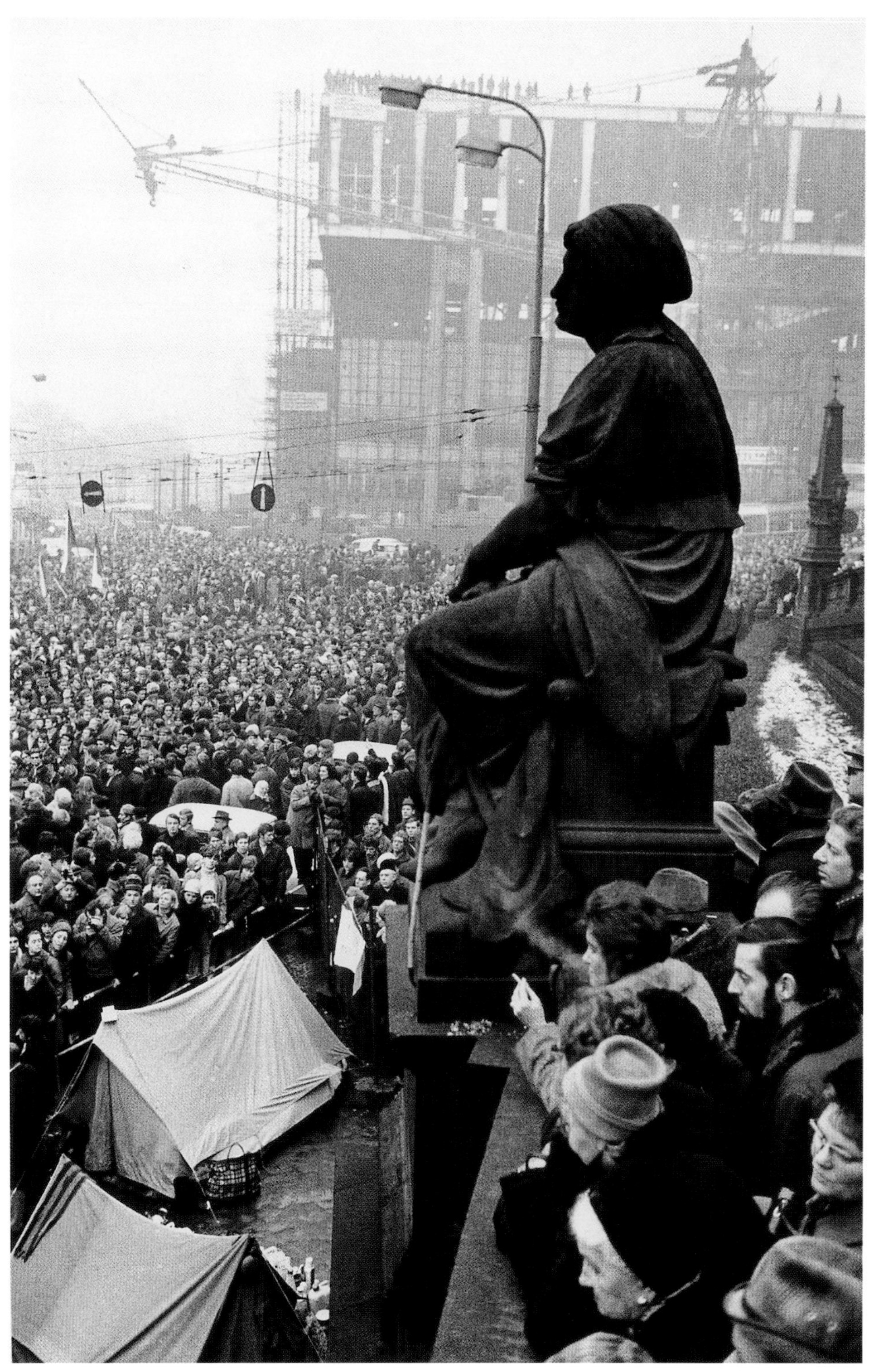

58. Smuteční shromáždění po úmrtí Jana Palacha, Praha, 20. 1. 1969
The mourning gathering on the death of Jan Palach, Prague, 20th January 1969

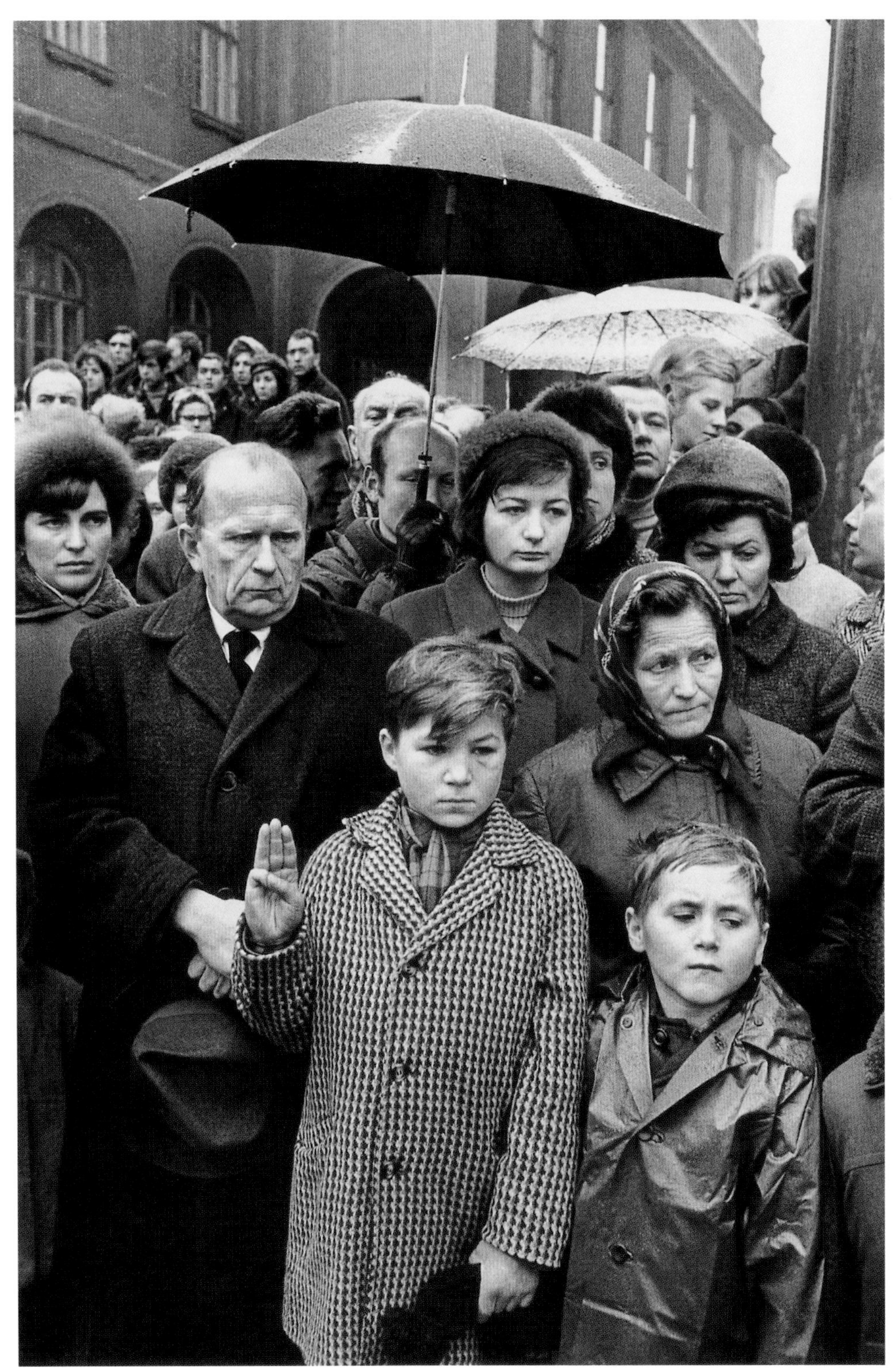

59. Pohřeb Jana Palacha, Praha, 25. 1. 1969
The funeral of Jan Palach, Prague, 25th January 1969

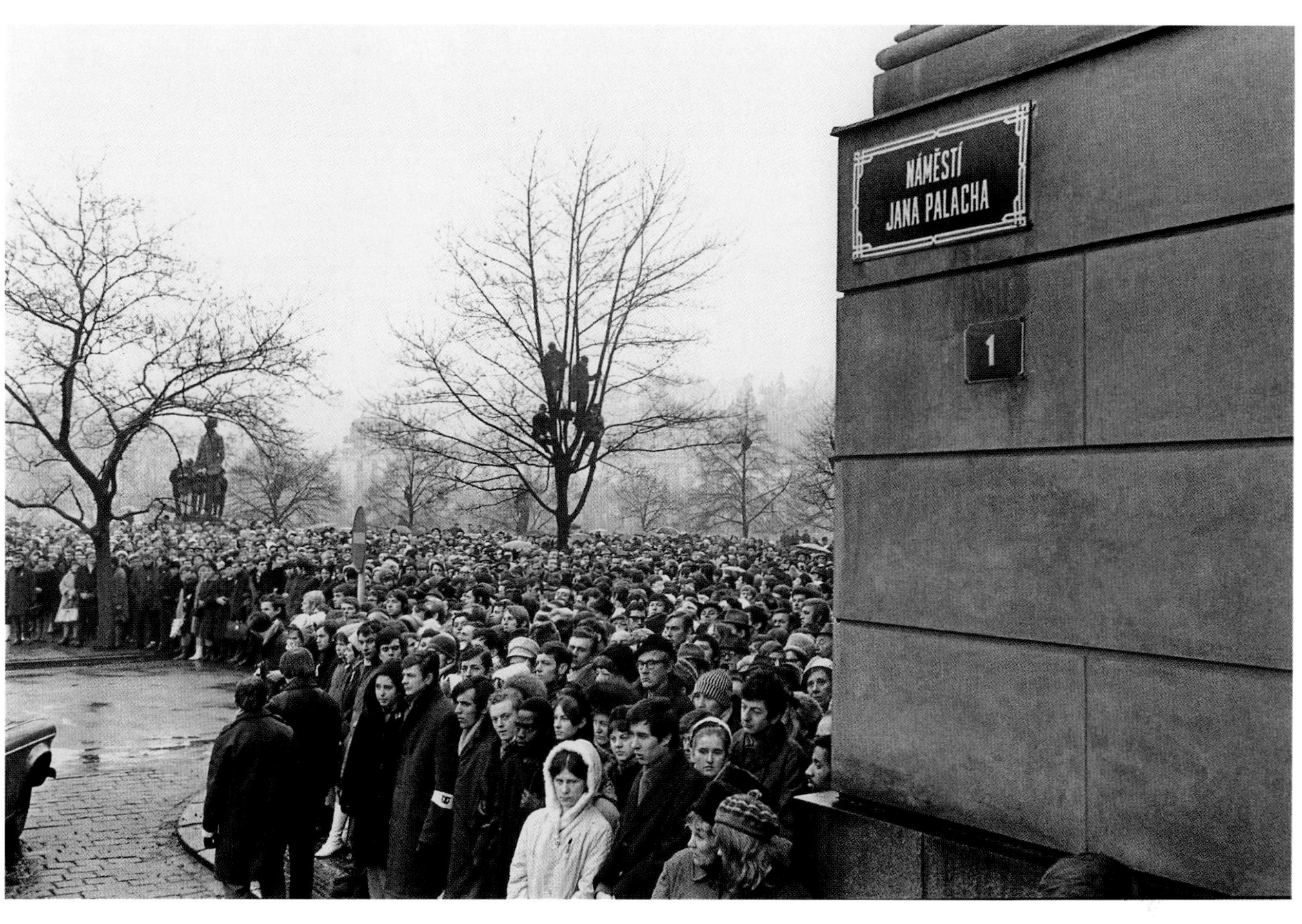

60. Pohřeb Jana Palacha, Praha, 25. 1. 1969
The funeral of Jan Palach, Prague, 25th January 1969

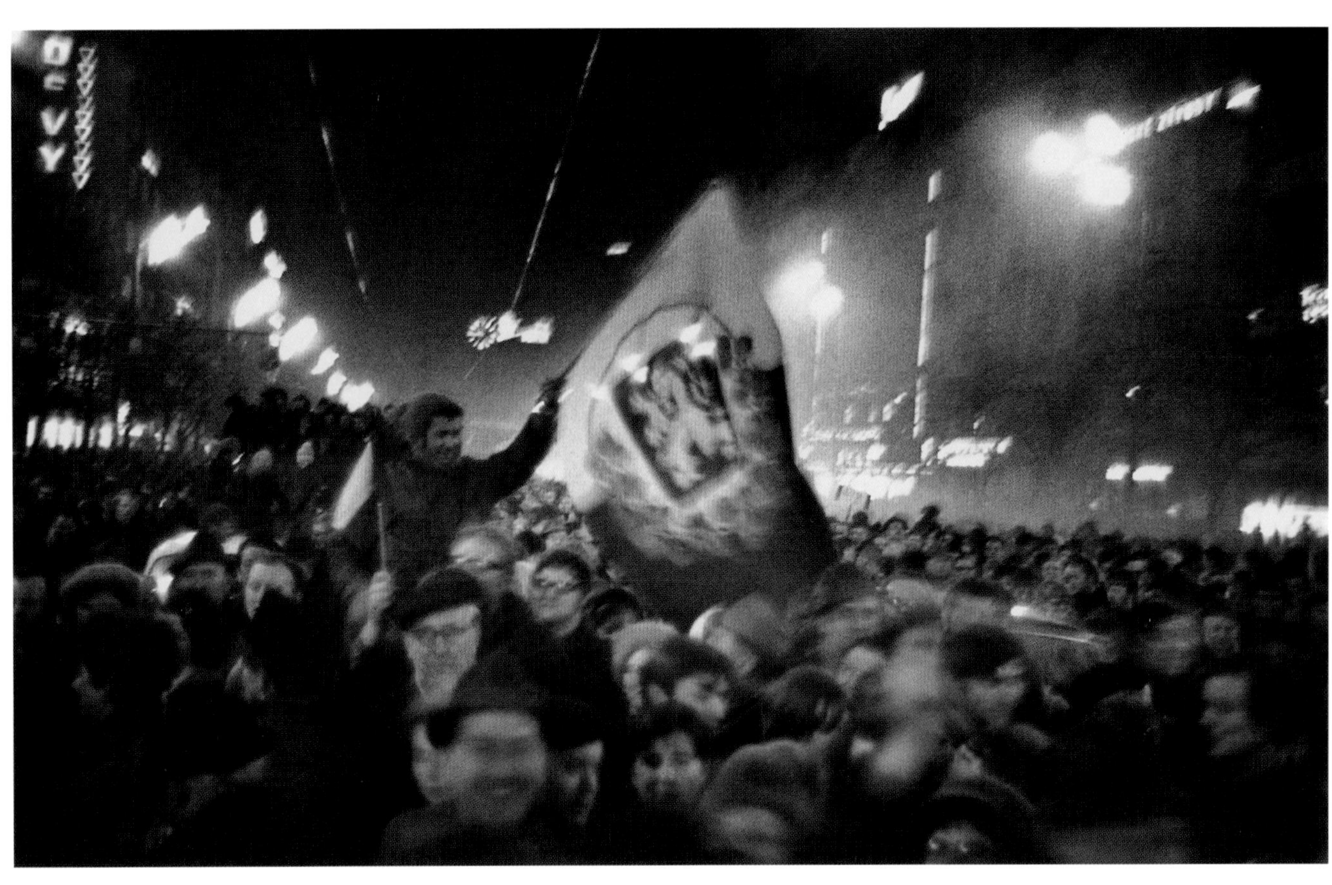

61. Václavské náměstí po hokeji ČSSR-SSSR 4:3, Praha, 28. 3. 1969
The Soviet Union defeated by Czechoslovakia in ice hockey 4:3, Wenceslas Square, Prague, 28th March 1969

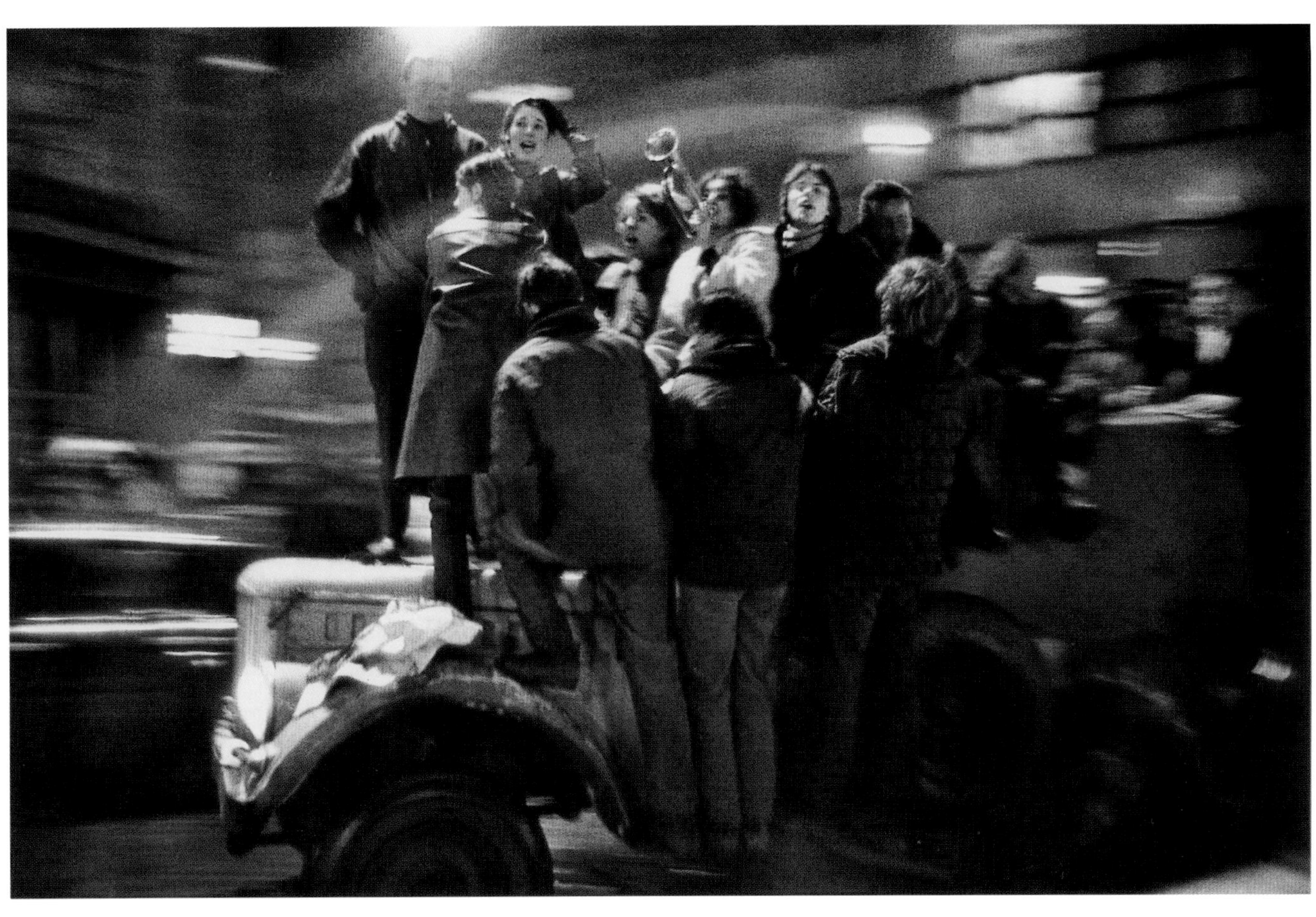

62. Václavské náměstí po hokeji ČSSR-SSSR 4:3, Praha, 28. 3. 1969
The Soviet Union defeated by Czechoslovakia in ice hockey 4:3, Wenceslas Square, Prague, 28th March 1969

70. – 80. léta
70s – 80s

Československo
Czechoslovakia

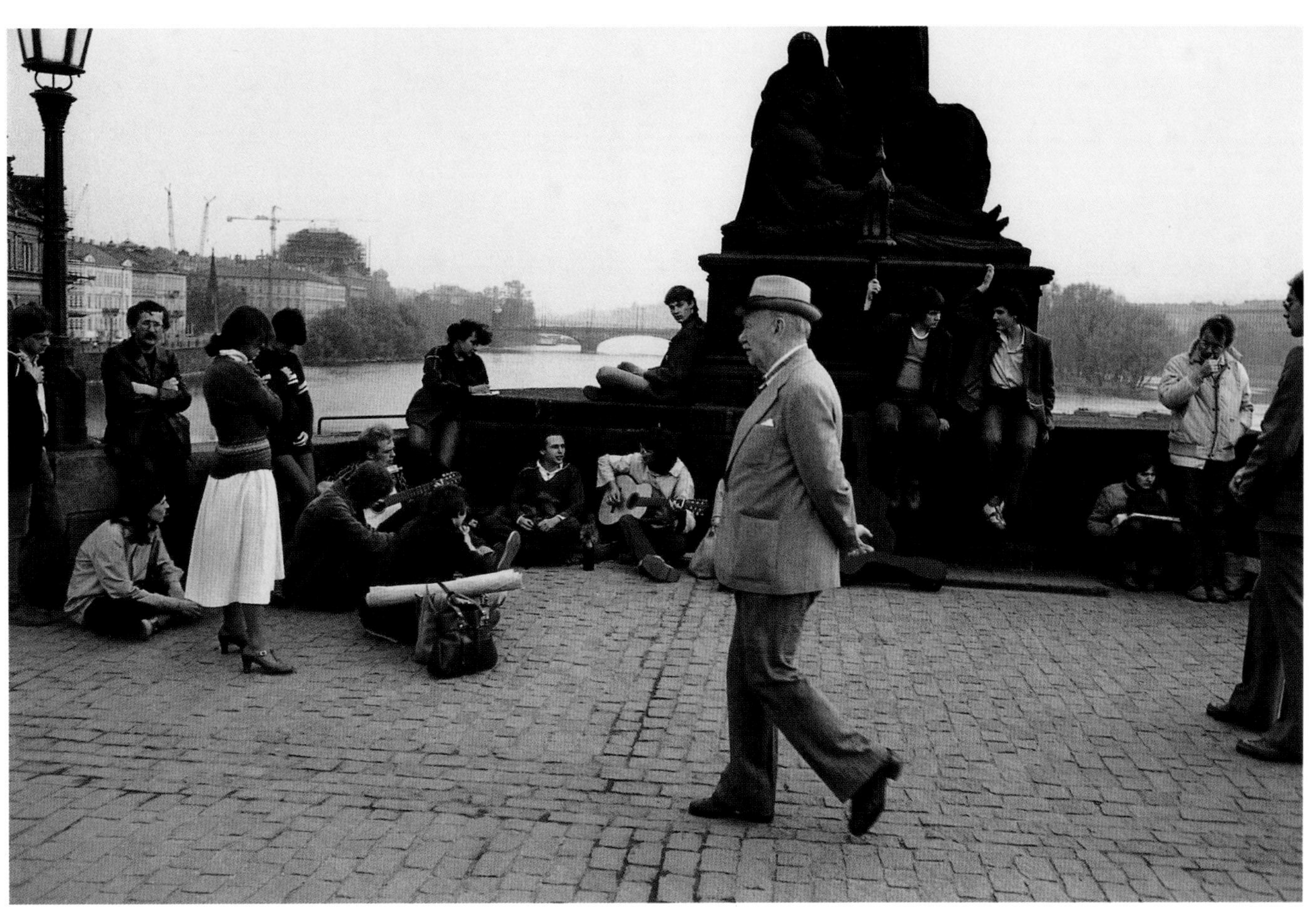

63. Karlův most, Praha, 1983
Charles Bridge, Prague, 1983

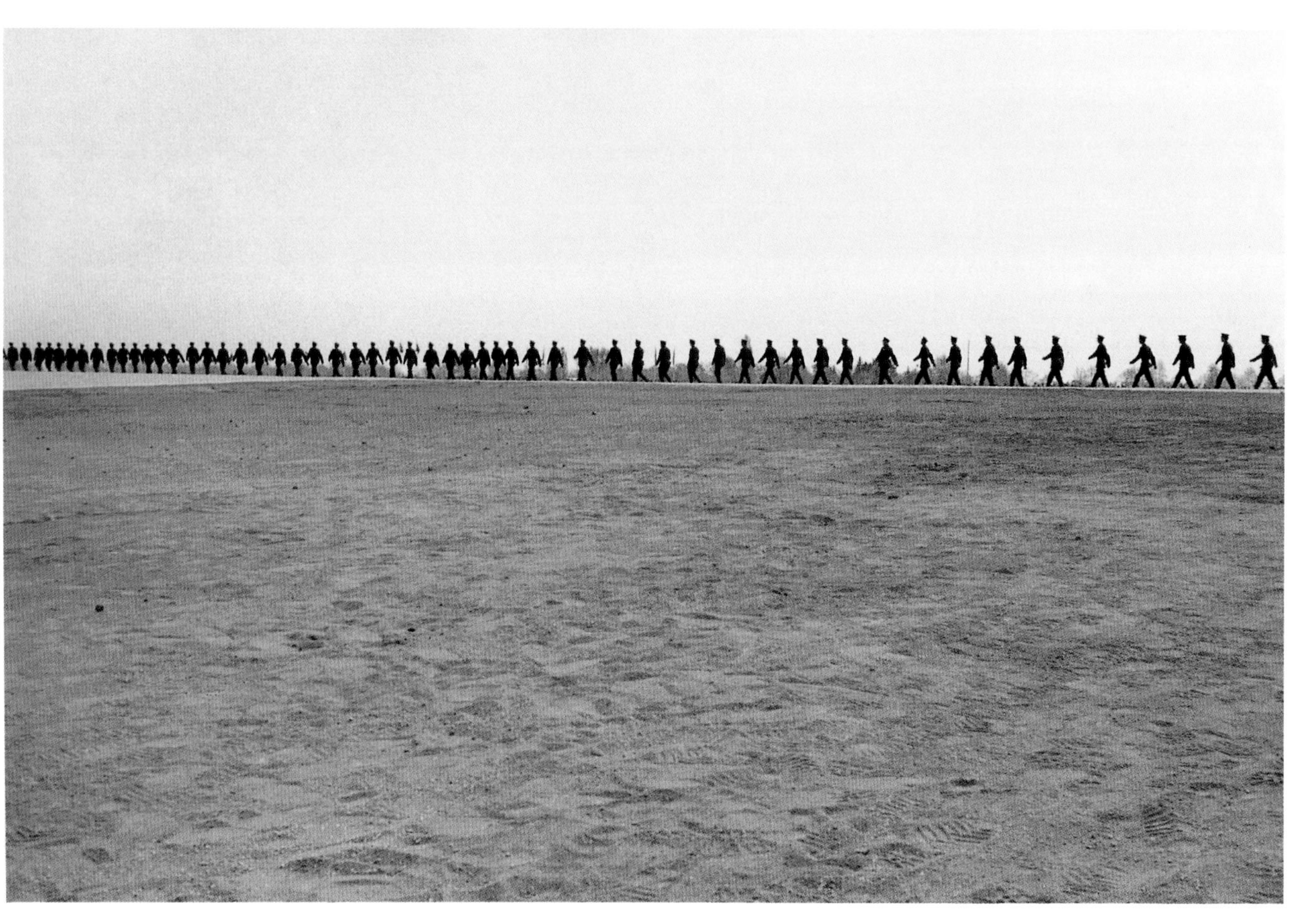

64. Zahájení vojenské přehlídky na Letné, Praha, 1969
The opening of a military parade on the Letná Plain, Prague, 1969

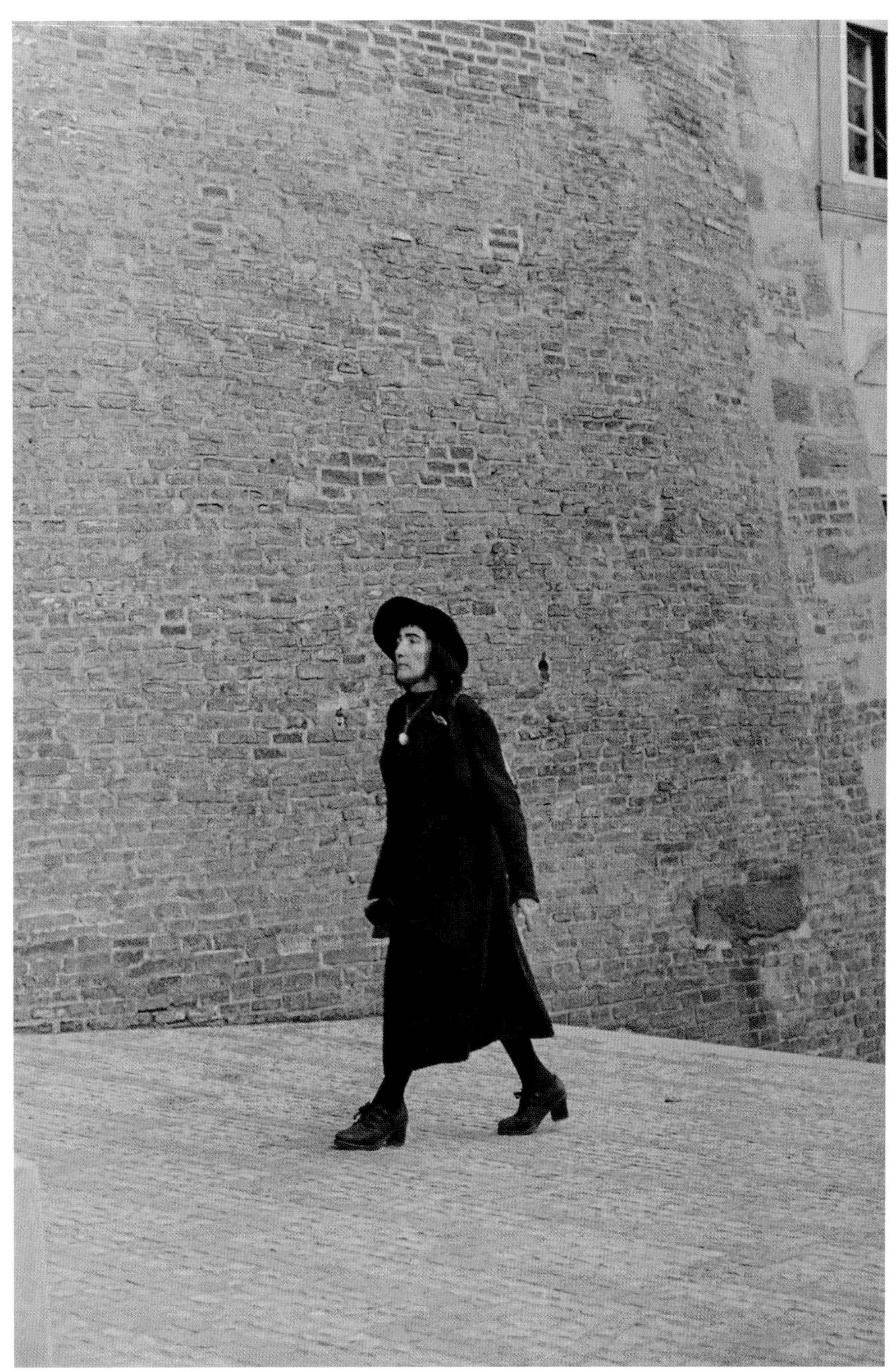

65. Paní v černém, Praha, 1976
A Lady in black, Prague, 1976

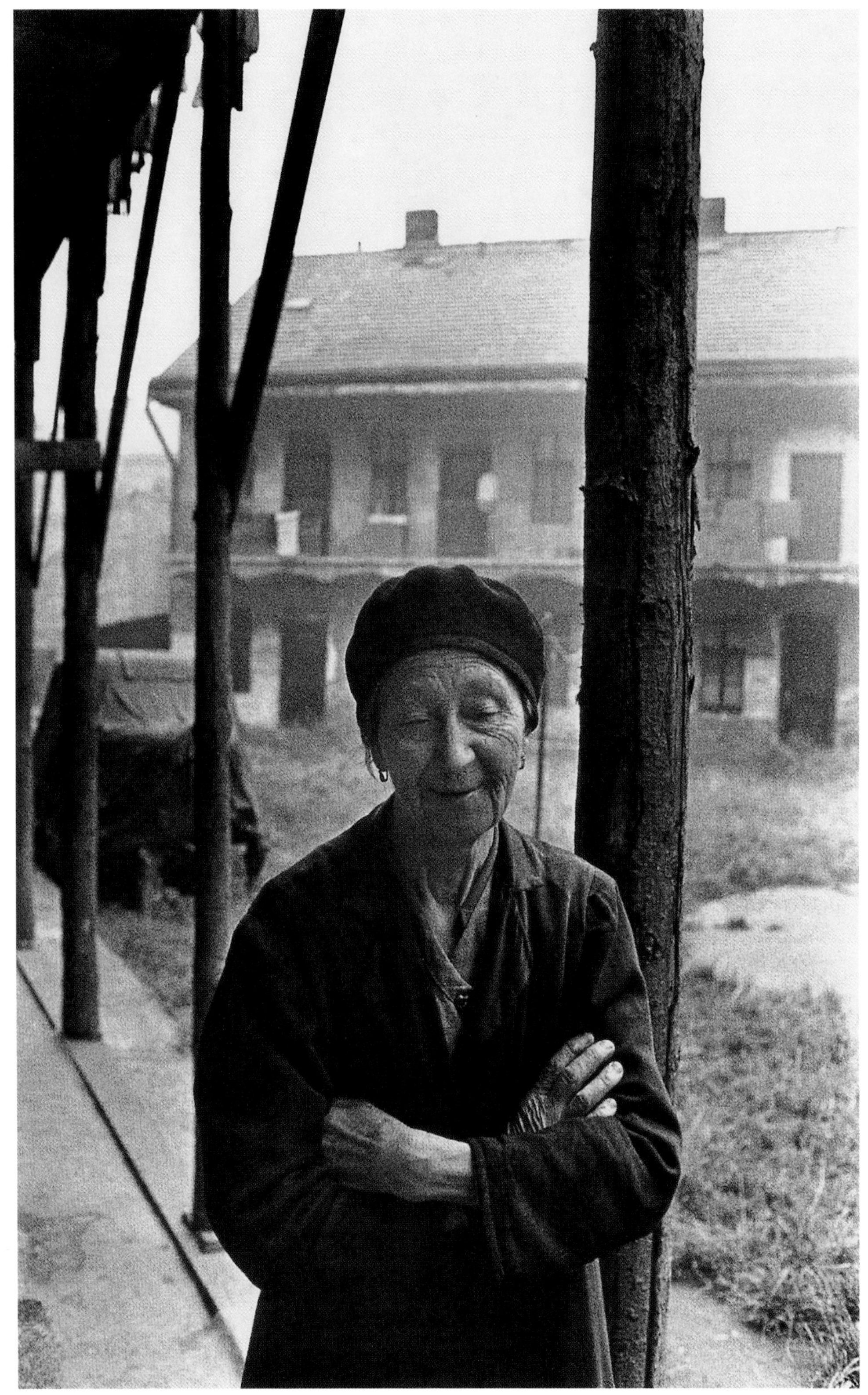

66. Paní ze starého domu, Praha, 1972
A Woman from an old house, Prague, 1972

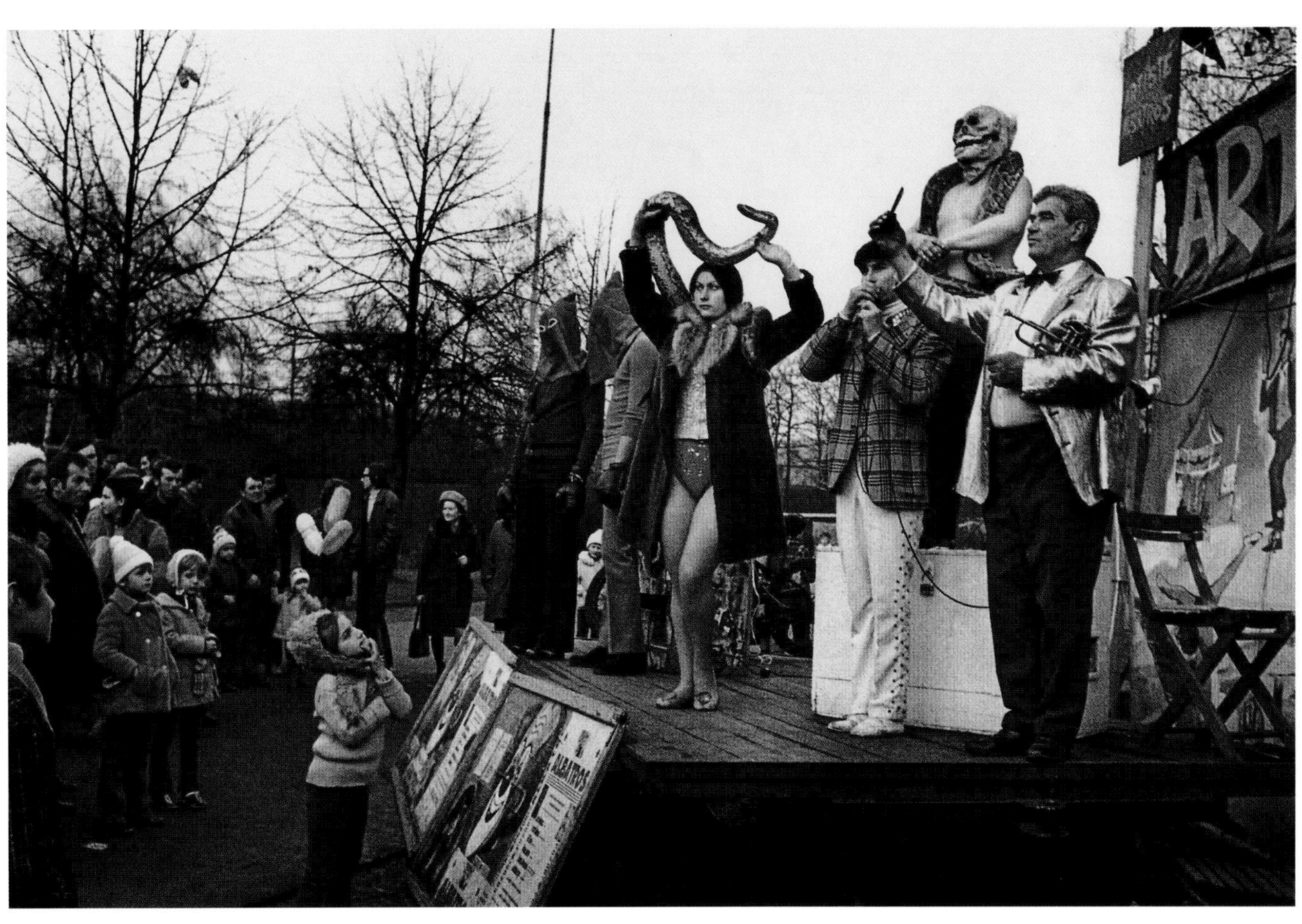

67. Cirkus, Praha, začátek 70. let
A Circus, Prague, early 1970s

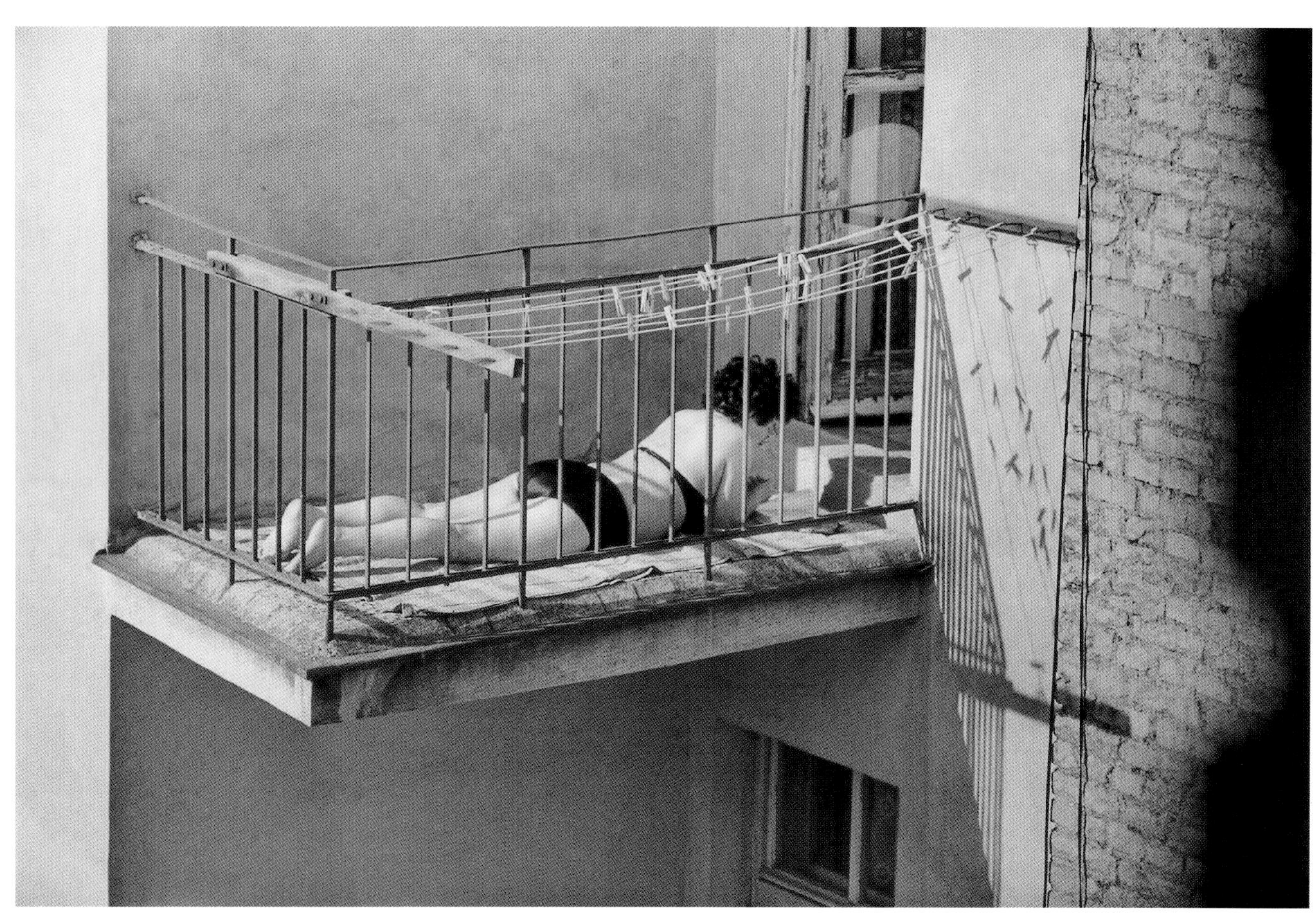

68. Praha, 70. léta
Prague, 1970s

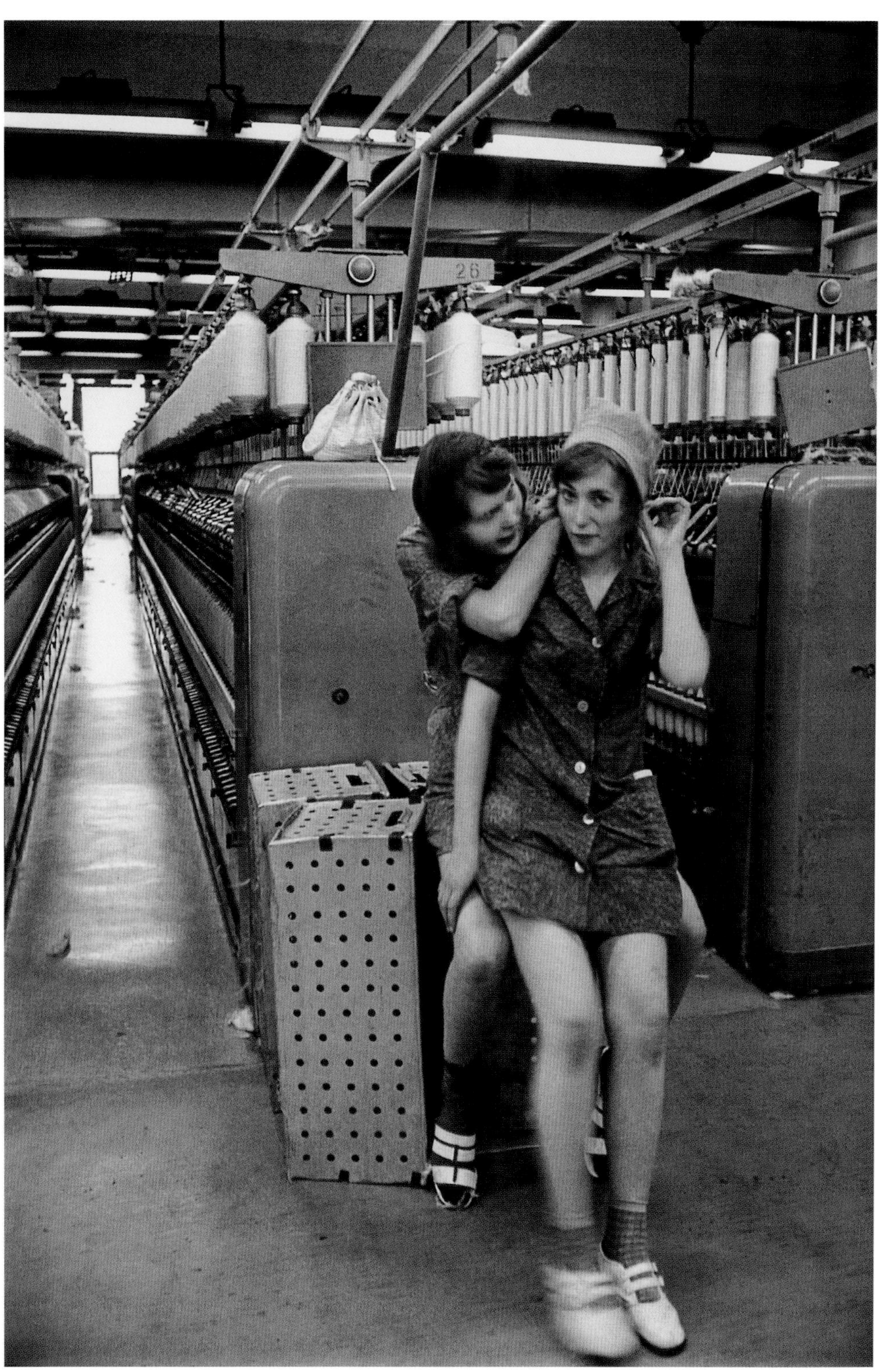

69. Textilní továrna, Liberec, 1975
A textile factory, Liberec, 1975

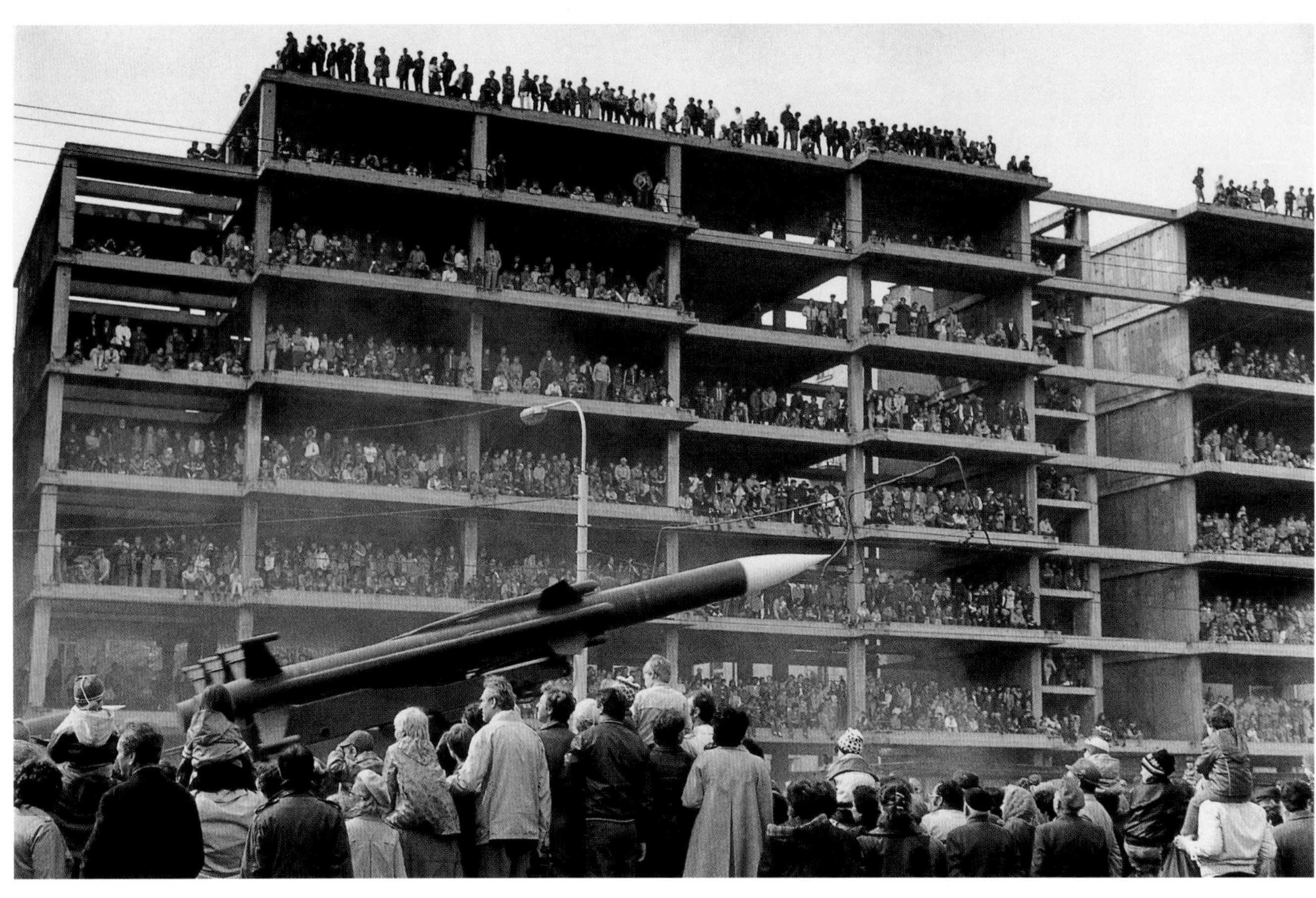

70. Vojenská přehlídka, Praha, 1985
A Military Parade, Prague, 1985

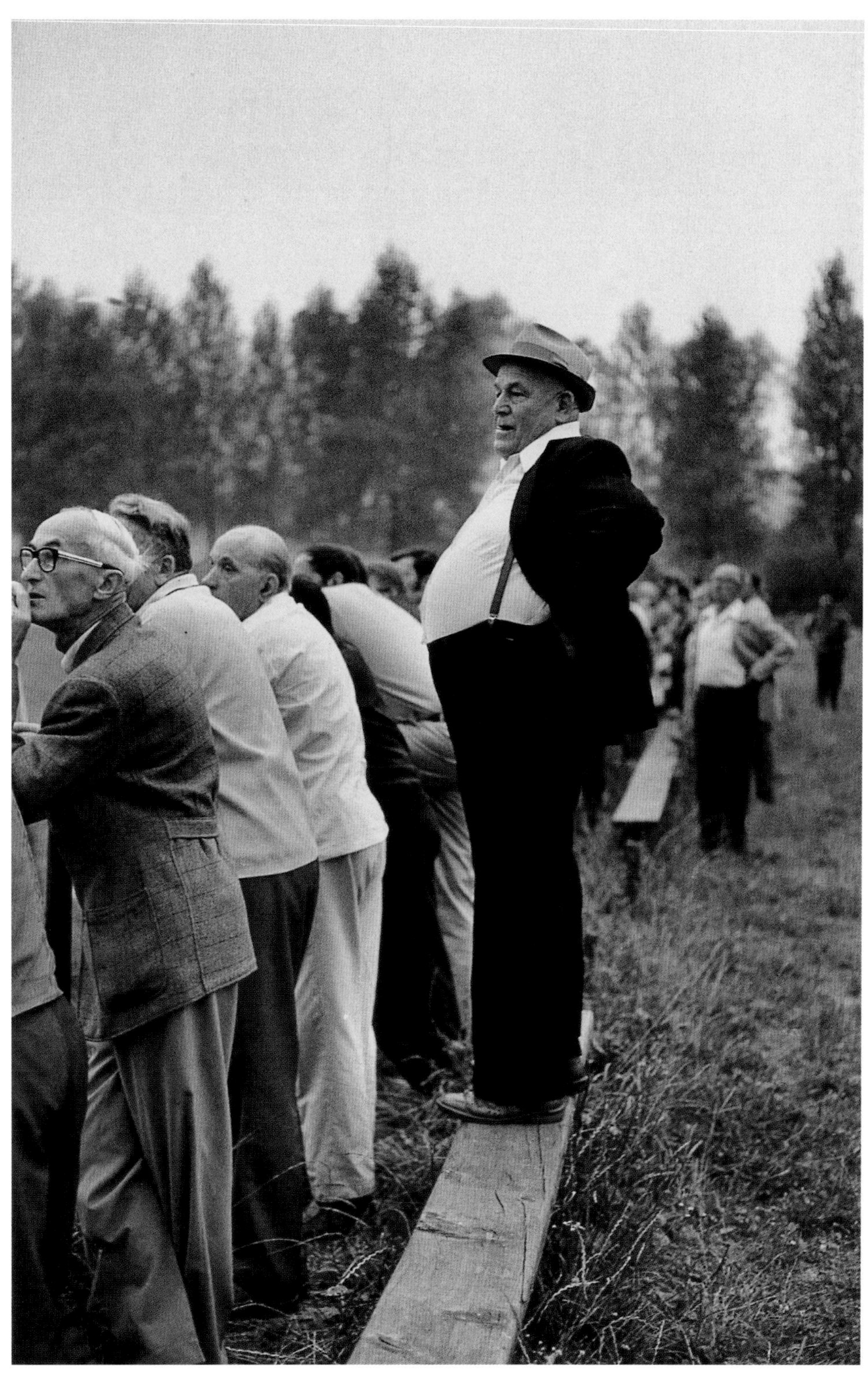

71. Na fotbale, Prysk, začátek 70. let
A football match, Prysk, early 1970s

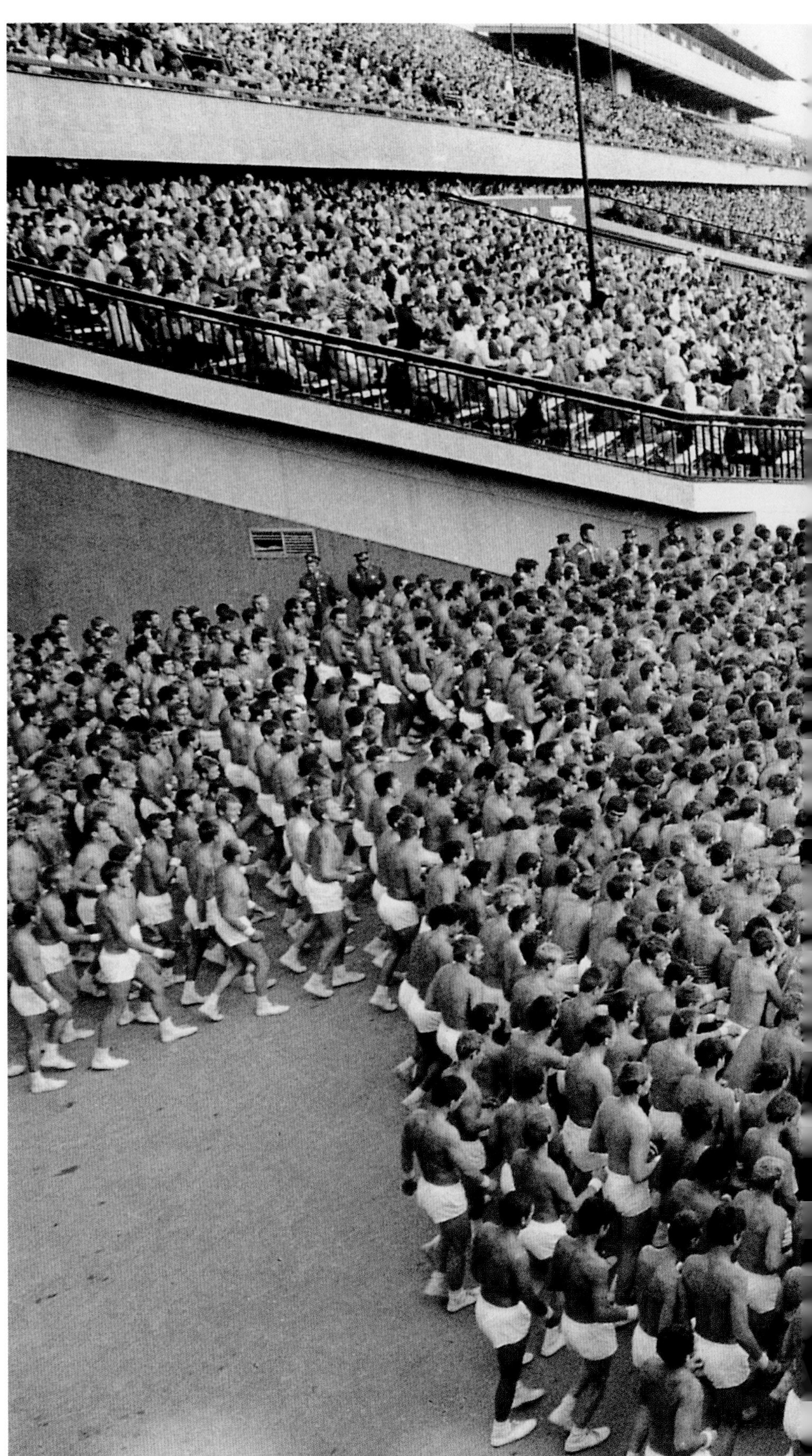

72. Spartakiáda, Praha, 1980
The National Spartakiad, Prague, 1980

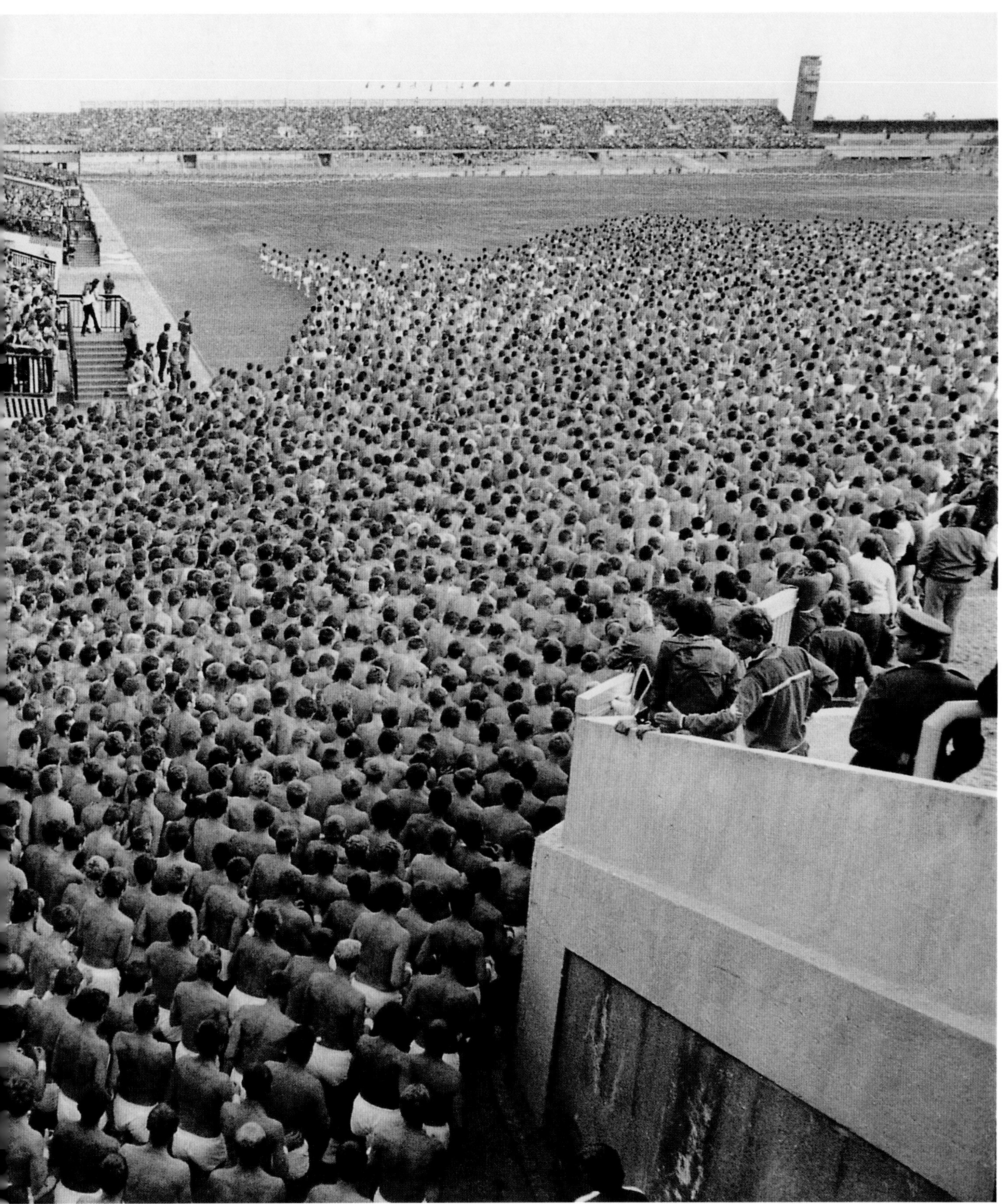

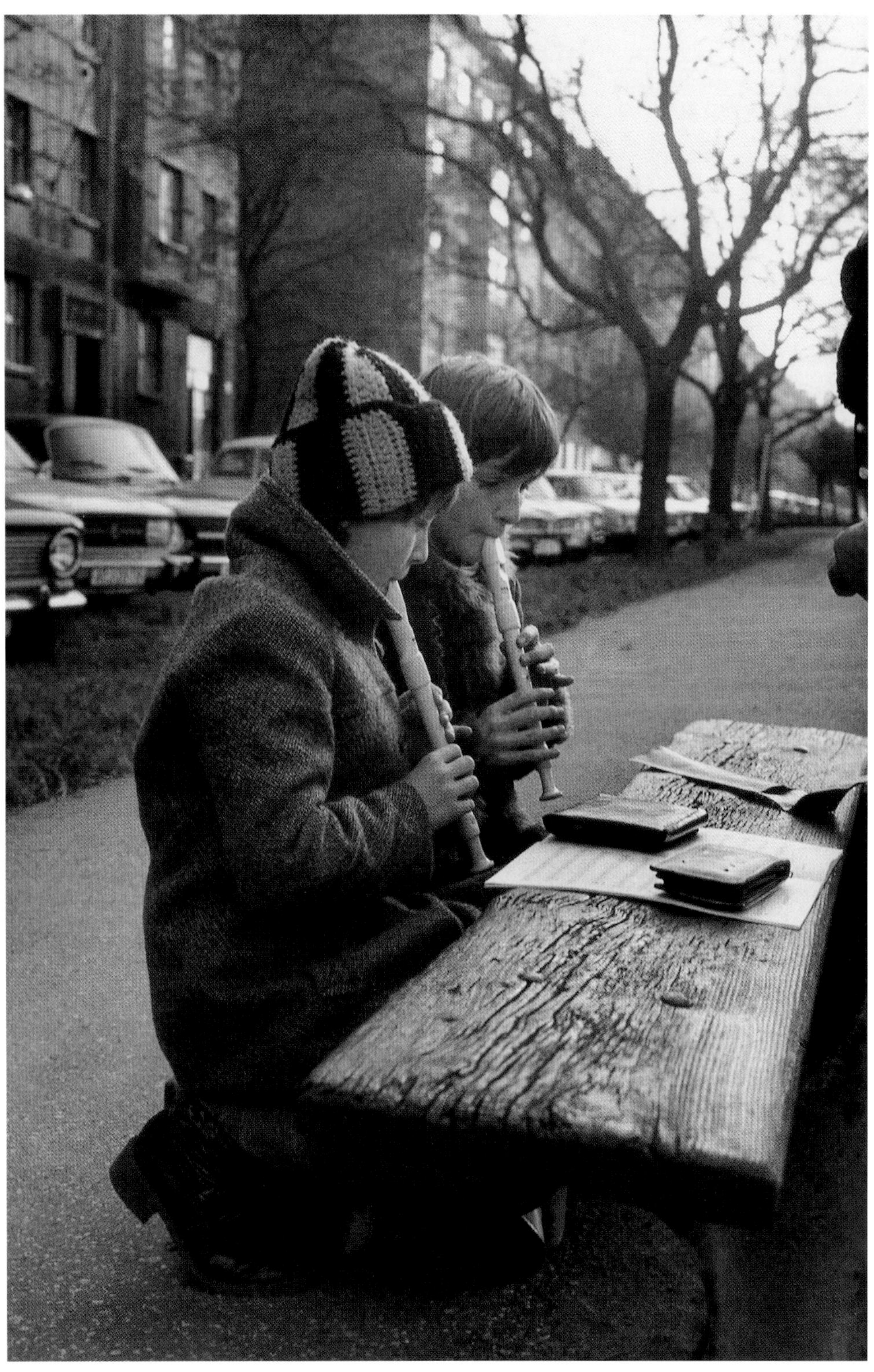

73. Děti s flétnou, Praha, 70. léta
Children playing flute, Prague, 1970s

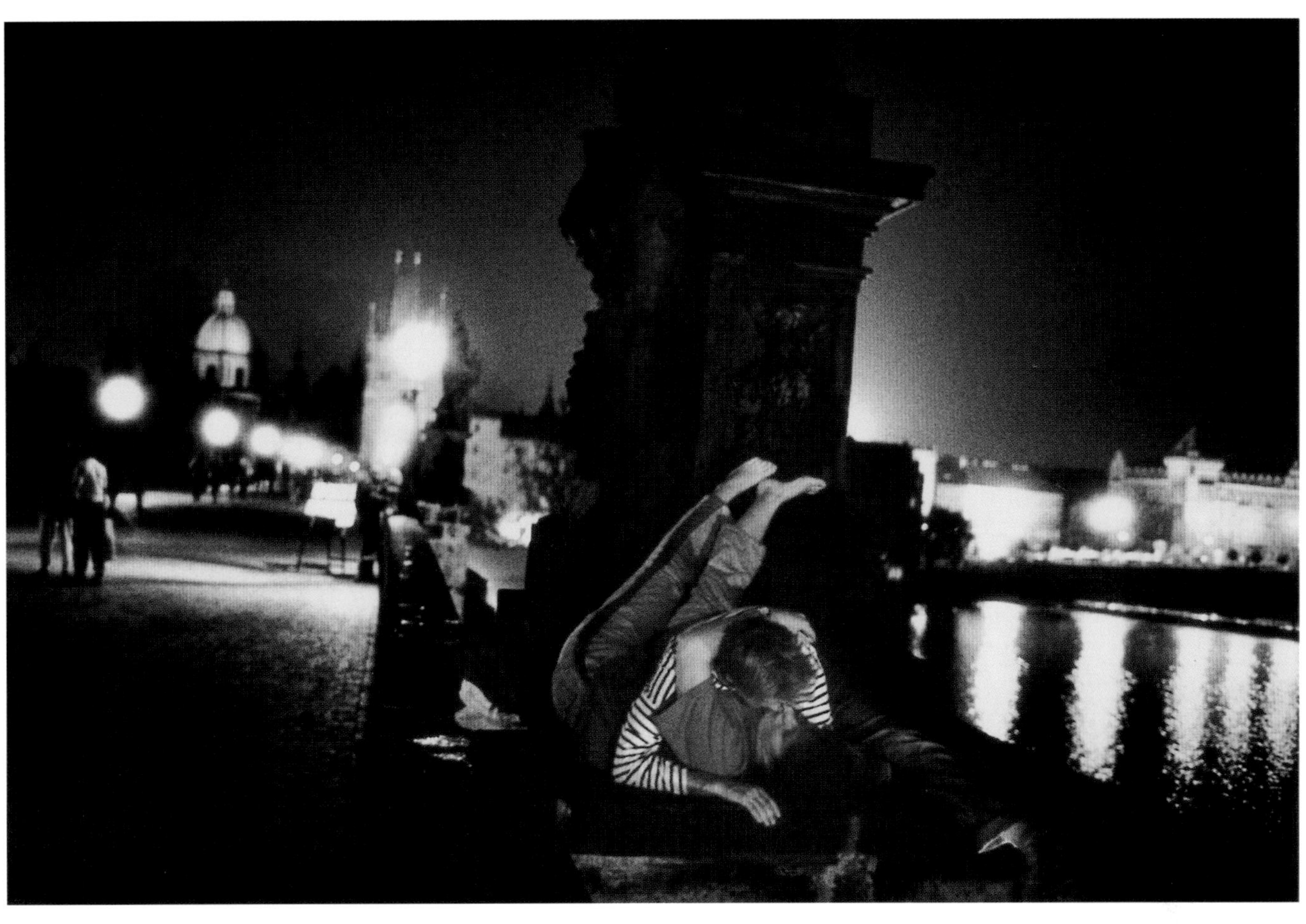

74. Karlův most, Praha, 80. léta
Charles Bridge, Prague, 1980s

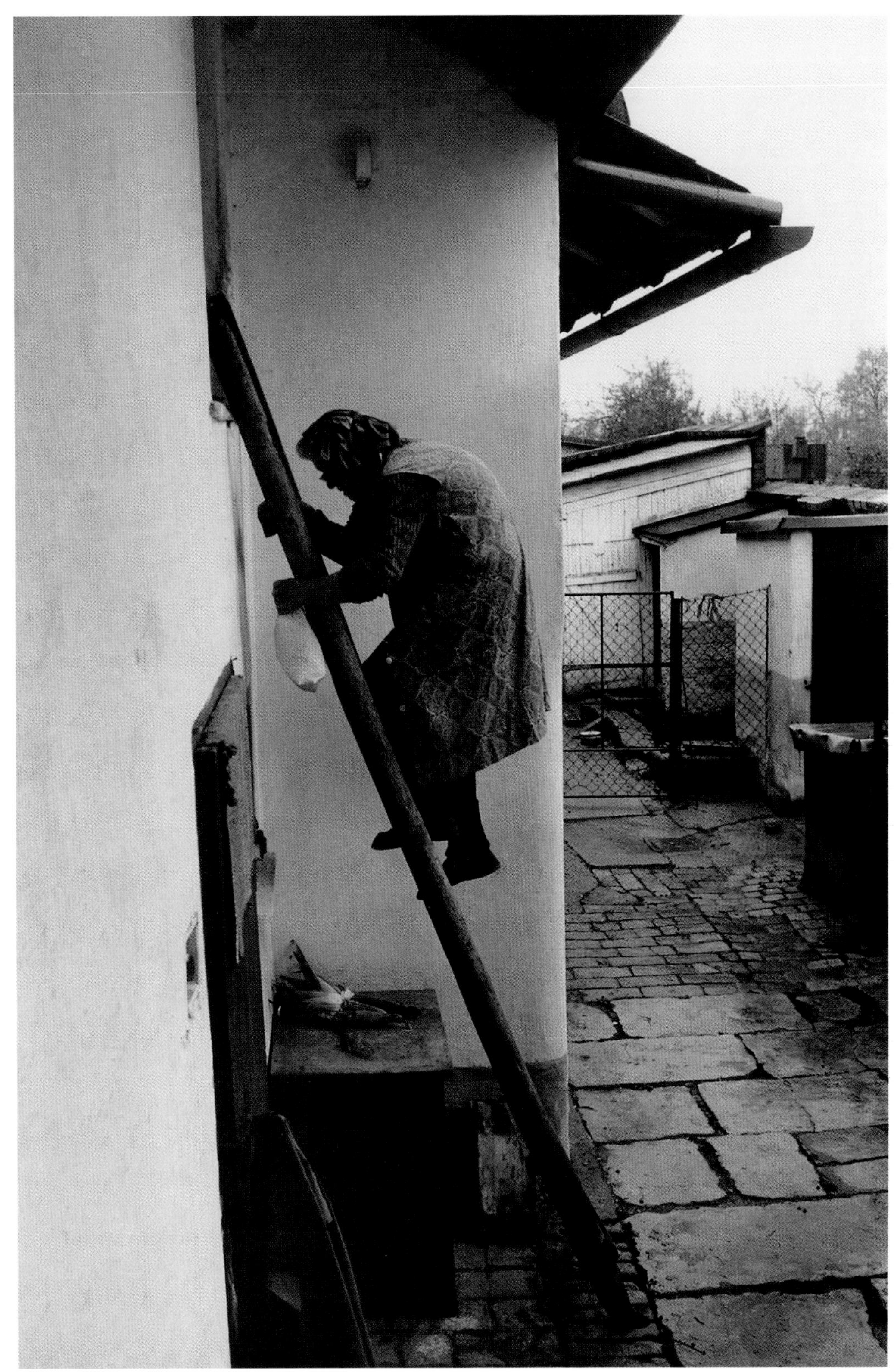

75. Maminka, Štětovice, 1986
Mother, Štětovice, 1986

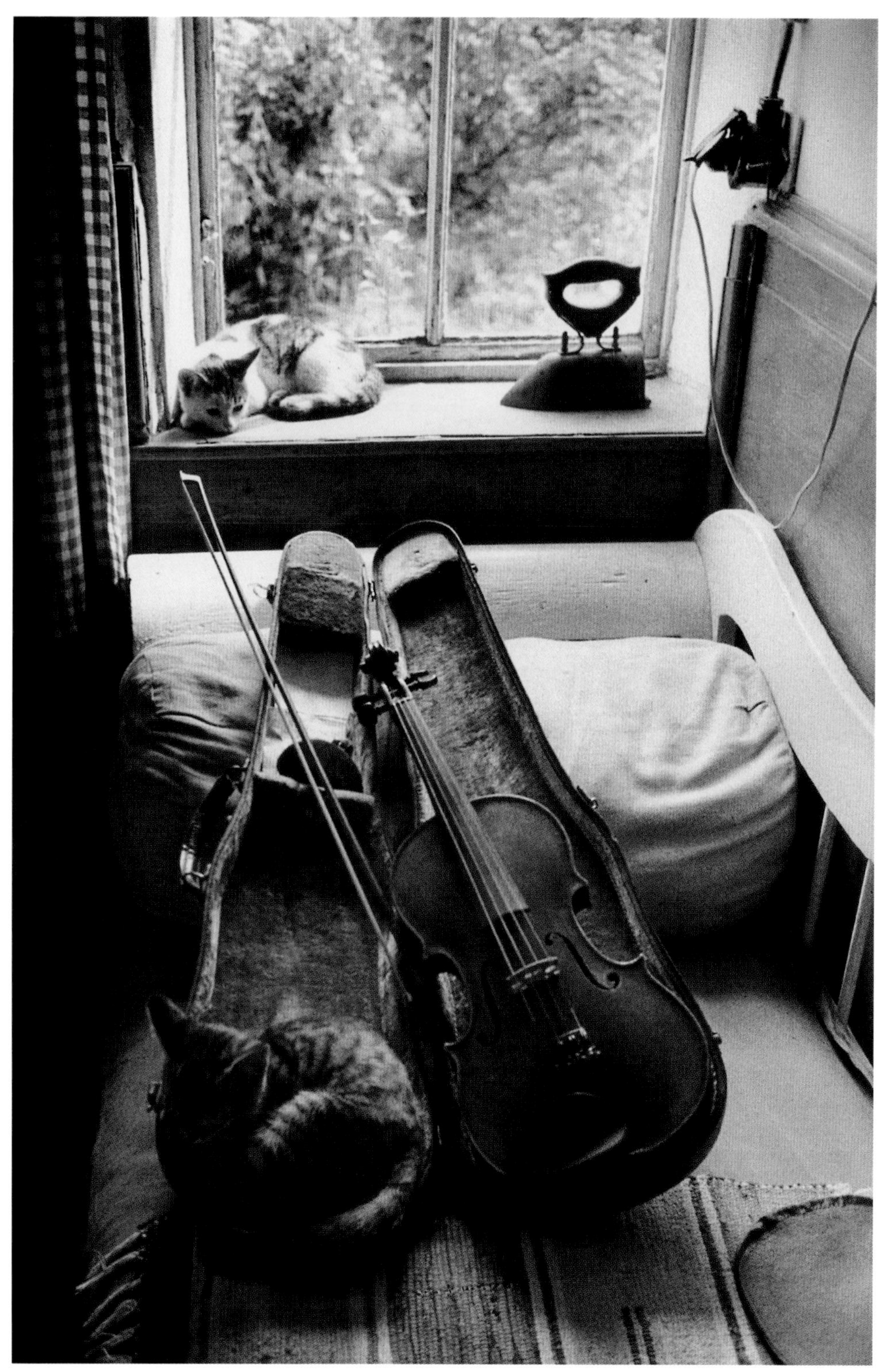

76. Prysk, 80. léta
Prysk, 1980s

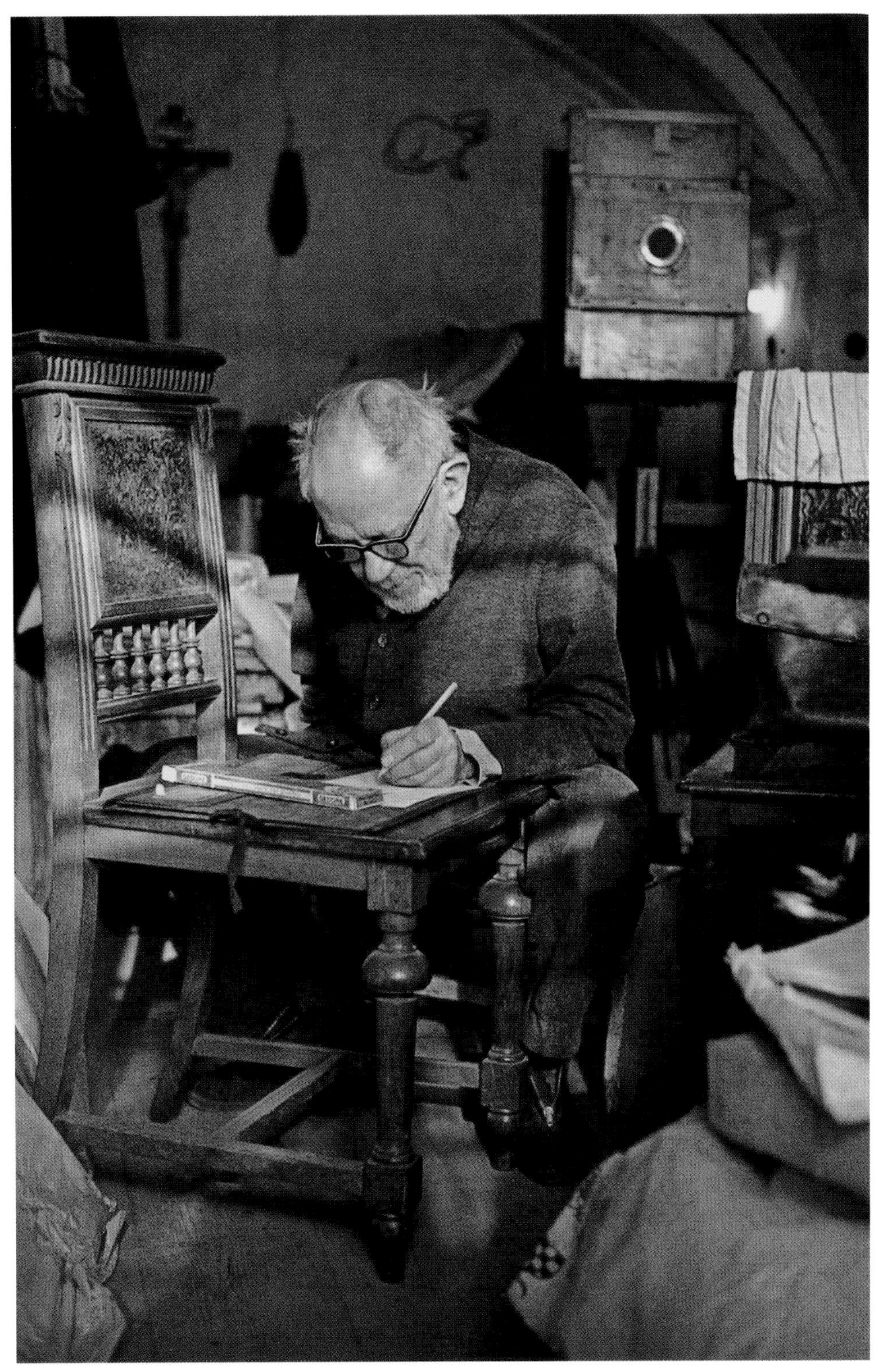

77. Josef Sudek píše do Ameriky, že na svoji výstavu nepřijede, Praha, 1972
Josef Sudek writes to America that he shall not come to see his exhibition, Prague, 1972

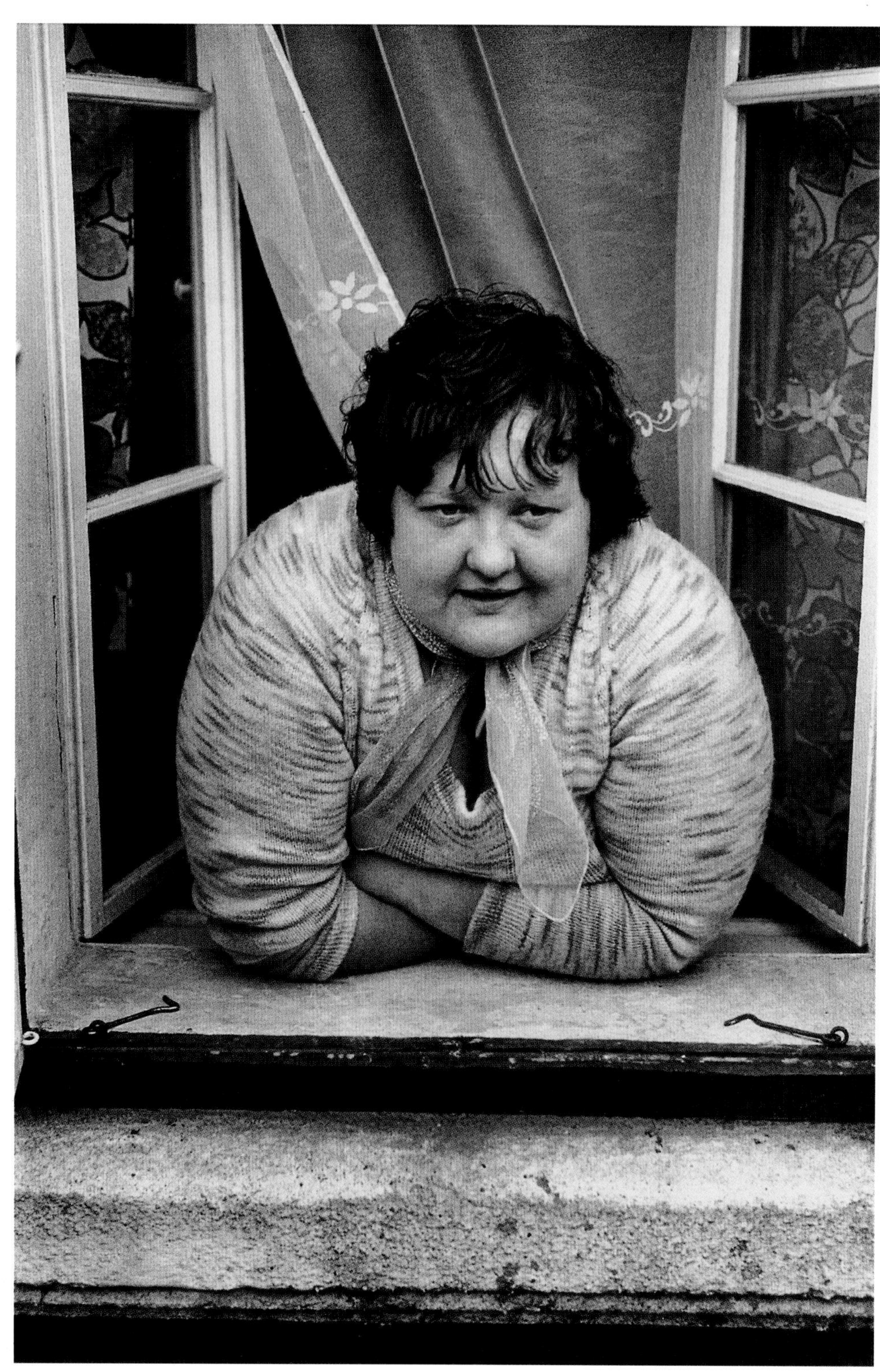

78. Paní v okně, Prysk, 1984
A woman in a window, Prysk, 1984

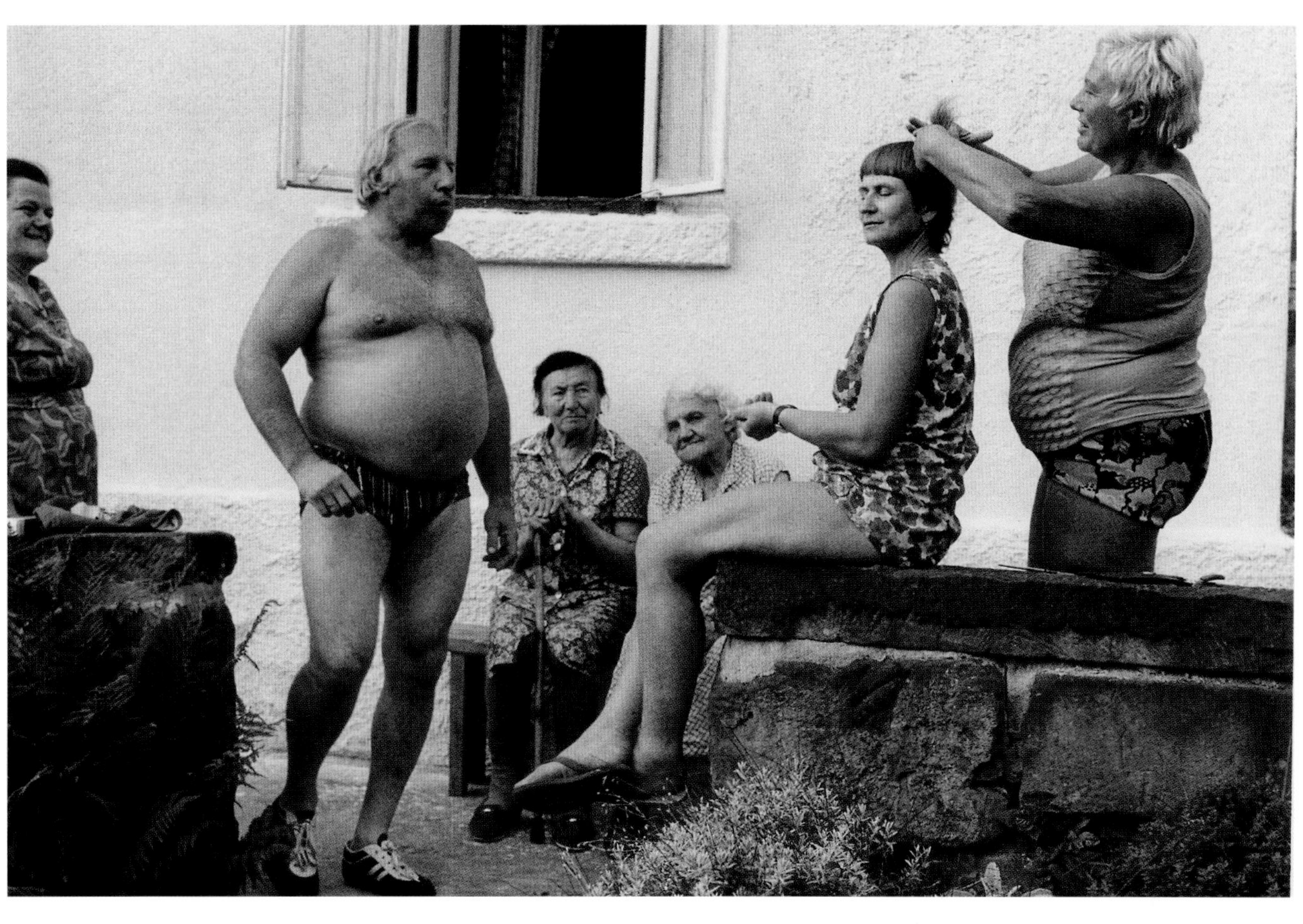

79. Weekend, Prysk, 1977

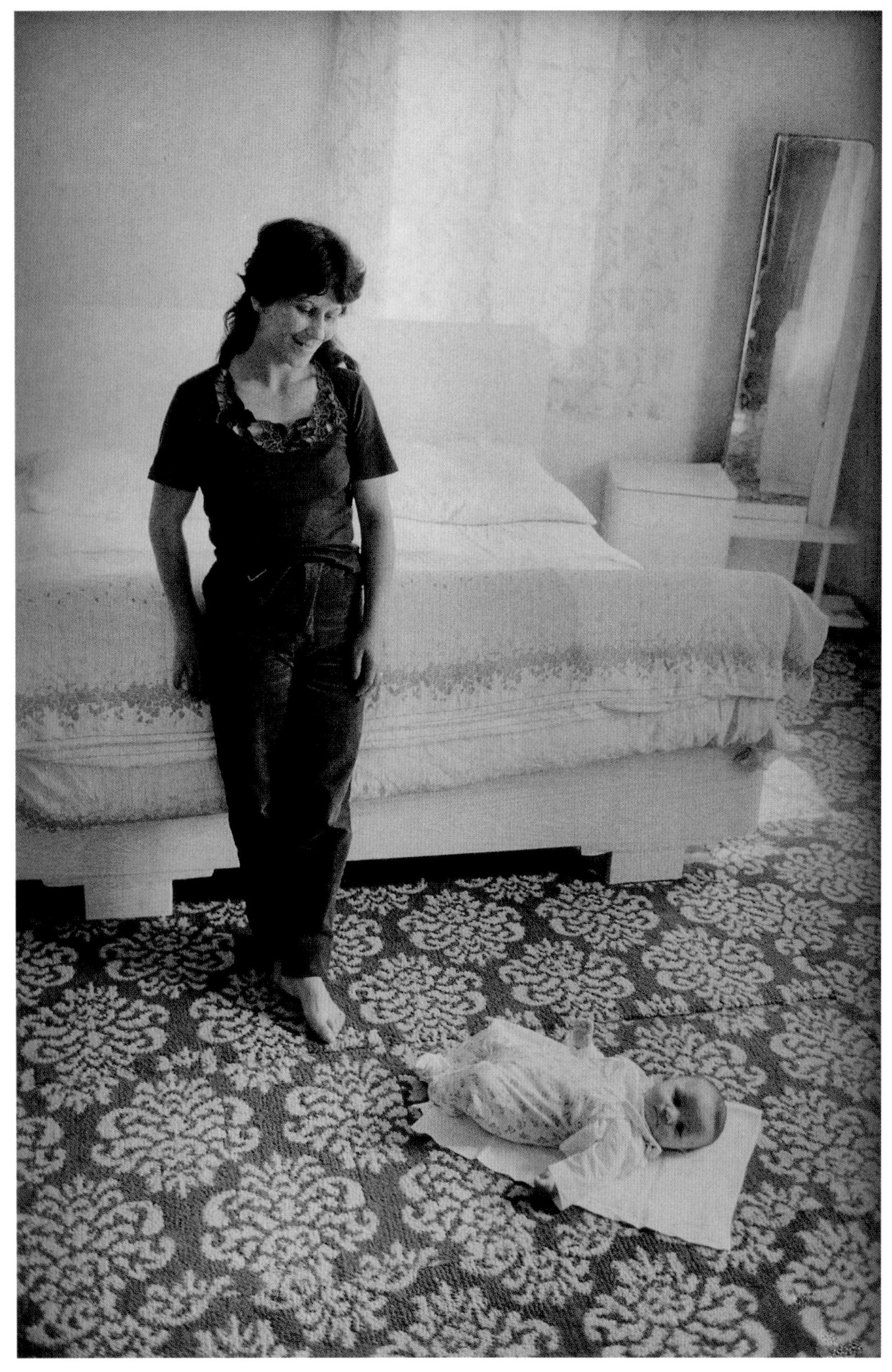

80. Prysk, 80. léta
Prysk, 1980s

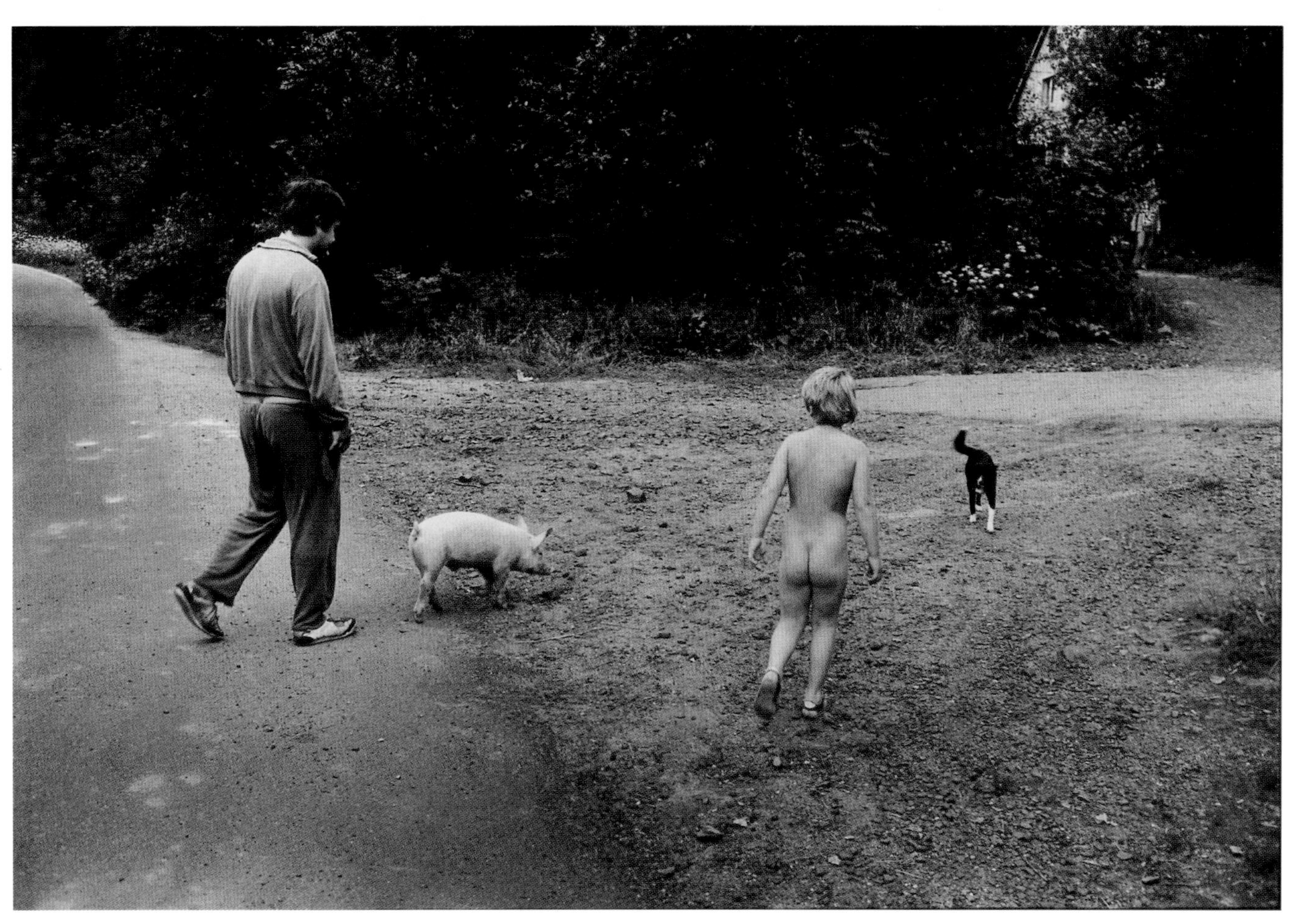

81. Prysk, 80. léta
Prysk, 1980s

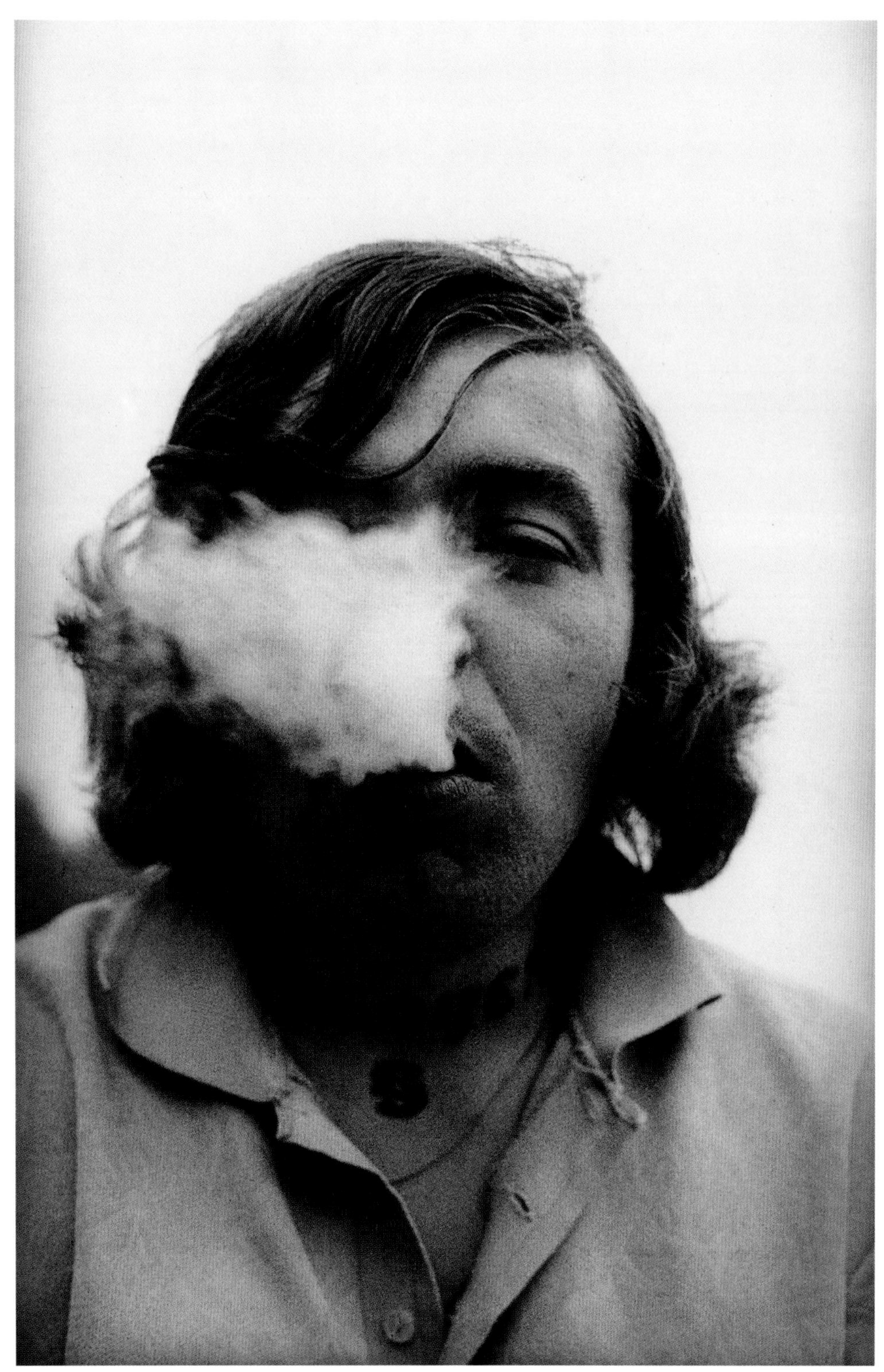

82. Bobeš, Prysk, 1986

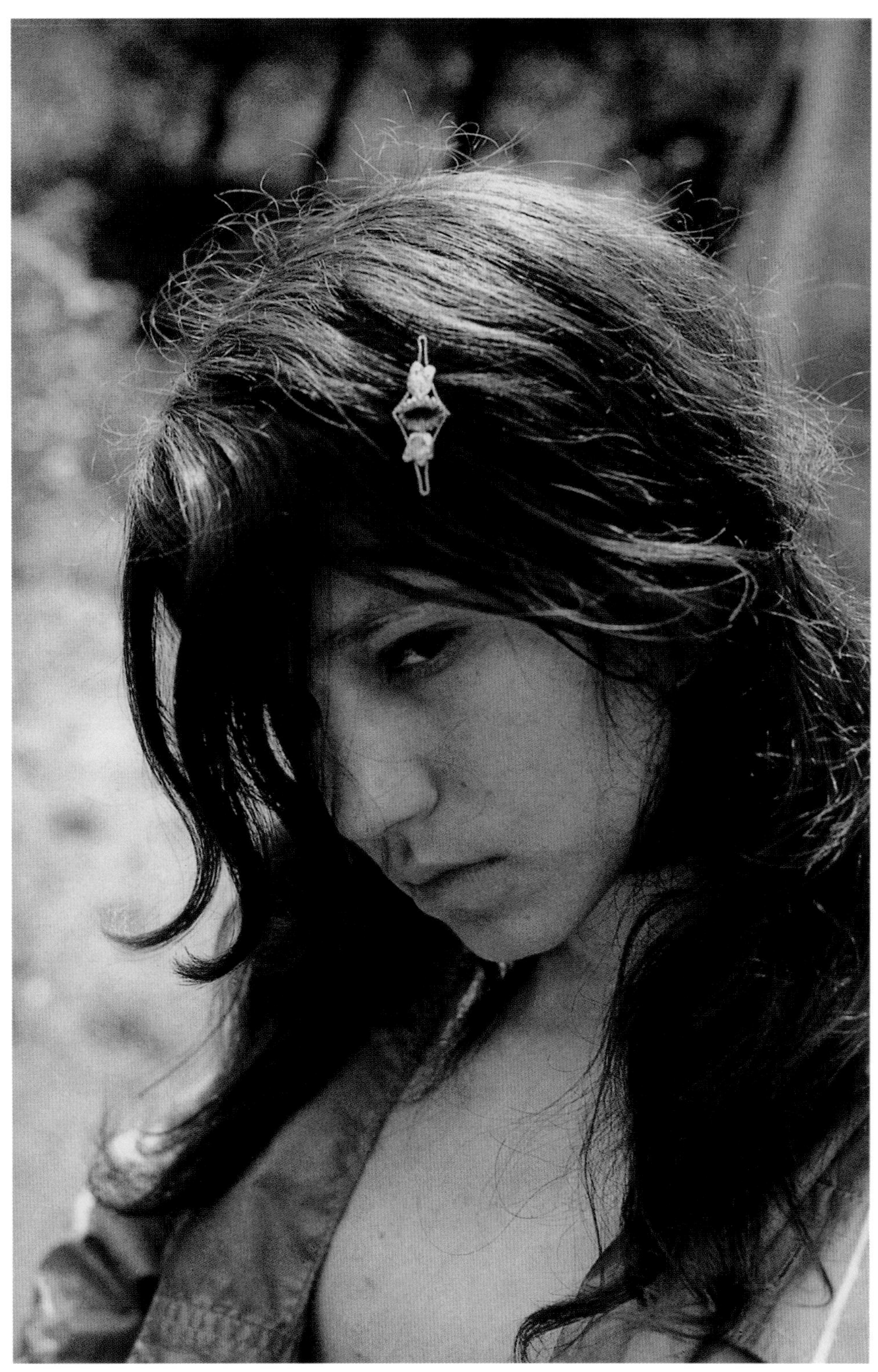

83. Cikánské děvče, Prysk, 70. léta
A gipsy girl, Prysk, 1970s

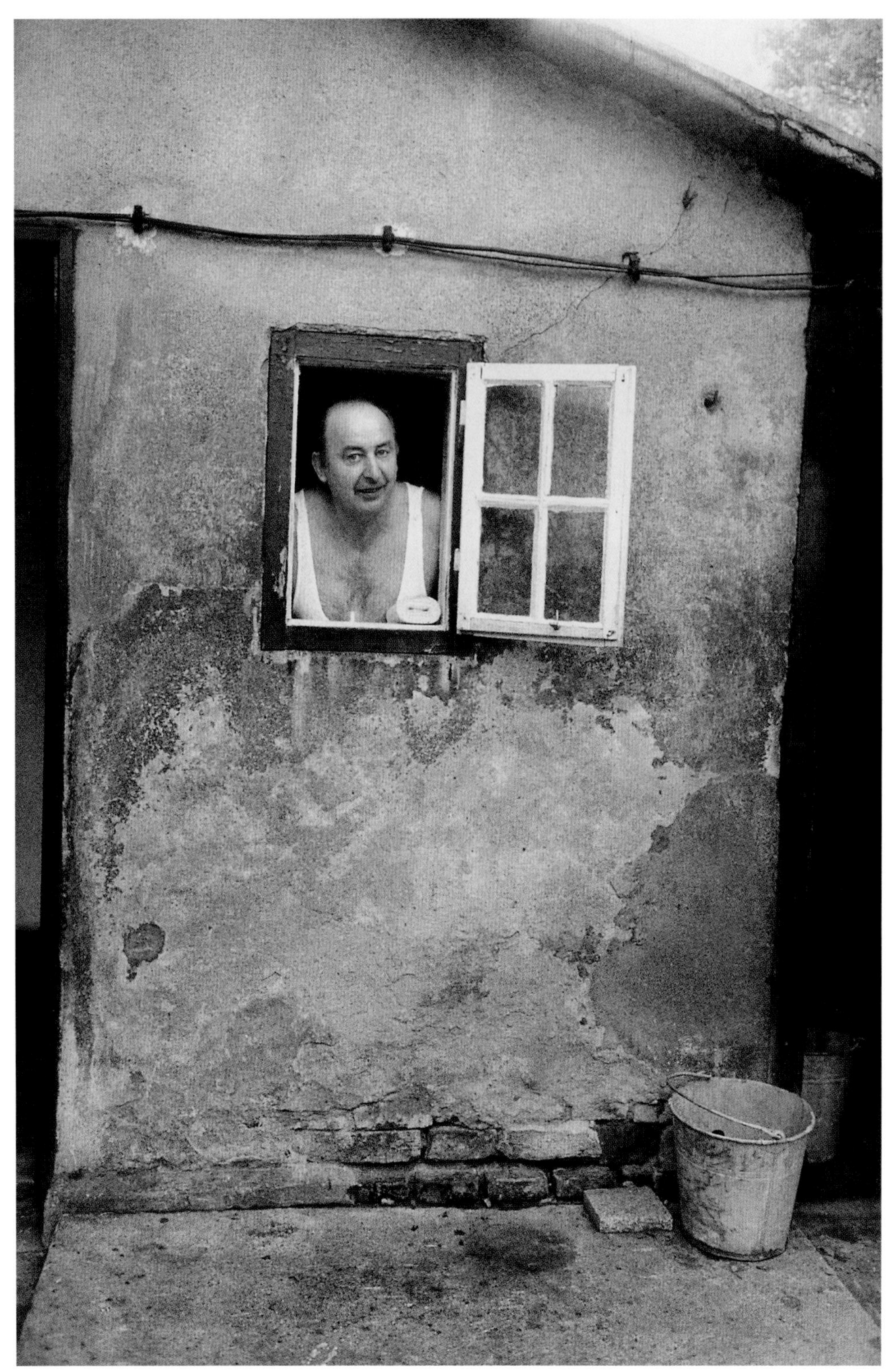

84. Pepa Bendel, Prysk, 1986

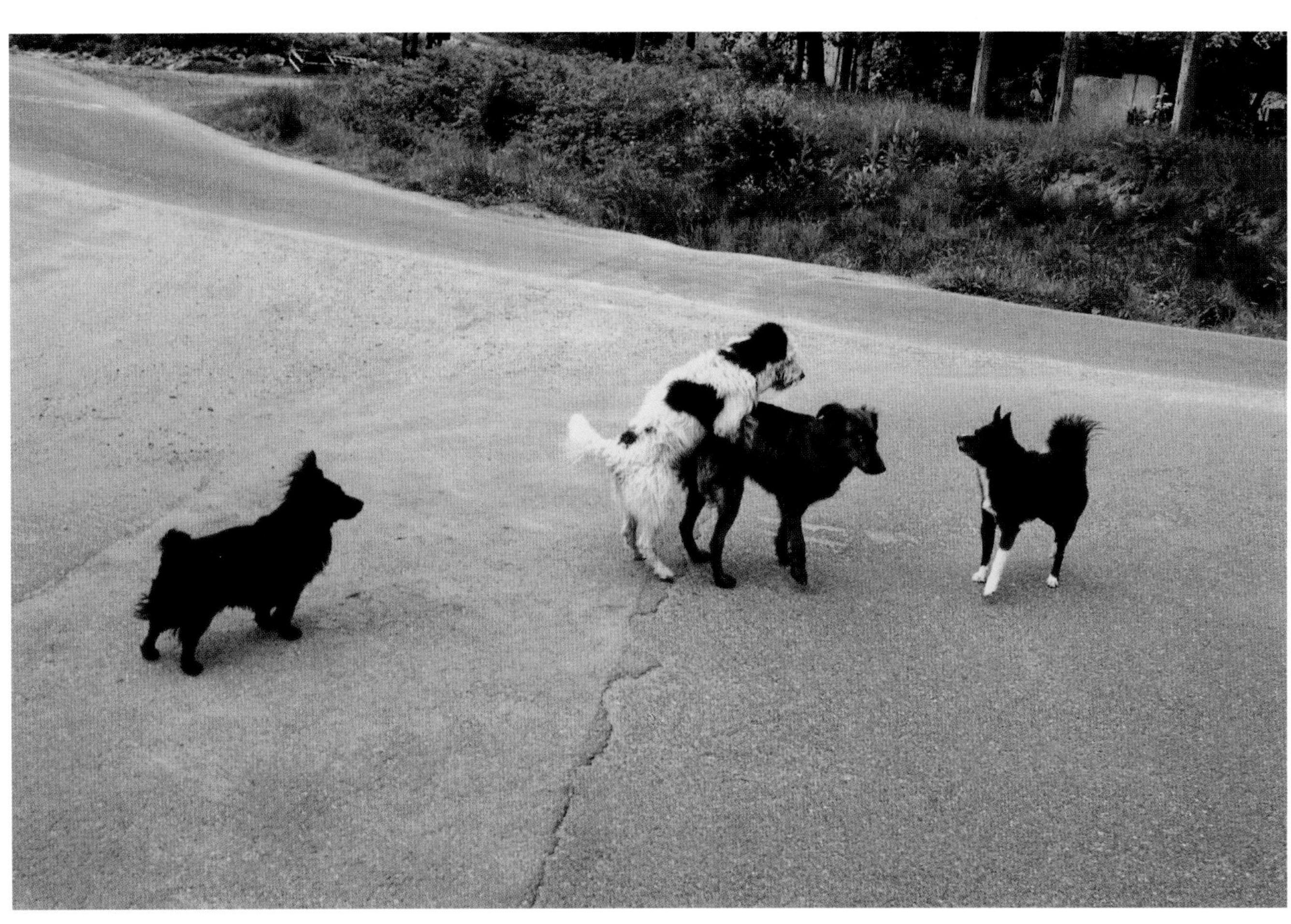

85. Prysk, 80. léta
Prysk, 1980s

Cizí země
Foreign Countries

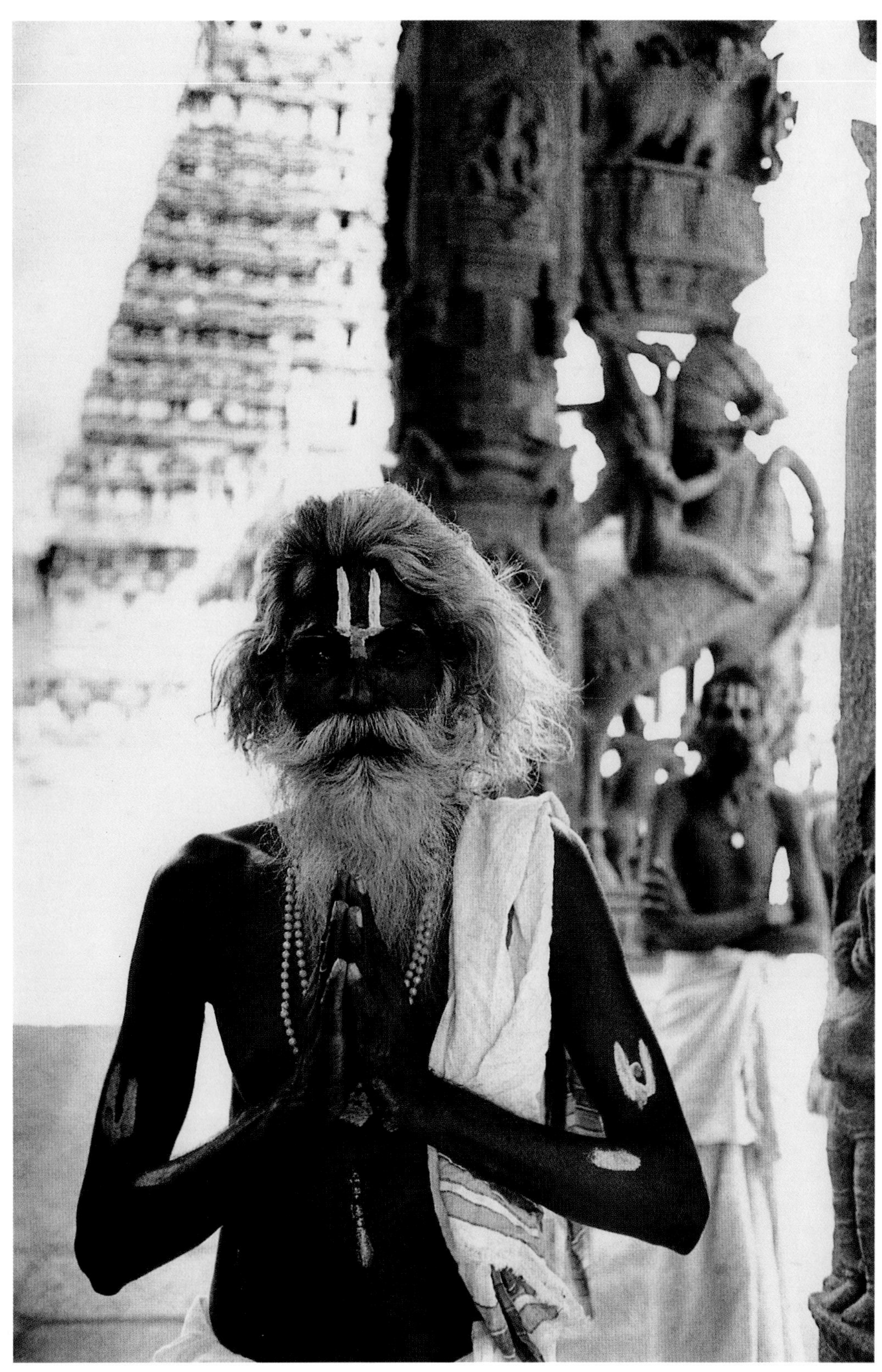

86. Muž vzývající Krišnu, Indie, 1969
A man devoted to Krishna, India, 1969

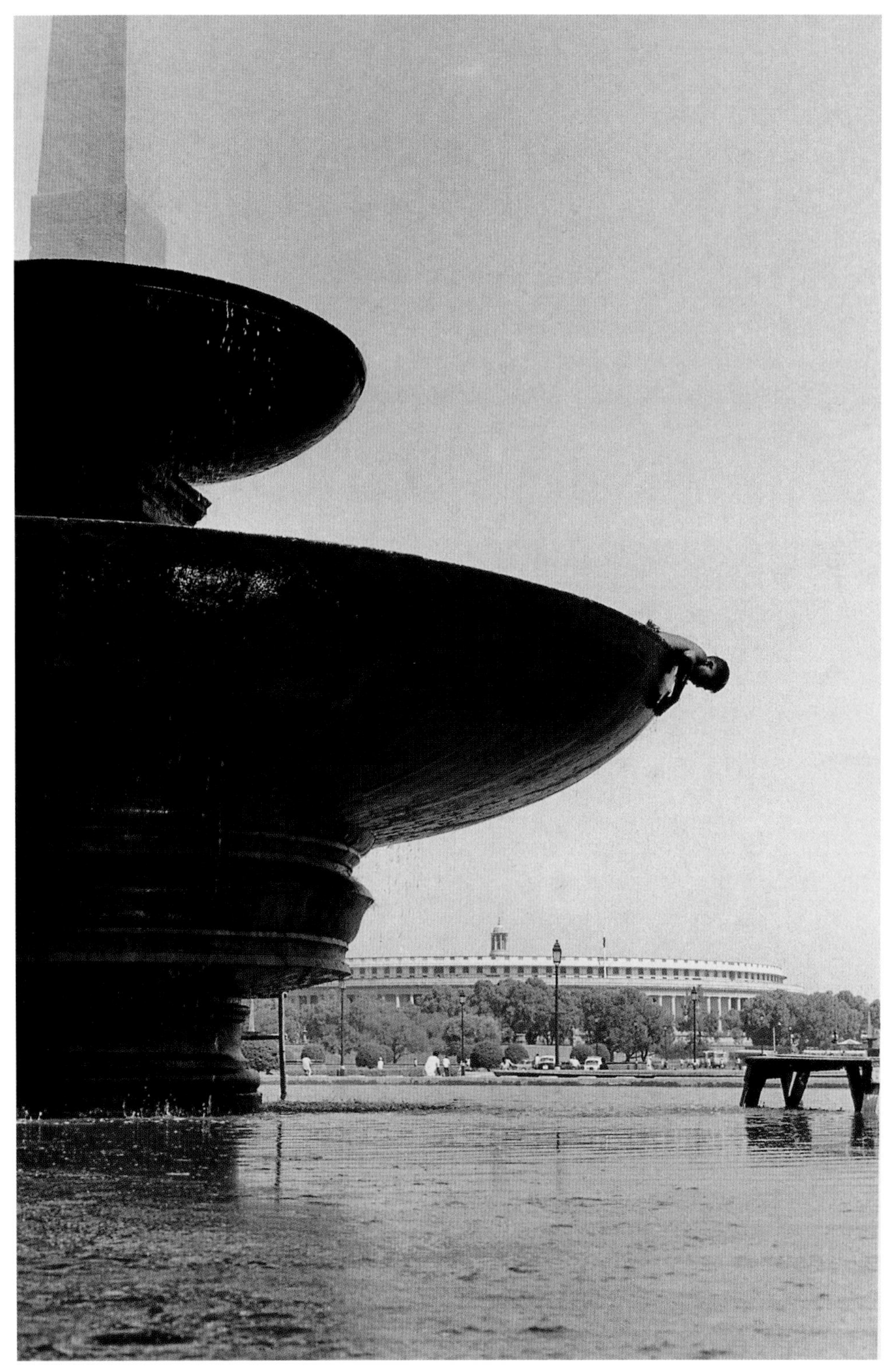

87. New Delhi, 1973

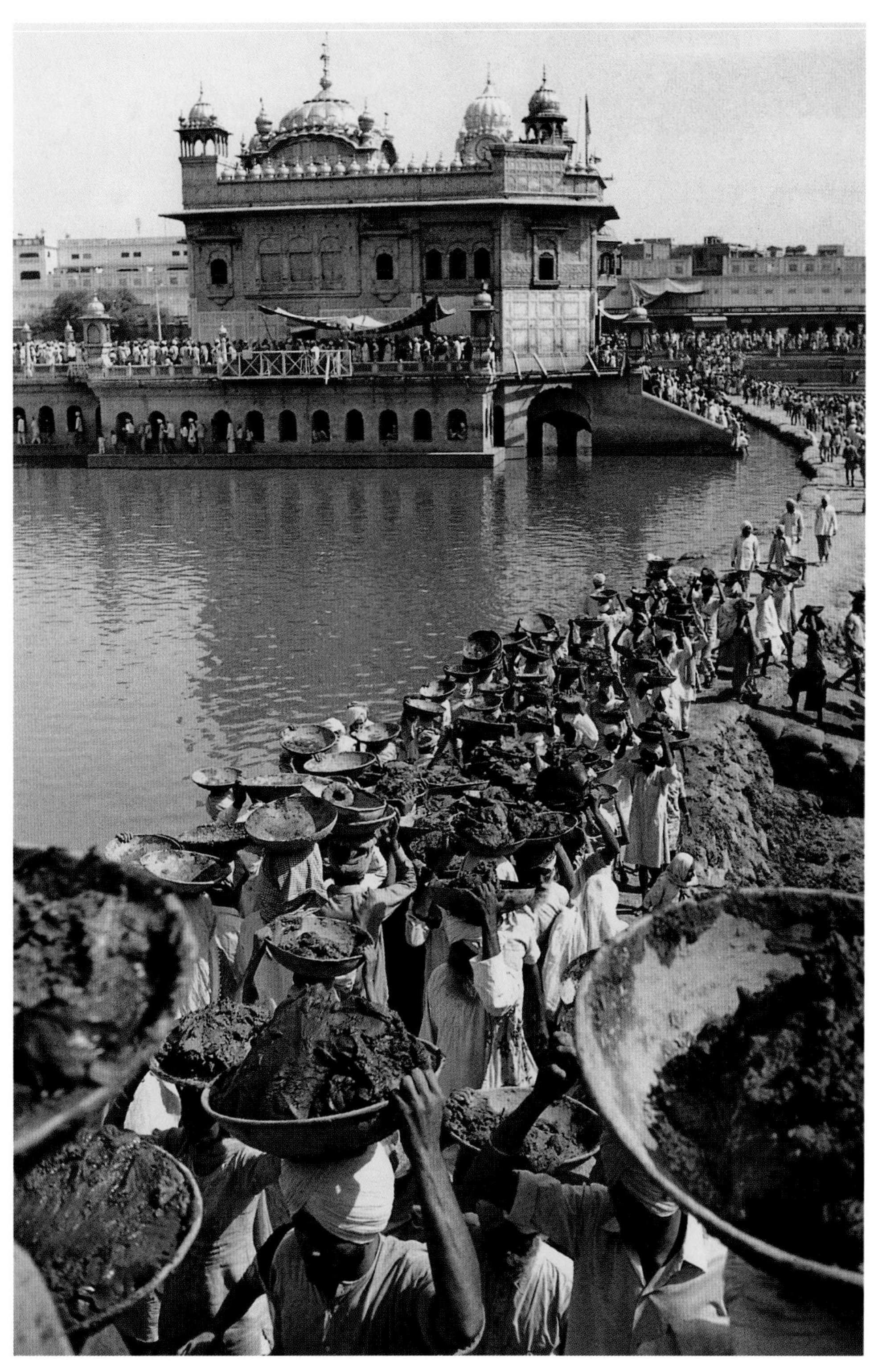

88. Zlatý chrám v Amritsaru - sikhové vynášejí bahno usazené v bazénu po 50 letech, Indie, 1973
The Golden Shrine of Amritsar - Sikh people carry out a fifty-year mud deposit from the pool, India, 1973

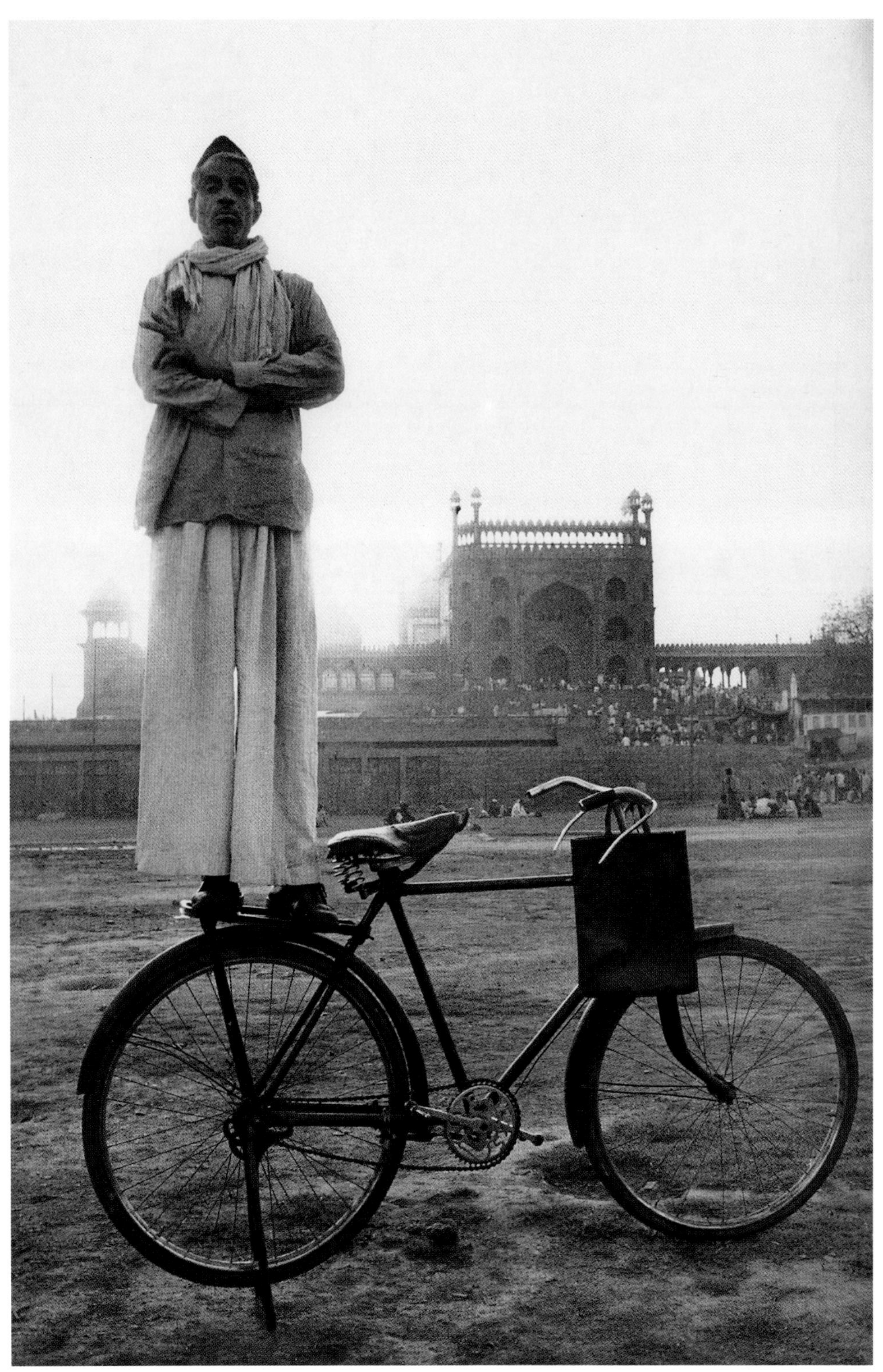

89. New Delhi, 1973

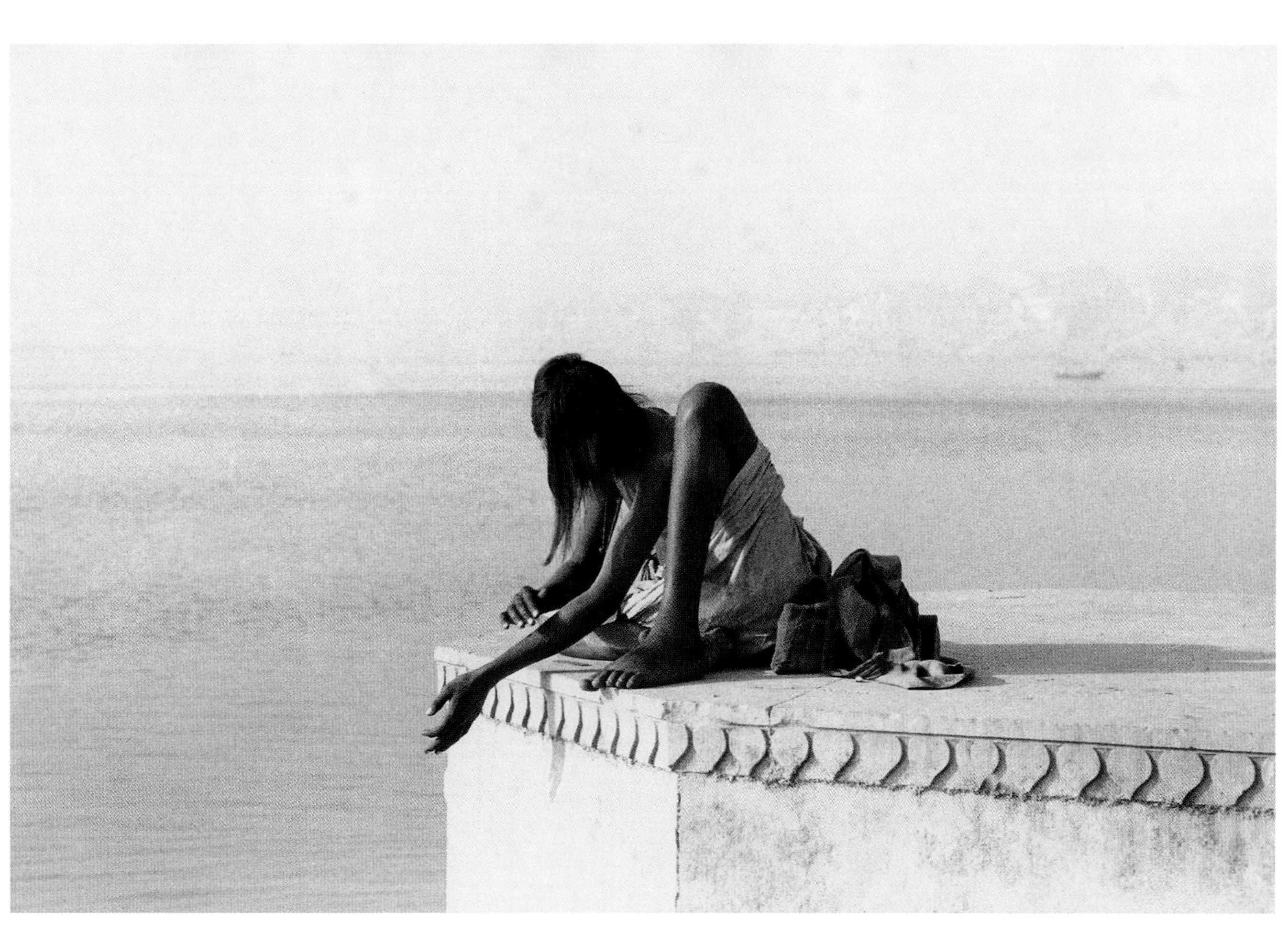

90. Řeka Ganga, Indie, 1973
The river Ganga, India, 1973

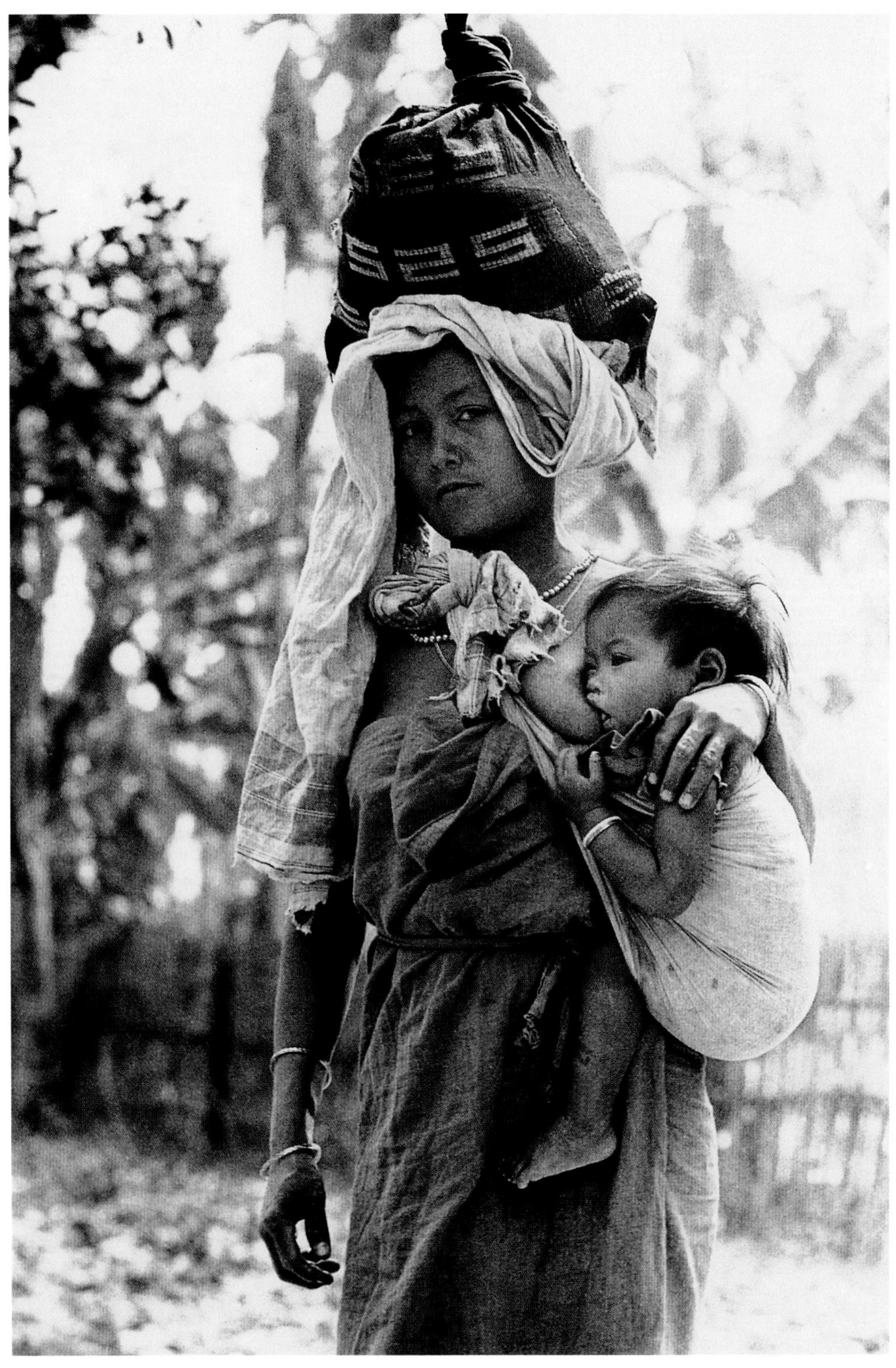

91. Indie, 1973
India, 1973

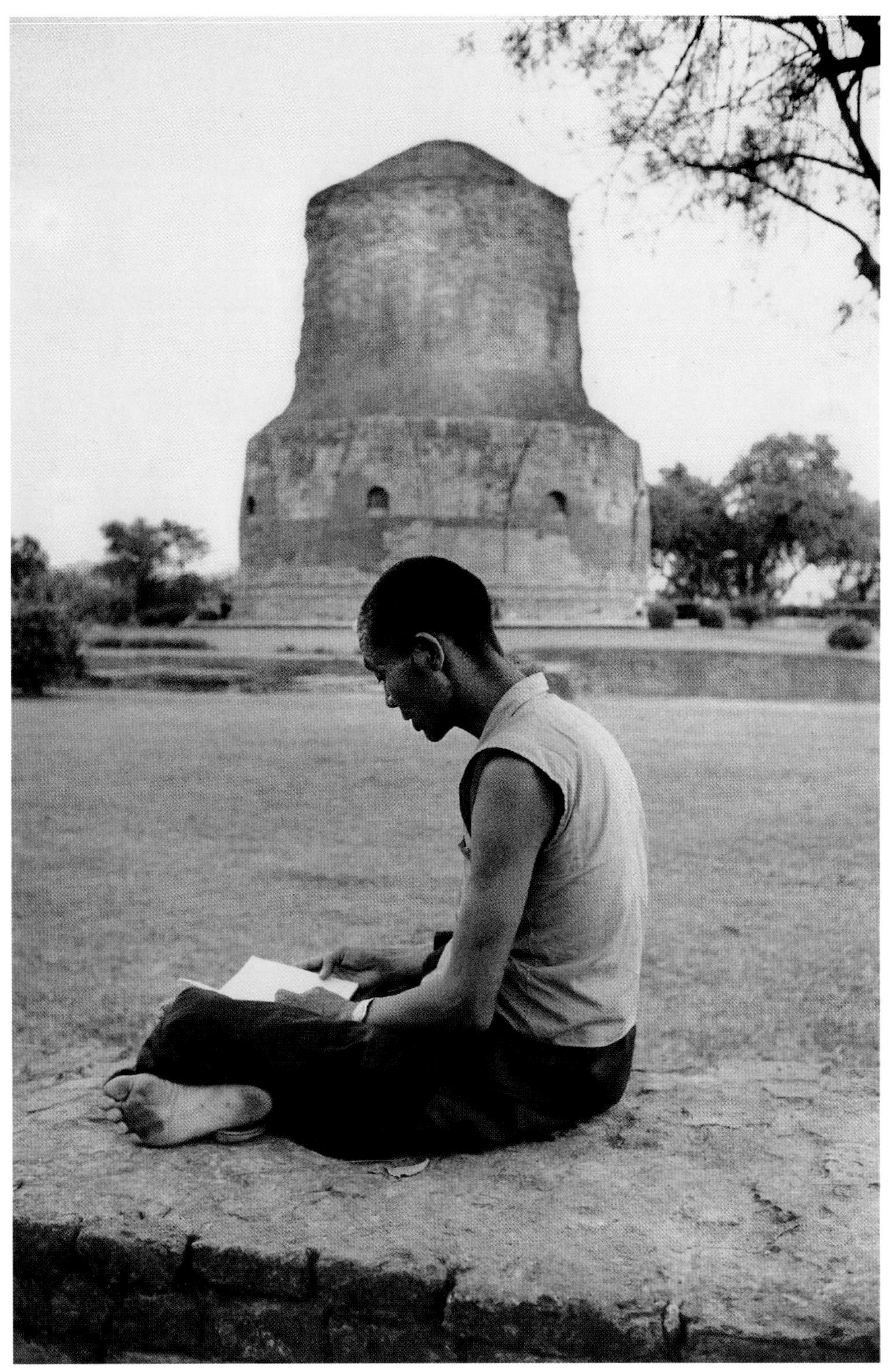

92. Nepál, 1973

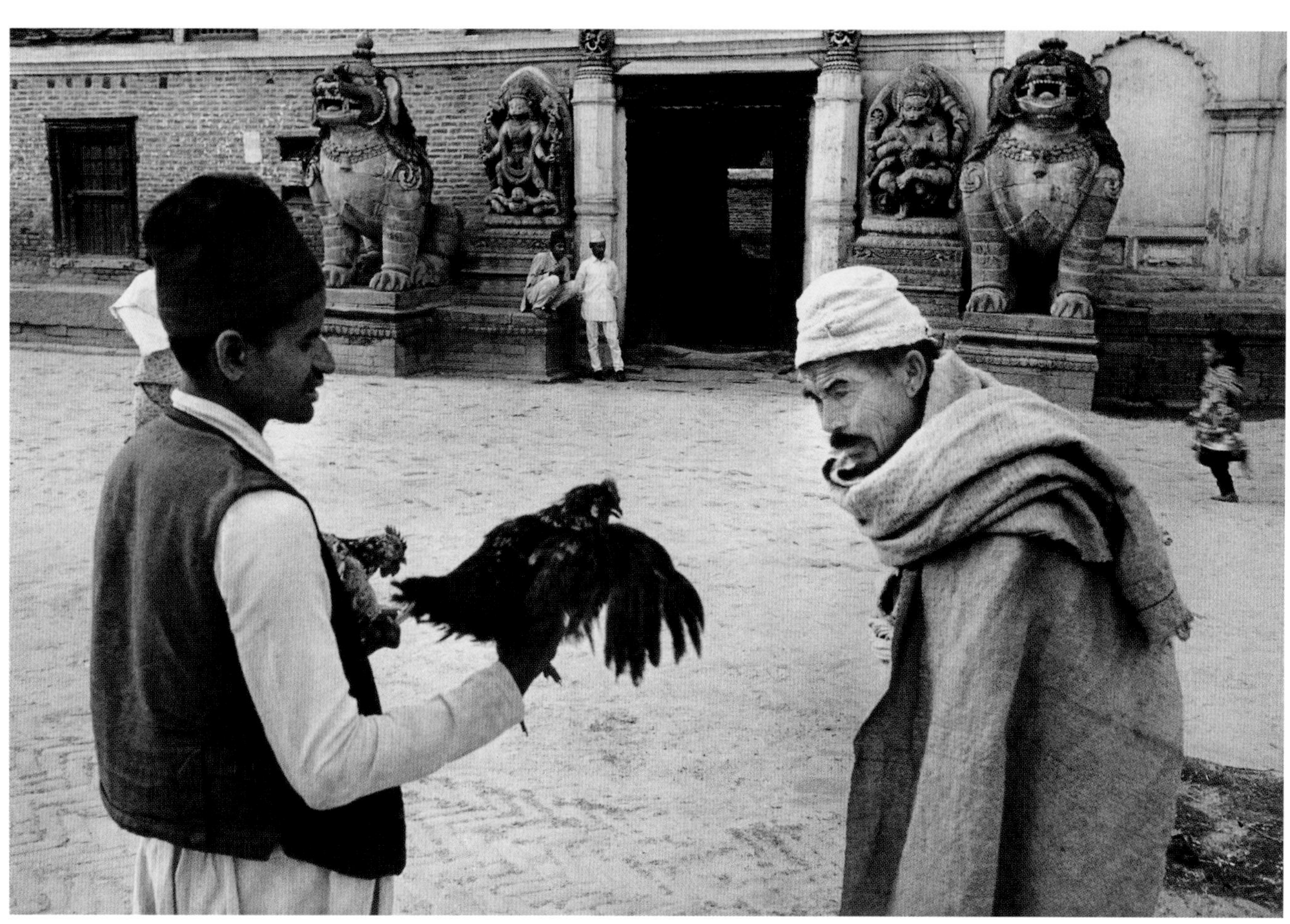

93. Nepál, 1973

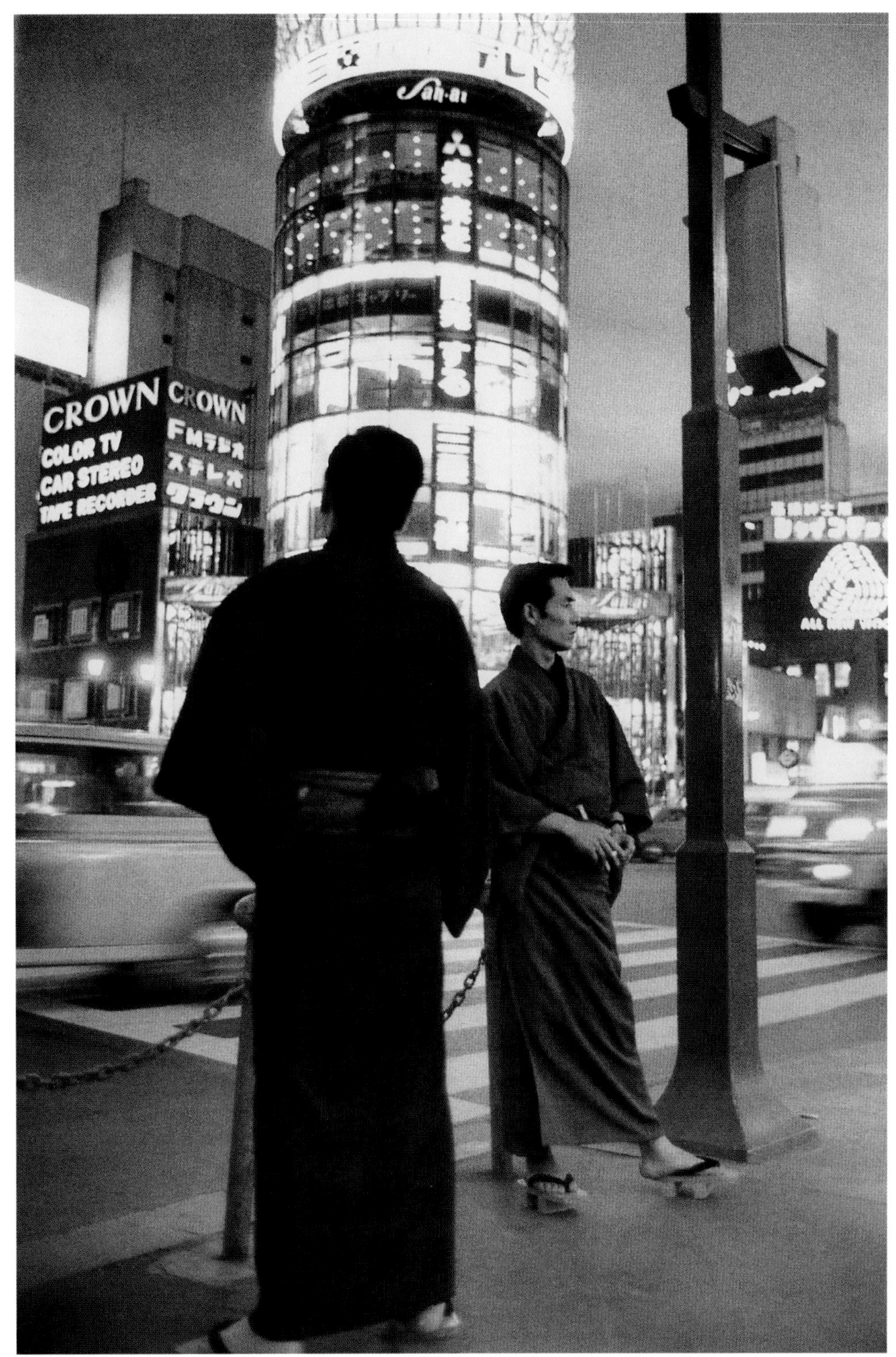

94. Tokio City, 1970

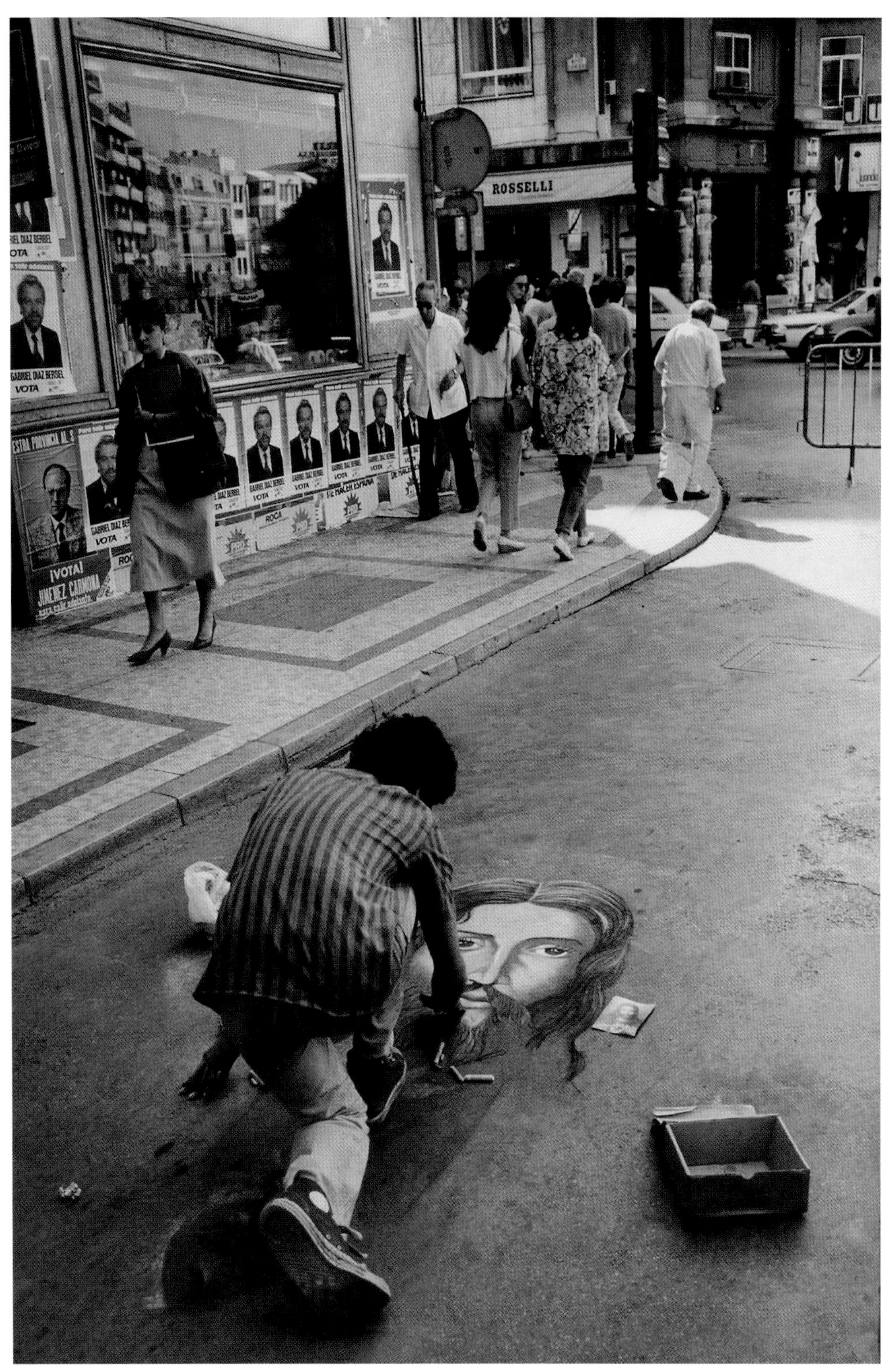

95. Sevilla, 1986

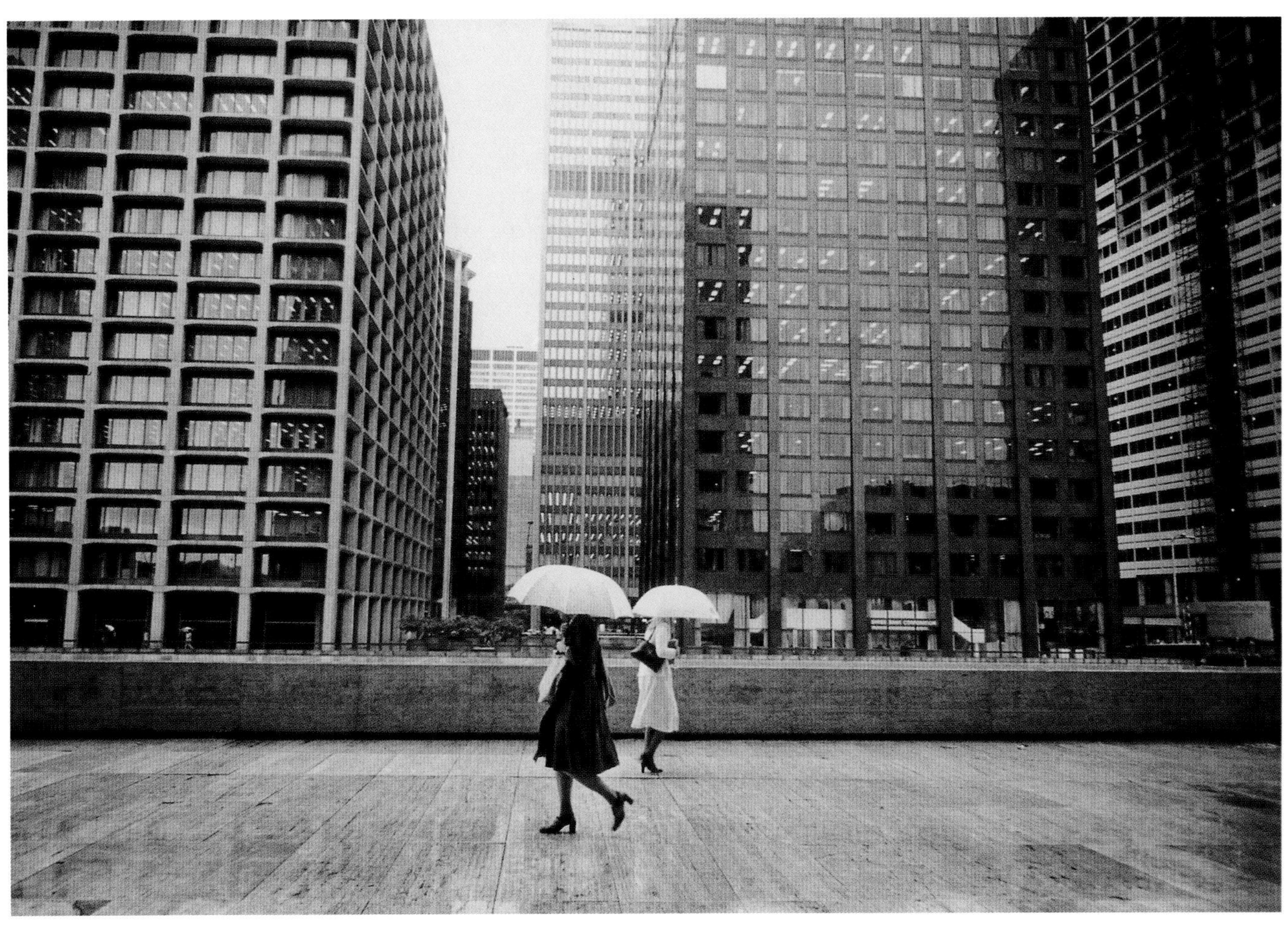

96. Chicago, 1980

1990–1992

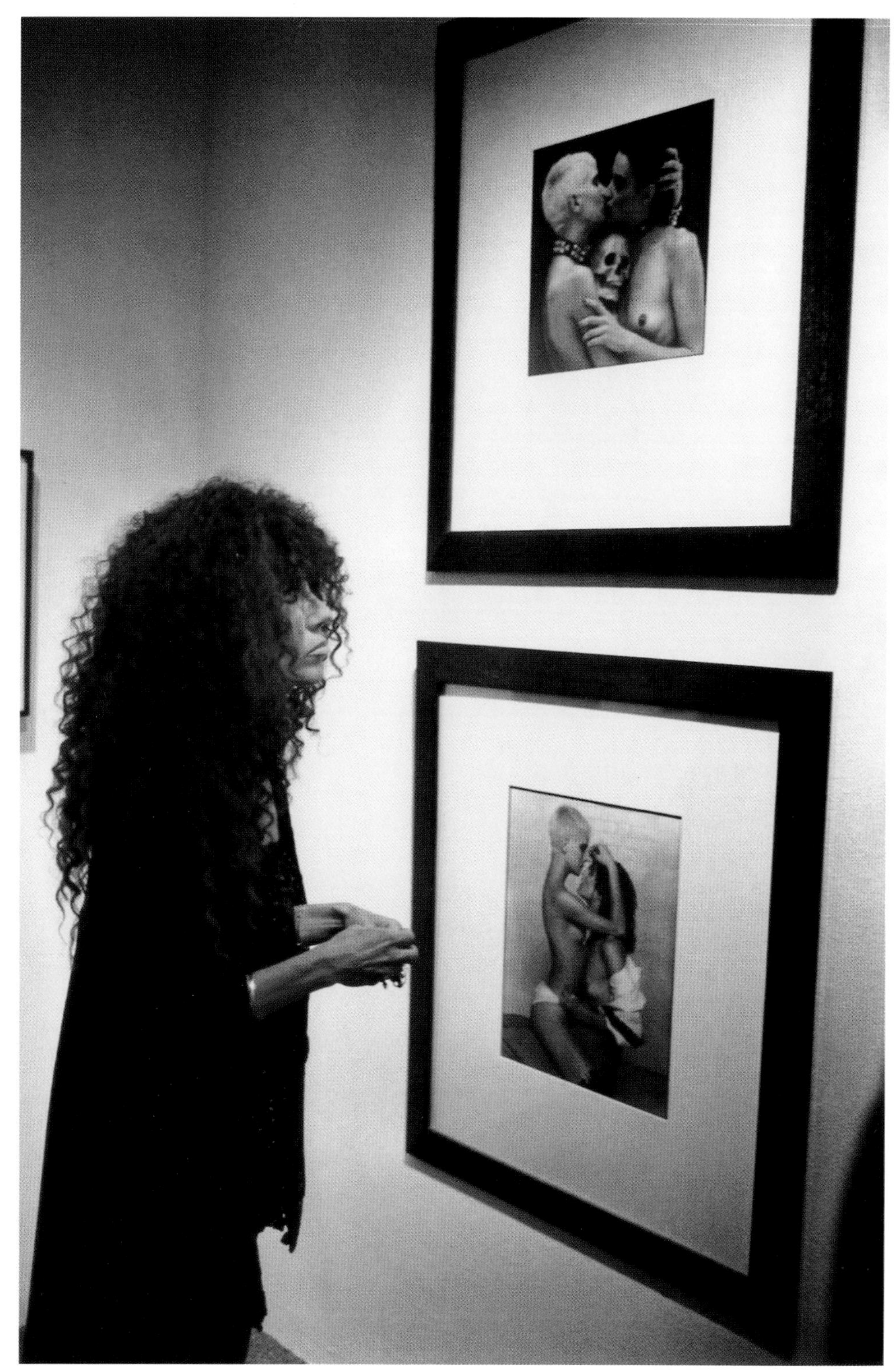

97. Paris, 1991

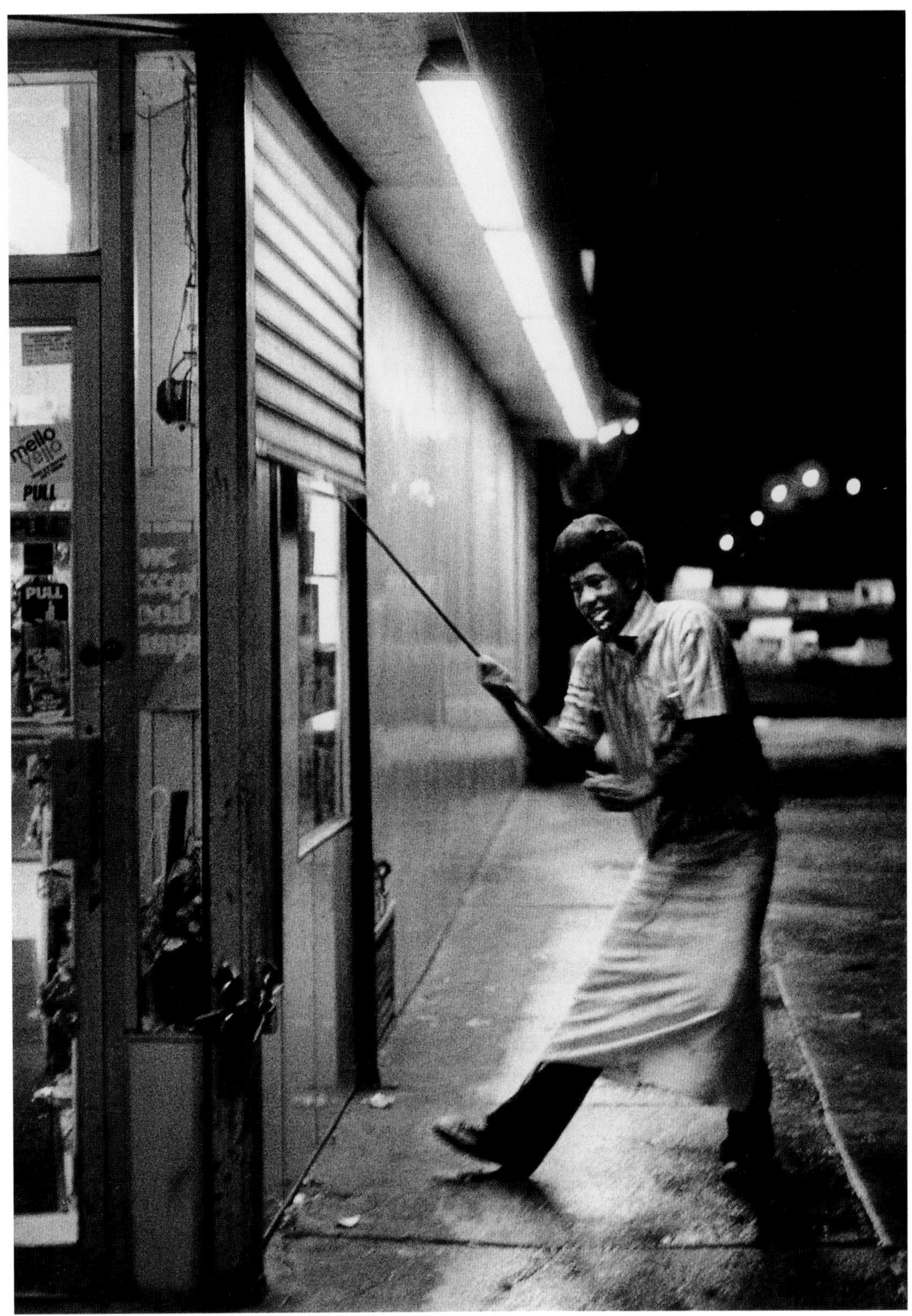

98. Los Angeles, 1992

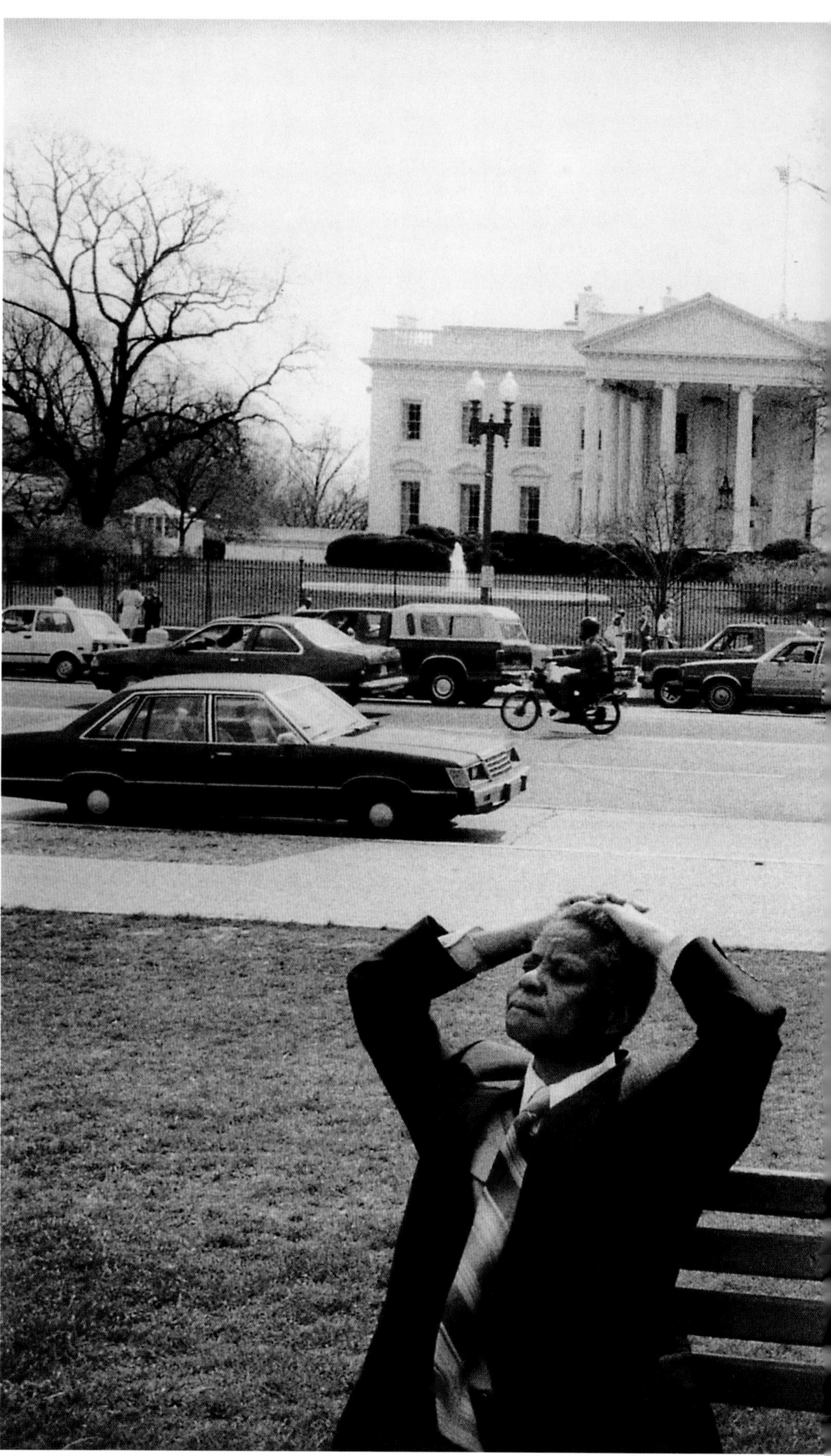

99. White House, Washington, 1990

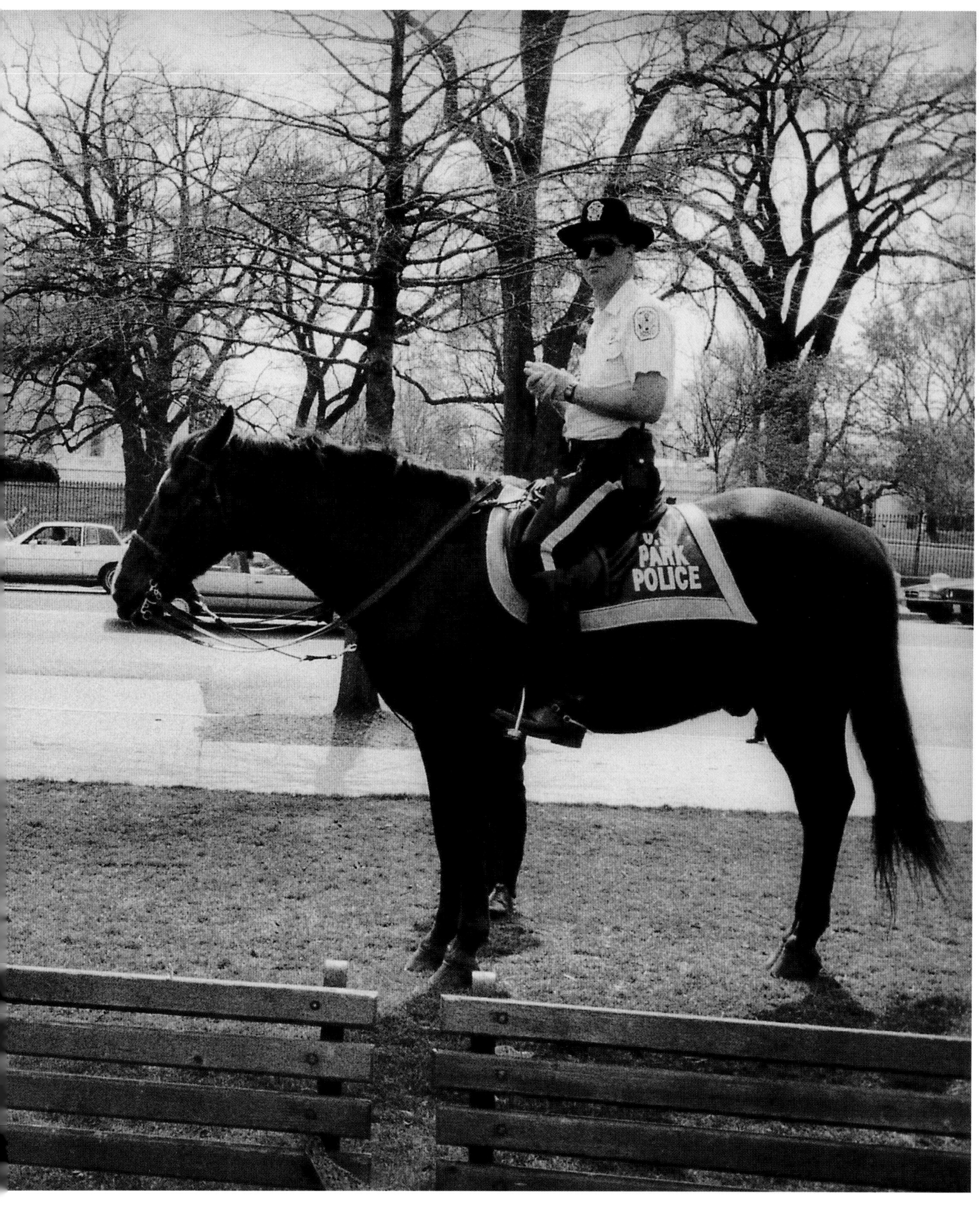
U.S.
PARK
POLICE

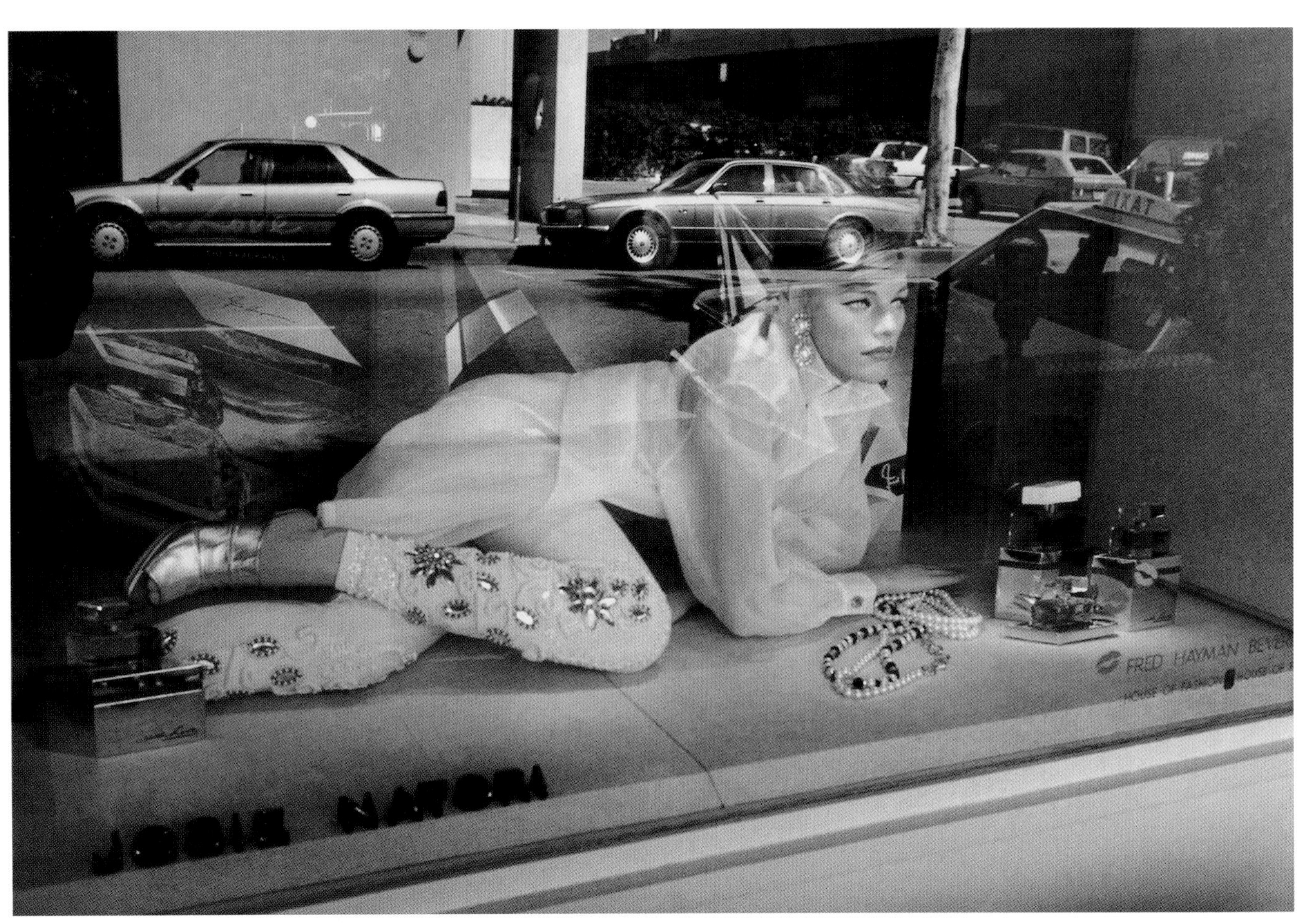

100. Los Angeles, 1991

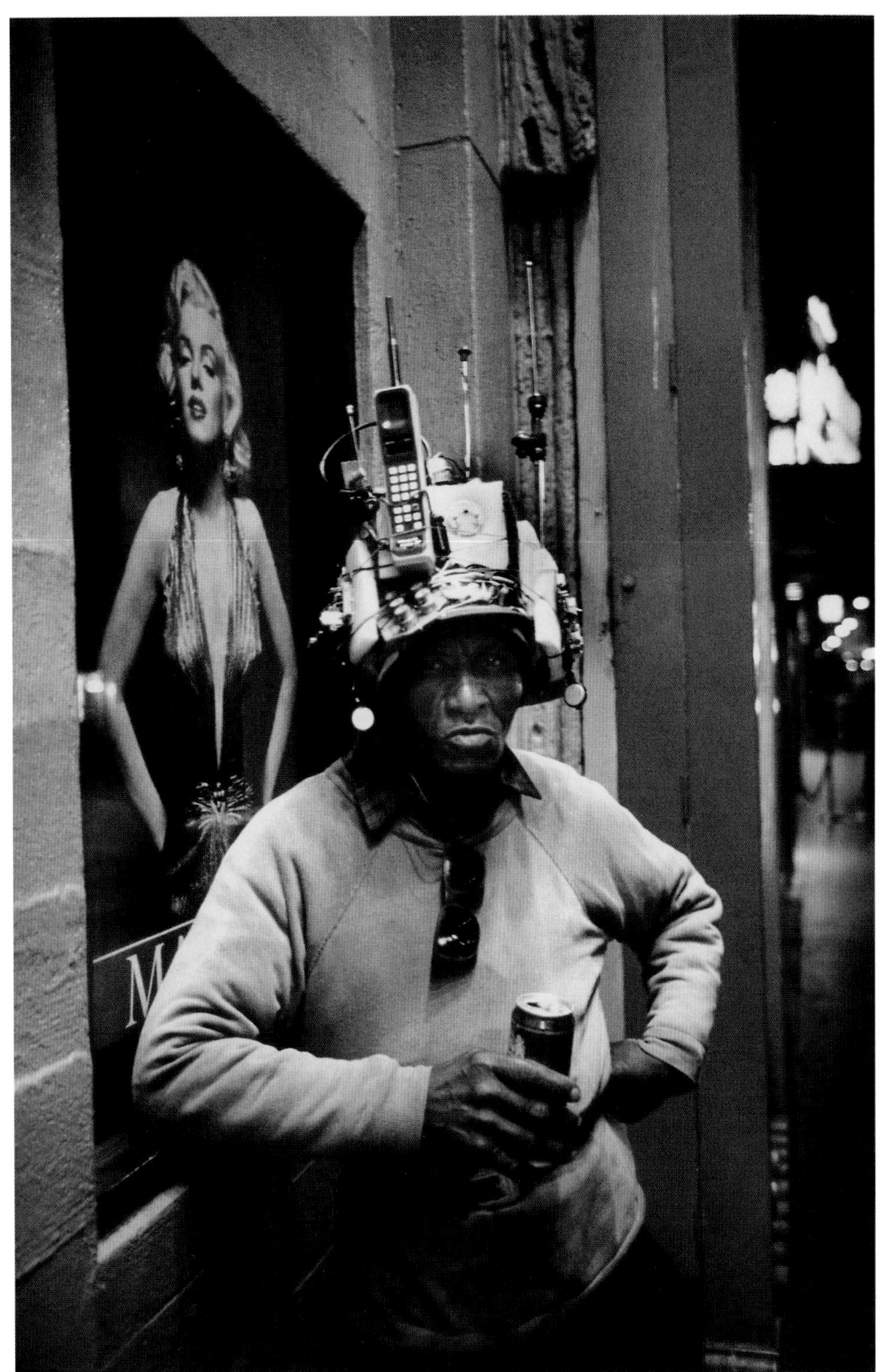

101. Los Angeles, 1990

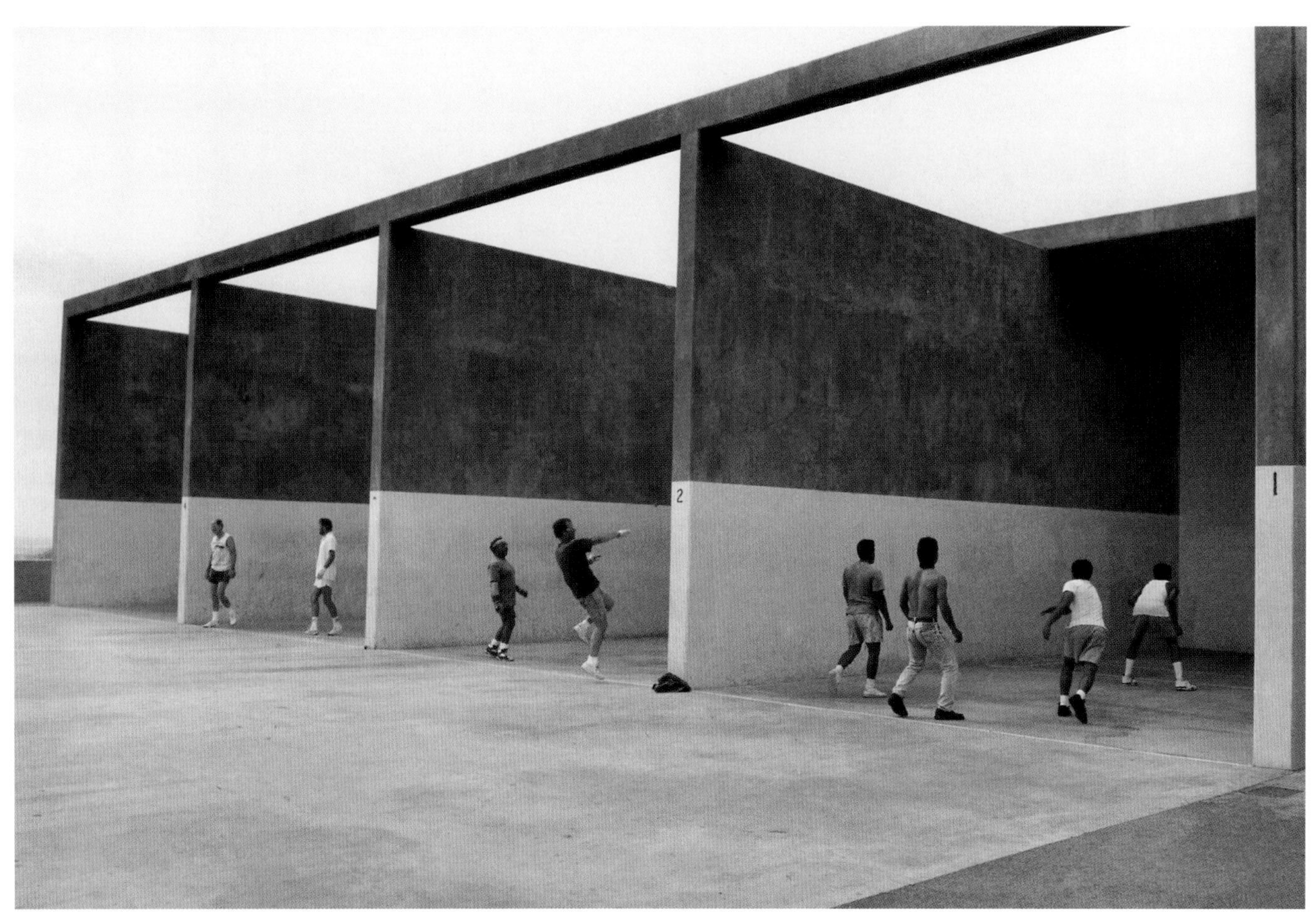

102. New York, 1992

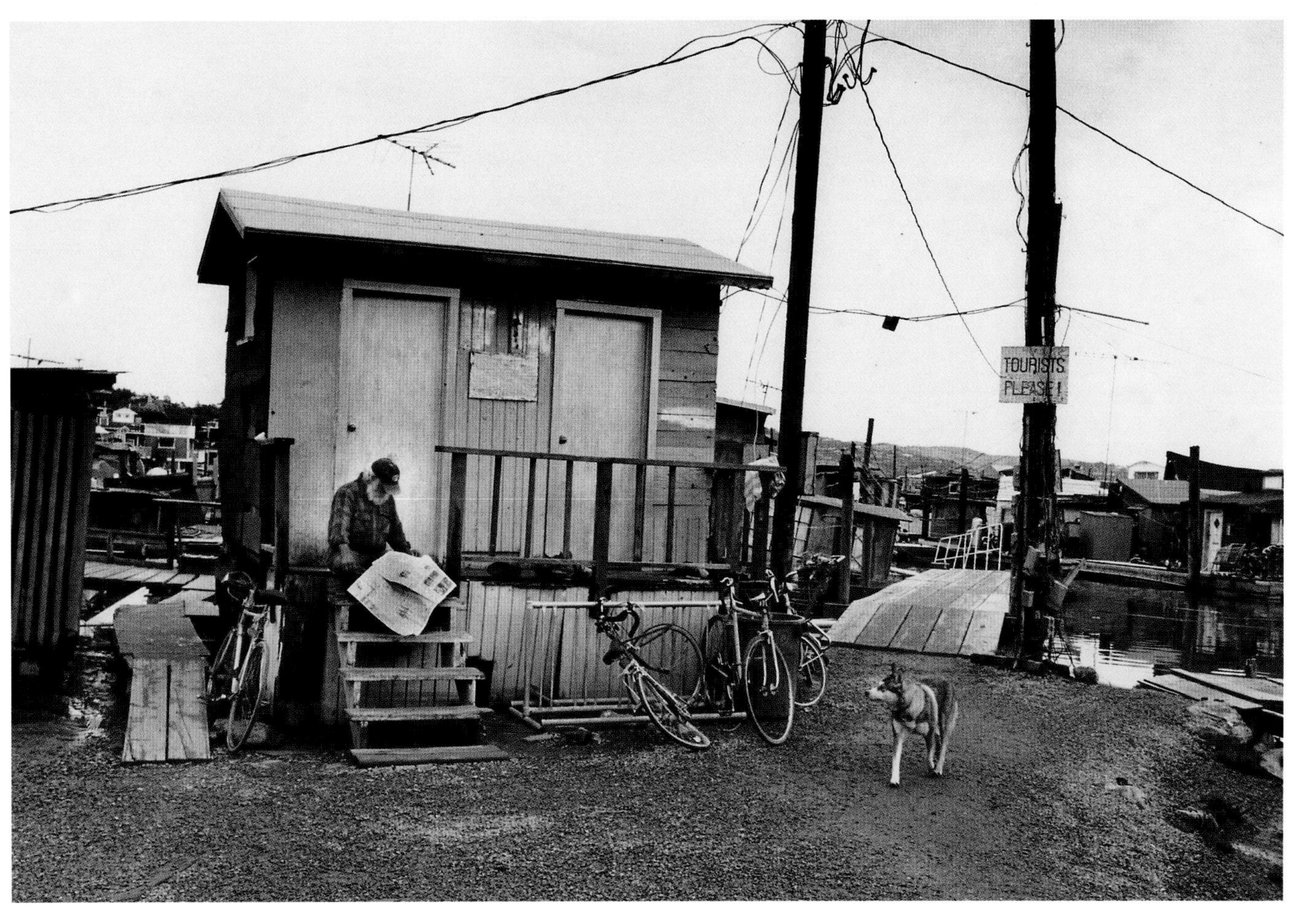

103. Los Angeles, 1992

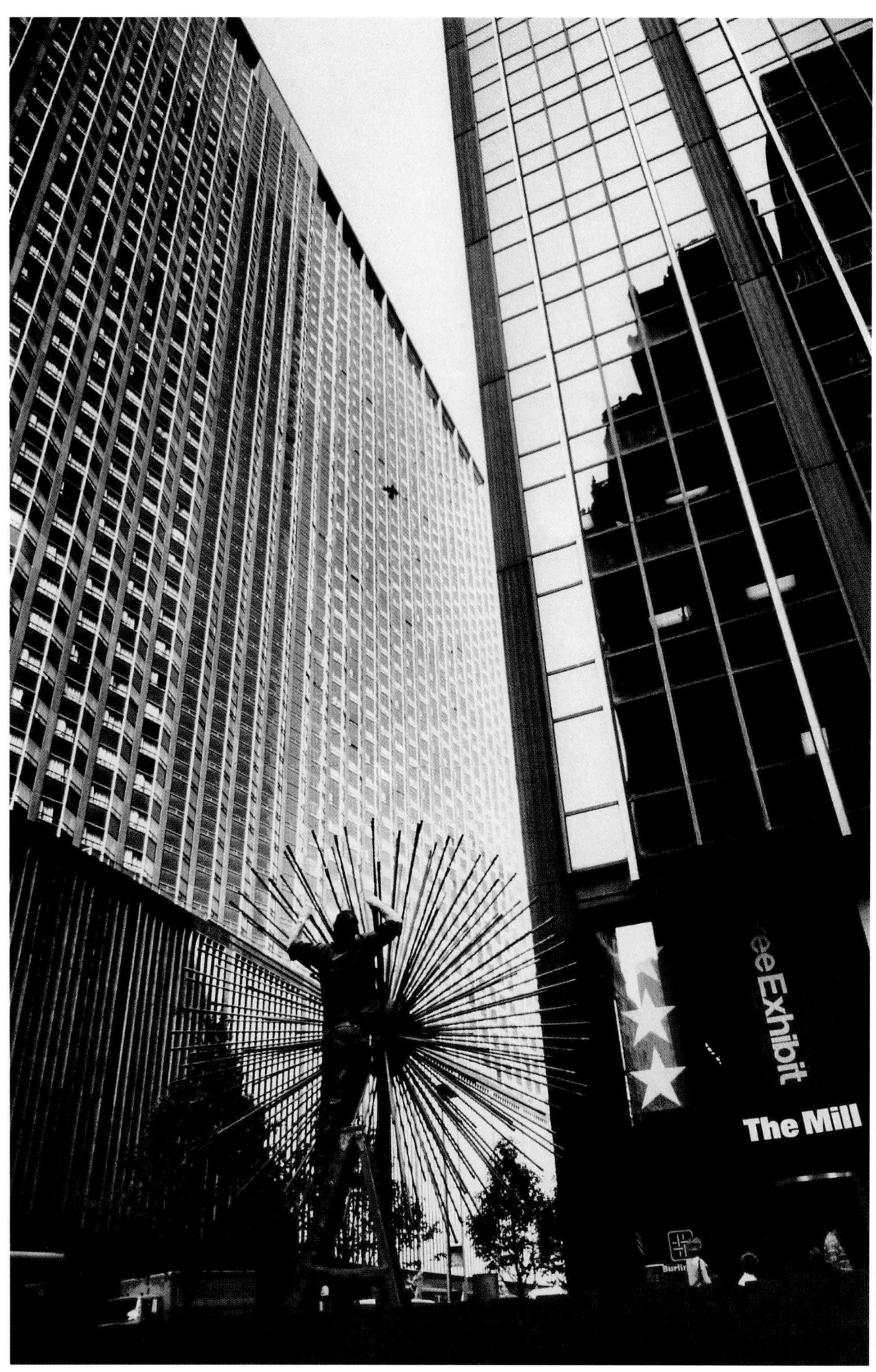

104. New York, 1992

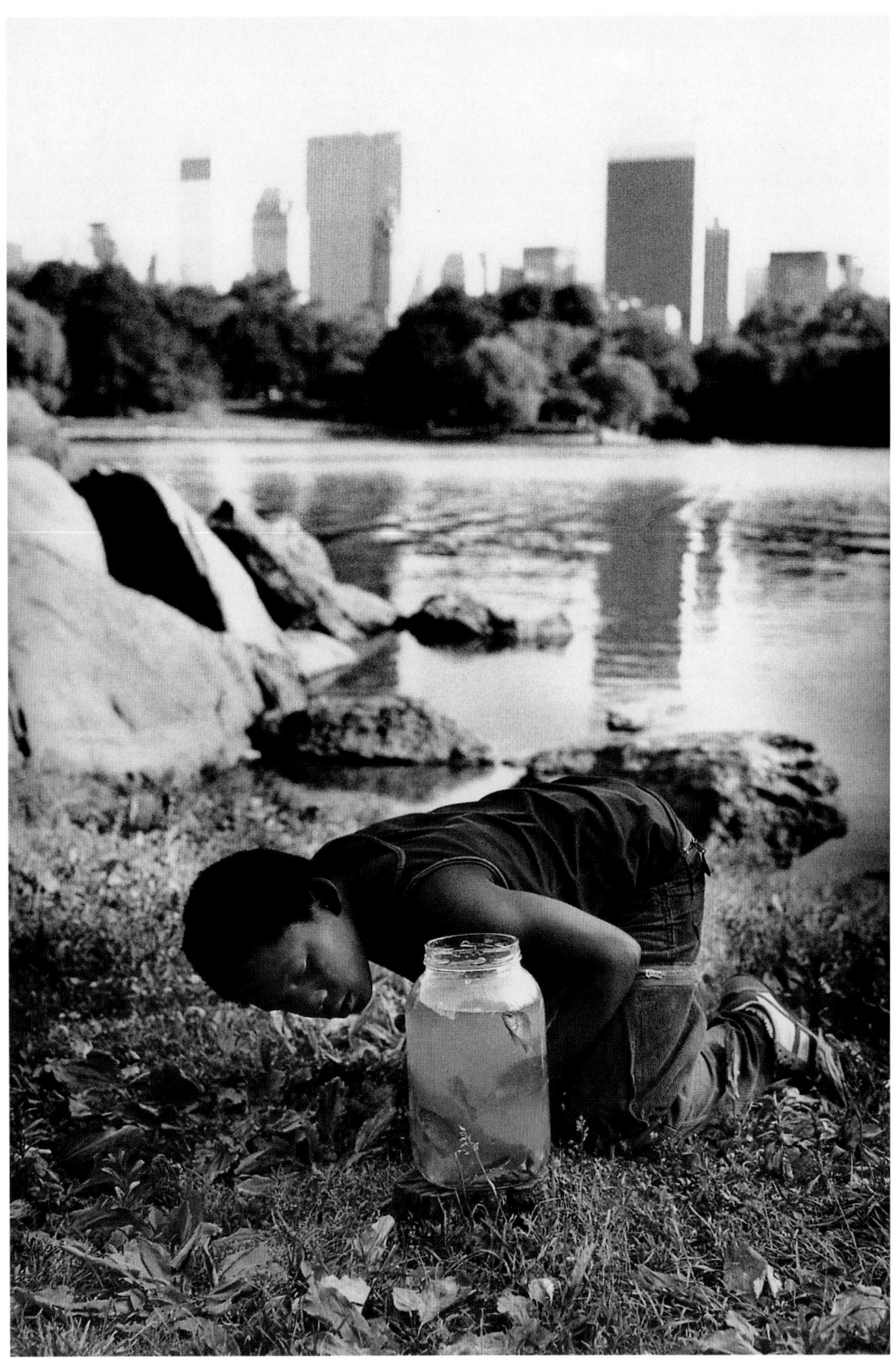

105. New York, 1991

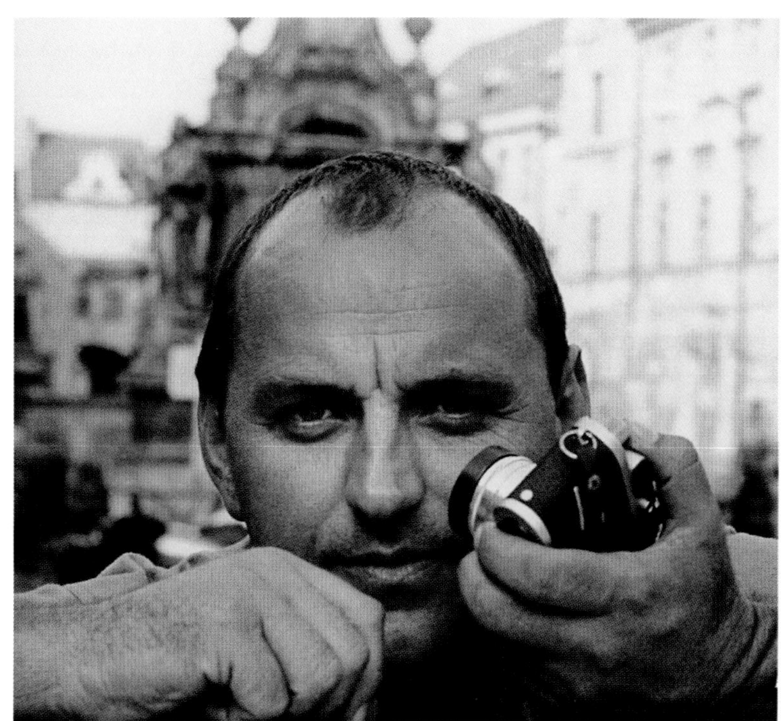

Foto Libuše Kyndrová, 1963

Miloň Novotný zemřel 9. srpna 1992 po krátké nemoci ve věku 62 let.

Miloň Novotný died on August 9, 1992 after a schort illness aged 62.

Malá kresba

Tak bych si to představoval: mít lehkou, ale pevnou a jistou ruku a obyčejnou tužkou na hrubém papíře jen několika tahy nakreslit podobu Miloně Novotného tak, aby každý, i cizí, poznal, že ten člověk, jako nějaký sochař pracující jenom ze vzduchu a lidské mysli, dokázal ve svém osudu vytvořit cosi celistvého, co by nevzniklo, kdyby tato vlídná a usměvavá tvář neprocházela od mládí decimujícími okamžiky, a aby i přítel si řekl ano, to je Miloň, se kterým jsem přece prožil večery táhnoucí se do nocí, večery veselé, ale taky večery úmorných rozhovorů, se kterým jsem seděl nad smyčci a houslemi, se kterým jsem hrával obyčejný, ale zase trošku mystický fotbal.

Tak bych si přál nakreslit, co neumím o člověku, který říkal, že se fotografii nelze naučit v lavicích, ale který celý život rozvíjel svou schopnost tvorby stykem s lidmi, čtením knih, poslouchám a slyšením hudby a velkou pozorností věnovanou všemu, co se dělo kolem něj. A toho všeho každý detail zkoumal a přemýšlel o něm. Proto si mohl dovolit říci, že se dá náhoda tušit. Tušil ji, protože znal souvislosti. Znal je, protože uměl hledat pod povrchem věcí, lidí a dějů. Byl s nimi spjat, protože nebyl toho všeho pouhým divákem. Účastnil se, neboť nechtěl prosedět svůj život zdarma a pohodlně. V sedmdesátých a osmdesátých letech, v tom ráji trpasličích duchů a hnojně vonných rozkoší, byl také odsouzen do díry zapomnění. Ale dnes si nemůžeme v neshodě s tím dvacetiletím předstírat, že takové nebytí se snášelo s lehkou myslí a gestem nadnesenosti. Dvacet let nemožnosti ukázat fotografii jinde než kroužku přátel, vidět ji vytištěnou jen někdy a kdesi v dálce, bezejmenně a nikdy doma, to není útok na jakousi ješitnost tvůrce, to je přímá vražda jeho sil, každodenní podřezávání jeho vůle, touhy a přirozené existence. Byly romány v šuplících a byly tam sbírky básní. Daleko hůře se do zásuvky píše drama. Jak se pro nějakou skrýši ale mají fotografovat události, jak v ní mají končit fotografie, které stisknutím spouště už byly předurčeny být spojnicí v přímém a nepřerušeném kontaktu mezi fotografem a divákem.

A o tom divákovi řekl Miloň Novotný, že mu má fotograf svou prací ponechat dost místa pro jeho vlastní rozum. Nechtěl tedy vnucovat svou interpretaci světa, chtěl pouze ten svět co nejobjektivněji, skutečně, opravdově postihnout. Snad proto mu byla často inspiračním zdrojem stylu nejspíše díla literární - Hemingway, Steinbeck, Kisch. Tak, jako je velká důvěrnost - nikoliv nutně souhlas - mezi spisovatelem a čtenářem, tak i on žádal na sobě velkou přesnost své práce, aby mezi ním a divákem - a toho viděl především ve čtenáři novin a časopisů - bylo maximální porozumění.

Jsou to už klasické fotografie z poloviny padesátých let: Trh na Moravě a Prodavač hub. Na té první sošné, monumentální figury v plískanici mokrého sněhu zády k objektivu a tedy i k divákovi. Jen bicykl v dálce a několik nepatrných detailů v prvním plánu přesvědčují, že jde o reálnou situaci. Jakoby se z historie vynořil Rodin a jeho Občané z Calais. Ne už v tragické chvíli, v níž je zachytil velký sochař, ale ponořeni do nudné každodennosti moravského městečka, v níž v té době přežít vyžadovalo zvláštní druh hrdinství, který nevolal po jednom vynikajícím činu, ale spíše po nepřetržité vůli nespojit se s tou špínou moci, která denně nabízela vaničku naparfémovaných pomyjí každému, kdo by se rozhodl vonět stejně jako vláda. Novotného Trhovci nejsou žádnou armádou moralistů: nepochybně v souboji s mocí chtěli zároveň věci přirozeně lidské - vypěstovat, koupit, prodat, vydělat. Miloň Novotný je vyfotografoval ve chvíli, kdy se proti nim obrátilo i počasí. Ale zároveň ukázal jejich záda nastavená vší nepřízni - počasí i osudu. A my na nich vidíme, že tito Občané z Moravy vydrží v záplavě nečistoty a budou čekat a dočkají se, třeba ve svých vnucích, že jejich tržiště přestane páchnout zlobou, útiskem a nejistotou a zavoní čerstvě tlučeným máslem, naškrobeným kanafasem a jablkem ze sadu.

Prodavač hub stojí sám a na prkýnku je těch jeho hříbků poskrovnu. Snad bylo zrovna sucho, studená noc nebo mu někdo vysbíral jeho místa. Ale on vartuje u svého úlovku, který snad ani nestojí zato nabízet na prodej, ale o němž se dá říci, že reprezentuje les a všechno to tajemné, co skrývá a člověku vydává jenom po velké námaze, po brzkém ranním vstávání, za tichý a uctivý pohyb po jehličí. To všechno Miloň Novotný znal a proto mohl svého Prodavače hub vytvořit v sebejistém, parádním gestu postoje vskutku granátnického, jakoby stál někde vachu u císaře pána.

To nebylo lehké, udělat takový zdánlivě letmý snímek na Kubě a vyjádřit na setkání kopáčů zákopů a plážových krasavic ten moment tuze lidský, kdy všechna válka, pro kterou se neužitečně obrývá zem, je zapomenuta, protože kolem kráčí krása promítnutá do své nejkrásnější podoby - dívčích těl. Ale je v té fotografii zároveň všechna těžkost osudu, do něhož býváme vrženi někým, koho ani neznáme a kdo nezná nás a přece pro něj musíme dokonce umírat, když nám dlouho předtím už zakázal se i jen radovat.

Jak jinak se směje chlapec v pruhovaném sáčku na stockholmské ulici. Bůhví, jestli těch "skol" bylo příliš mnoho, nebo se zrovna zamiloval, nebo se jen musí radovat a neví z čeho. A Miloň zachytil v tom švédském chlapci - mimochodem ve fotografii, kterou měl sám rád - tu volnost, která je obyvatelům jeho země už dopřána víc než jedno století a v níž si tak samozřejmě bydlí a ani snad netuší, že kousek od jejich oken občas už někdo nemá ani dost slzí na svou bolest.

Od konce roku 1989, když mohl zase volně pracovat a publikovat, začal se Miloň Novotný znovu rozjíždět a rozhlížet po světě. Pravda je, že mu v tom světě, kam někdy potají a navzdory všem páťračům a bystrým očkům rozesílal své malé negativy, které snadněji opouštěly jeho tehdy zašpérovanou vlast, než by to dokázala už hotová fotografie, že v tom světě, který rád lichotí jenom do doby, dokud má co brát, se mu v různých agenturních sejfech ztratila řada nejdůležitějších prací. Ale Miloň se moc neohlížel. Zase jel do Ameriky, do Paříže a poslední cestu udělal až na druhou stranu zeměkoule - do Austrálie a na Nový Zéland.

Fotografie z těch posledních dvou let Miloňova života jsou také odpovědí těm, kteří jej chtěli už vidět jako fotografa skončivšího s rokem 1968, jako podivína pěstujícího svůj fotbálek a věnujícího se houslím, zlomeného, zahořklého, odbytého fotografa. A on býval smutný, v těch dvaceti letech. Chyběl mu kontakt, nutnost a povinnost jít do redakce, žít denním životem obyvatele měst celého světa. Ale jeho vnímavost a s lety i moudrost se tím smutkem ani neunavila ani neodumřela. Osvobozena, začala se realizovat ihned v plné síle. Miloň Novotný, důvěrný, letitý přítel mnoha z těch, kteří z režimního podsvětí vyšli po listopadu '89 formovat život našich zemí z vysokých funkcí, prostě a přirozeně pokračoval tam, kde kdysi, před dvaceti lety, musel přestat. A jeho fotografie prokázaly jen jedinou změnu, že totiž je v nich zkušenost a poučení ze všeho, co musel za tu dobu prožít. Fotografuje amerického černošského chlapce ve chvilce štěstí s rybičkami ve veliké láhvi na pozadí vodní nádrže a mrakodrapů, široký úsměv prodavače, který spouští roletu, protože "padla" a s večerem se pro něj svět a život otevírá, hurónský, nezakrývaný smích dvou rozdílných generací na pařížské ulici nad legračně lascívní fotografií.

Bohužel, bylo mu dopřáno už jen dva a půl roku života. O smrti se rádo říká, že je spravedlivá, že měří všem stejně. Ne. K Miloňovi Novotnému a k těm, kteří mají rádi jeho fotografie a měli rádi i jeho, byla a je nespravedlivá.

Zdeněk Kirschner
leden 1993

(Text z katalogu vydaného Uměleckoprůmyslovým muzeem k výstavě Miloně Novotného v Rudolfinu, únor 1993)

A Small Drawing

I would love with a fine line to draw the face of Miloň Novotný in a very simple way, however so that even a stranger could immediately tell that this person as if he were a sculpter using just the air and his mind, has created something that would not come to life had this often laughing and always friendly face not gone ever since his childhood through disastrous moments. But I would also like his friends to say Yes, of course, that's Miloň with whom I spent several too long evenings well into the nights, funny evenings, often, and sometimes long evenings of lengthy talks, yes we used to sit over our violins, yes we used to play this funny and somehow mythical football.

Such a drawing I would like to make of a man who used to say that you cannot learn photography at school, but who through all his life was expanding his ability of creation through contacts with people, through reading, through listening to music and through paying close attention to everything around him. And to all these things he was giving much thought. That was why he could say that you can anticipate what will happen. He knew the mysterious connections because he was seeking them under the surfaces of things, human beings and everything that was happening. He never wanted just to be watching, he never wanted just to be lazily sitting down and living comfortably. In the seventies and eighties, in that period which was paradise for dwarf-size geniuses and ill-smelling passions he was also sentenced for oblivion. And we cannot be pretending now that it was easy to take such a sentence and pretend it did not matter. For twenty years he could only be showing his photographs to a close circle of friends and he would only see them printed in another country and without his name and never at home. It was a murder to his will and passion for photography and his normal existence. There were novels written just for the desks of their authors that were not permitted for printing and there were collections of poetry. It is more awkward to keep a play in a drawer. But how can you keep there a photograph which when made is already embarking on her way to the world.

Miloň Novotný once said that a photographer should leave also some space in his photographs for the minds of the people who look at them. He was not trying to interpret the world to the people. He wanted to give them a good, real, truthful picture of the world. That is also why his style was perhaps most inspired by the works of literature - by E. Hemingway, J. Steinbeck, E. E. Kisch. There is a kind of intimacy between the writer and the reader. M. Novotný required great accuracy from himself so as to create the maximum of understanding between himself and his readers. There are some of his first printed photographs from the mid-fifties: The Market in Moravia and Selling Mushrooms. In the first one the people are like sculptures, very monumental in the sleet, with their backs to the camera. Only the bicycle very far back in the picture and a few details in front persuade us that the situation is real. The photograph looks as if Rodin's Citizens of Calais were reborn. Here not in a moment of tragedy, but immersed into the boring everday life of a Moravian small town which in that period of Czech history was not requiring single deeds of bravery. It did require, however, an unending will not to join the dirtiness of the then governing power which was daily offering its vessel of perfumed slops to everybody who was willing to join the stenching ranks of the government. The people in the Market in Moravia by M. Novotný are not a group of moralists. Fighting in their way the government of that period, they only wanted very simple, human things: To grow whatever they were growing, to buy, to sell, to earn money. M. Novotný photographed them in a moment when even the weather joined their enemies. But he also showed their backs against the wind blowing against them from authorities and nature. And the photograph makes us believe that these people, these Citizens of Moravia - not by Rodin but by Novotný - will keep waiting and that if not them then perhaps their grand-children will see their market place getting rid of hatred, suppression and uncertainty and smelling again with fresh butter, well ironed cloth and apples from near-by gardens.

The Man Selling Mushrooms is standing there alone and there seems to be very little of what he has found. It may not be even worth selling what he can offer, but there seems to be something there in his booth that represents the forest and all those mysterious things there are in the woods, things which are not easily discovered by Man. Miloň No-

votný knew all of this and that is why he was able to introduce this man to us in this proud posture and gesture as if he were standing at soldiery Attention in front of the Emperor's palace.

It was not easy to snap the picture in Cuba and express the accidental meeting between the trenches diggers and the beauties of the Playa Larga. In that photograph the War is forgotten and so is the un-fruitful digging of the earth. Everything is centred on the phenomenon of the passing Beauty expressed here in its most precious form - the body of a girl. But the photograph also brings to mind the cruelty of fate in which someone we do not know - and he does not know us - makes us die when a long time before that he made us forget to laugh and be happy.

What a different smile there is on the face of the young man in the striped jacket on a street in Stockholm. He was, may be, shouting too many times his "skol" on that night, or, may be he just fell in love or he is just happy and does not even know why. M. Novotný liked this photograph of his own. It shows the freedom the inhabitants of Sweden have been owning for over a centrury and the fact that they are so accustomed to it that they would be surprised hearing how unhappy their close or distant neighbours can be.

After the end of 1989 Miloň Novotný started seeing the world again. He could work and go public freely again. Some of his best photographs of the previous period which were clandestinely smuggled out of his country in the form of original negative material (it was easier to smuggle the films of the Leica format - he only worked with Leica - than larger and easier readable prints) were never returned and are probably will kept in some agencies archives - without even his name attached to them. But M. Novotný was not a person to be looking back much. He again flew to the United States, to Paris and his last journey was to Australia and New Zealand.

The photographs from the two last years of M. Novotný's life also answer the question whether he in fact did not stop being a photographer after 1968 and the occupation of Czechoslovakia by the armed forces of the Warsaw Treaty Organisation, whether he has not become a moron devoted only to his fiddles, a bitter, broken photographer. And he used to have periods of sadness druing those twenty years. No one was asking for his photographs, there was no necessity to see the editors, to be in the newspapers, to live the life of an urban intellectual and artist. However, his receptiveness and through the years growing wisdom, did not get tired, did not die off. Liberated, it started to act in full power. Miloň Novotný was a life-long and close friend of many of those dissidents who after November '89 started to formulate the life of the country from governmental offices. He himself just continued where he was stopped twenty years ago. There is one single change in the photographs he was making between 1990 and 1992: they include all his experiences from the previous years. He photographs an American black boy happy with his fish in a big bottle on a bank with skyscrapers for the background, a smile of a shop-keeper just about to close his shop and start for home and his privacy and the big laugh of two different generations ever a funny, somewhat dirty photograph on a Paris street. There is more serenity and happiness in this period of his work.

Unfortunately, Miloň Novotný was given only two and half years to live after 1989. They say about death that it is the only just thing in life. No. Death was very unjust to Miloň Novotný and to all who like his photographs and who liked him.

Zdeněk Kirschner

January 1993

(The text from the catalogue published by the Museum of Decorative Arts for the exhibition of Miloň Novotný in Rudolfinum, February 1993)

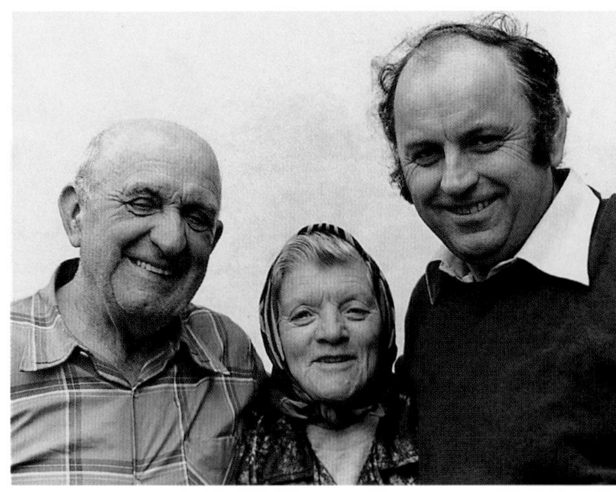

S rodiči
With his parents

Foto archiv Aleny Novotné, 1977

Autobiografie Milině Novotného

Narodil jsem se 11. 4 1930 ve vesnici Štětovice na Moravě. Otec byl po celý život strojním zámečníkem v blízkém cukrovaru a matka vypomáhala na polích u rolníků. Mám jednu sestru. Na vesnici jsem prožil dětství a léta obecné školy. Největší dětské dojmy ve mně zanechaly události na návsi. Komedianti, provazolezci před kapličkou, vojáci na koních, karavany cikánů, muzika, vesnické slavnosti, pohřby, zájezdová kinematografická společnost, vzducholoď, strýcova motorka, velikonoční vejce pokládané matkou u stromu, její smutné písně u šicího stroje, nošení oběda tátovi do továrny, flašinetář Tomáš, který spával ve stohu, práce o žních, skleněné barevné koule u sousedů v zahrádce. Dále pak okupace, začátek druhé světové války, fronta několik týdnů u vesnice, ranění vojáci na tancích, autech, nálety,…

Rodiče byli chudí a nemohli mi nic pořídit, ani jízdní kolo. Z obecné školy jsem přešel na gymnázium v Prostějově, kam jsem dojížděl vlakem. Později jsem bydlel u strýce ve městě. Mezi osmnáctým a devatenáctým rokem jsem vážně onemocněl infekčním kloubovým revmatismem a vzápětí plicní chorobou. Gymnázium jsem potom již nedokončil a strávil jsem rok na léčení v Novém Smokovci. Tam jsem se seznámil s vypůjčeným fotografickým přístrojem. Snažil jsem se „nějak vyslovit“. Nevěděl jsem, co budu dělat. Byl jsem posedlý poznáváním umění, literatury. Začínal jsem všechno sám. Fotografoval jsem lidi a ti se stali mým zájmem. Několik roků jsem byl nespokojený s výsledky, házel jsem fotografie do kamen, možná ke škodě mnoha fotografií. Žil jsem z minimálních prostředků.

Šťastné seznámení s fotografem Josefem Sudkem (a jeho doporučení k výstavě) a Jiřím Jeníčkem (text ke katalogu) mě povzbudilo. Tak došlo vzápětí k mé první výstavě (1956) v Olomouci. Fotografie jsem do té doby nepublikoval, ani jsem na to nemyslel. Až na naléhání Jiřího Jeníčka jsem zaslal několik fotografií do týdeníku Kultura. A tak vyšla moje první fotografie na titulní straně (1957). Jiří Jeníček říkal: „Fotograf se pozná v reprodukci“.

Odešel jsem natrvalo do Prahy. Kufr se zvětšovákem, přístroj na kinofilm, peřinovou deku a dluhy bylo všechno, co jsem měl. V Praze jsem se oženil (1958). Moje žena Alena pracovala jako modelářka v n. p. Pragoděv.

Hned po příchodu do Prahy jsem začal spolupracovat a publikovat v časopisech, novinách, časopise Divadlo a stal jsem se fotografem několika divadel. To trvalo potom přes dvacet let, k tomu přistoupila spolupráce s ČSAV (asi 12 let). V roce 1958 jsem byl přijat do fotosekce SČSVU. V roce 1962 se nám narodil syn Marek. Jeho předčasným porodem vznikly tragické následky, trvající dodnes (např. 17 roků jsme jej nosili do 4. poschodí).

Účastnil jsem se různých skupinových a všech svazových výstav, několik jsem měl samostatných a publikoval jsem kolem 500 fotografií ročně. Hlavně fotografie z vlastního zájmu, nezakázkové. To mi umožnilo cestovat vždy z vlastních prostředků. Posledních asi 13 roků jsem fotografoval hlavně pro Svaz čs. skladatelů. Nejsem a nebyl jsem členem žádné strany, ani organizace. Stipendia a ani jiné podpory jsem nikdy nepobíral. Moje fotografické „leicové“ vybavení je to nejjednodušší. Ateliér jsem nikdy neměl. Mnoho zamýšlených projektů jsem nemohl uskutečnit.

(Text Milině Novotného z konce 80. let. Pravděpodobně byl napsán jako podklad pro připravovanou Encyklopedii českých a slovenských fotografů. Úryvky z tohoto textu jsou rovněž publikovány v knize Cesty československé fotografie. Minimálně upraveno.)

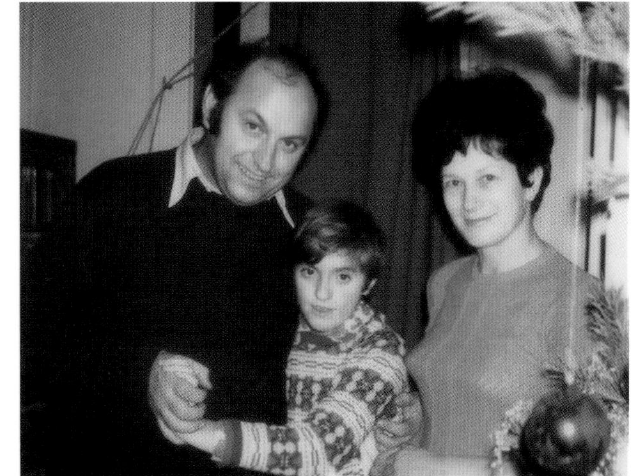

S manželkou Alenou a synem Markem
With his wife Alena and son Marek

Foto archiv Aleny Novotné, 1975

Autobiography printed here from the author's own typewritten text

Born on April 11, 1930 at Štětovice, Moravia (Czechoslovakia). Photographer, member of the Union of Czechoslovak Artists - freelanced.

"My father is engineer in sugar-beet mill, while my mother worked most of her life in the fields, for private farmers. I have one sister. My childhood years were spent in a village environment. When I was 19 and just about to finish at the local grammer school, I feel ill. For several years my mind was very much occupied with thoughts of the impermanence of material things and of life itself. I became very interested in the extreme limits of situations. At this time I studied the elements - of arts.

In 1950 I met with the camera for the first time. Round about 1954 I began on taking pictures of country people marketing what little they had to spare of the produce of their poor and difficult farms and cottage gardens.

My interest in the art of photography was stimulated by meeting Josef Sudek and Jiří Jeníček, two of Czechoslovakia's leading photographers, who helped me to realize that a photograph can "speak", can say something. In 1956 I had my first exhibition. All this time I lived alone, aloof from social life. Rather miserably, too.

In 1957 the literary weekly "Kultura" took some of my photographs, the first I'd ever had published. Cooperation with the press became the centre of my interest. Sincere portrayal of reality, of the true of people and things, was and is my concern. Since 1958 I have been married and we have a son Marek.

I have found out that the intensity and value of my own feelings, of my own inner world, are closely linked with the final value of the work. I turn out, plus of course, the talent and hard work ivolved, too. I believe in those realities which I find - realities which exist or which are being created.

As a photographer, I am what I have made myself. First and foremost I try to express what I feel to be valuable and significant. I have taken part in quite a number of photographic exhibitions and my photographs have been used in magazines and books, calendars, posters, etc. When taking pictures, I do not manage or pose people, manipulate or arrange subjects. I work on subjects as they are and I try to communicate their importance, meaning and value by confronting intrinsic limits and my own view of them, in order to arrive at their very substance and to designate them by their true names.

I work with 2 Leica cameras, with three attachments, usually with a normal lens. I develop my own photographs. I have never had studio and do not feel like having one. My technical equipment is limited to the most necessary and simplest items. My favorite photographers are Atget, Capa, Bresson...

I start taking a picture when my eyes, feelings and ideas meet with a subject which I feel I should "deal with".

As a child I was most attracted by the comedians, magicians and rope-walkers who used to visit my part of Moravia, performing on the little village square in front of the chapel, by gipsy caravans, brassbands, village funerals and feasts, by the touring film companies, giving shows in the village inn or in a tent. Then there were Easter and all the traditions associated with it. My earliest memories are of my mother putting an egg under a tree in the garden and of my thrilled surprise when I found it, and of her singing hymns as she worked. I vividly remember, too, seeing an airship high above our house, my uncle's motorbike, taking father's lunch to the sugar-mill, my mother out in the fields at harvest time, Thomas - the village organ-grinder, "magic" glass balls in the gardens of the local farmers.

I am not a member of any political party or institution. I have never lived on any kind of scholarship or had any means of support in the world but my unaided work Since 1959 I have travelled paying my own way.

Autorské výstavy / *Personal Exhibitions*

1956   Galerie SČSVU, Olomouc (text katalogu J. Jeníček)
1960   Pohled do dílny fotografa M.N. - Divadlo Na zábradlí, Praha
1962   Kuba - Divadlo hudby, Praha
1974   Indie dnes - Galerie Lidové demokracie, Praha
1976   Galerie Neikrug (s Margaret Bourke White), New York
1990   Velvet Revolution 1989 a Jan Palach 1969 - International Student Center (UCLA) - Los Angeles
1993   Rudolfinum, Praha (text katalogu Z. Kirschner), 18. 2.–11. 4.
       Dům pánů z Kunštátu, Brno, květen
1994   Galerie 4, Cheb, leden

Skupinové výstavy (výběr) / *Group Exhibitions (Selection)*

1960   Divadelní fotografie česká a zahraniční - Fotochema, Praha
1967   7+7 - Špálova galerie, Praha 1967 (text katalogu A. Fárová)
1986   Osobnosti československej společenskej zaujatej fotografie 1940–1980
       Galéria F, Bánská Bystrica (text katalogu T. Fassati a J. Moucha)
1987   Dům umění města Brna (text katalogu J. Moucha)
       Akturální fotografie II. Okamžik - Brno, Cheb, Bechyně
1989   Čs. fotografie 1945–1989 - Valdštejnská jízdárna, Praha
       Proměny české dokumentární fotografie 1839 - 1989 - Cheb, Praha
       (text katalogu K. Klaricová, J. Moucha, P. Scheufler)
       Cesty čs. fotografie - Galerie hl.m. Prahy (dům U Zvonu), Praha

Zastoupení ve sbírkách / *Representation in Collections*

Uměleckoprůmyslové muzeum, Praha
Moravská galerie, Brno
Svaz českých fotografů

Publikační činnost / *Publication Activities*

60. léta - pravidelná spolupráce: Kultura, Literární noviny, Divadlo, Divadelní noviny;
            dále např. Plamen, Kulturní trvorba, Mladý svět, etc.
            Stolní kalendář pro rok 1964 (text J. Boček), OTK Kolín.
            Divadelní prospekty a plakáty (Divadlo Na zábradlí, Laterna Magika, Činoherní klub).

70.–80. léta - pravidelná spolupráce: Gramorevue, Hudební rozhledy, ČSAV (cca 10 let).
            Hudební prospekty a obaly gramofonových desek.

Knihy / *Books*

New York (spoluautoři E. Fuková a M. Šechtlová, text M. Holub), Ml. fronta, Praha, 1966
Londýn (text A.G. Hughes), Ml. fronta, Praha, 1968
ČSSR (česká část, slovenská část P. Janek , text D. Šajner), Orbis, Praha, 1975
Ilustrace: Kuba bez brady (text I. Bukovčan), Slov. spisovatel, Bratislava, 1963
Revue Světová literatura, Odeon, Praha, 1968

Literatura / *References*

J. Jeníček: M.N. - Ein Lichtbildner Homo Novus. Die Fotografie (Lipsko), 1957, č. 11
L. Souček: Nad fotografiemi M.N. Svět v obrazech, 1959, č. 47
V. Ptáčková: Divadelní fotografie. Čs. fotografie, 1960, č. 7
V. Havel: Fotografie M.N. Divadelní noviny, 1961, leden - únor
J. Macků: Fotografie M.N. Kultura, 1961, č. 3
J. Boček: Hovoří M.N. Čs. fotografie, 1963, č. 3
K. Dvořák: M.N. Čs. fotografie, 1964, č. 7
K. Dvořák: Amerika s pocitem v zádech. Čs. fotografie, č. 8
J. Boček: Fotografie a divadlo. Čs. fotografie, 1965, č. 12
K. Dvořák: Dialog (Rozhovor s J. Sudkem). Čs. fotografie, 1966, č. 2
K. Dvořák: Reportáž na objednávku. Čs. fotografie, 1969, č. 5
M. Edelson: International Witness. 35 mm Photography (New York), 1970 (Spring)
Desidero chiamare le cose con il loro nome. Fotografia Italiana (Il Diaframma), 1973, April
A. Fárová: M.N. (Ze sbírek fotografie UPM), Čs. fotografie, 1974, č. 11
J. Caravallo: Zvláštní vztah k lidem. Spektrum, 1976, č. 15
L. Colombo: Le immagini di una „primavera" cominciata 40 anni fa. Infinito, 1986, April
A. Dufek: Černobílá fotografie. Odeon, 1987
Z. Kirschner: M.N. Revue fotografie, 1989, č. 2
D. Mrázková: Co je fotografie (150 let fotografie). Videopress, Praha, 1989
D. Mrázková, V. Remeš: Cesty československé fotografie. Ml. fronta, Praha, 1989
Encyklopedie českých a slovenských fotografů. ASCO, Praha, 1993
D. Mrázková: Dobrý člověk M.N. (Rozhovor se Z. Kirschnerem, J. Kučerou a D. Kyndrovou). Fotografie, 1993, č. 5
Nová encyklopedie českého výtvarného umění. Academia, Praha, 1995
J. Chuchma: Zprávy a odkazy pozorného chodce (text k nedožitých sedmdesátinám). MF Dnes, 25. 3. 2000, str. 21

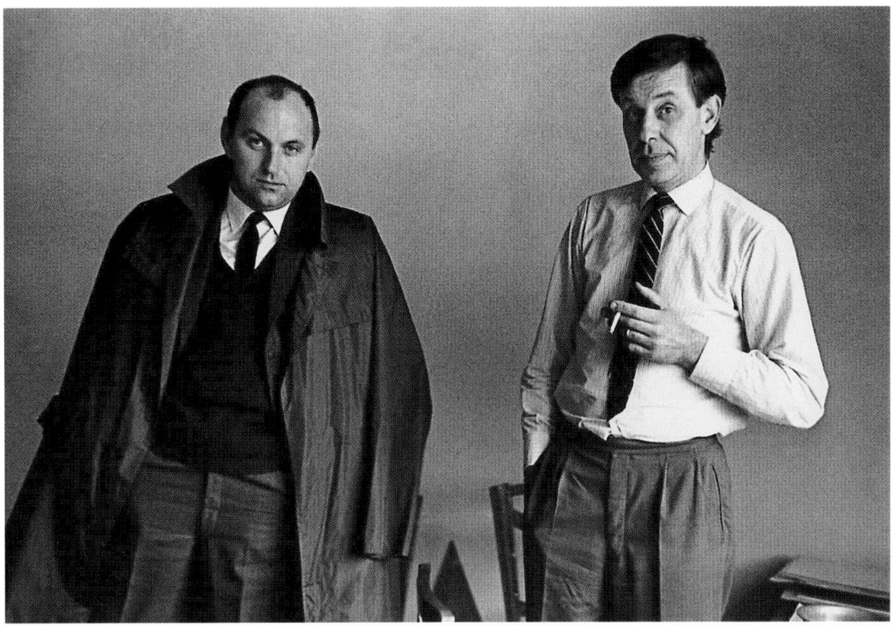

S přítelem Liborem Fárou, výtvarníkem
With his friend Libor Fára, artist

Foto archiv Aleny Novotné, 1967

Publikované články o Miloni Novotném a rozhovory s ním (výběr)

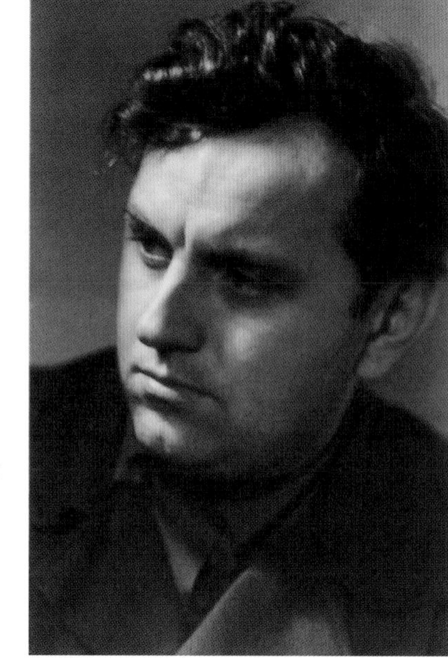

Miloň Novotný na fotografii Josefa Sudka z roku 1956
Miloň Novotný photographed by Josef Sudek in 1956

K výstavě Miloně Novotného

Před třemi týdny, tři hodiny před půlnocí vpadl do mé pracovny promoklý, nárazy větru zrůžovělý fotograf - homo novus - Miloň Novotný. Nevěděl jsem, že člověk toho jména žije. Položiv na stůl soubor fotografických obrazů, jež tvoří obsah této výstavy, požádal, abych napsal úvodní slovo pro katalog.

Po důkladném prostudování Novotného obrazů je jisté, že u mého pracovního stolu toho večera usedl nadprůměrně významný a osobitě vyhraněný fotografický talent prvního řádu, chytač světelných vlnobití, vychutnávač a obdivovatel širokrajinných i koutků, vynikající portrétista, lovec vzácných okamžiků, na něhož slavné dvojverší v závěru dramatické velebásně Goethovy představiteli Fausta recitované, je jako ušité: Okamžik chtěl bych oslovit: Jsi tolik krásný, prodli jen!

Tímhle dvojverším jsou Novotného fotografické obrazy předznamenány, ono určuje jejich společného jmenovatele. Novotný v žádném případě neofotografovává skutečnost. Neobírá se věcmi, aby labužnicky vychutnával fotogenii struktur. Na rozdíl od jiných fotografů věcmi proniká a jejich skutečnostní všednost a indiferentnost taví v pravdy cele své. I jsou Novotného fotografické obrazy prozářeny cudnou, všednodenní krásou, civilní pokorou. Prodavač hub má sto chutí postavit se po bok slavnému Atgetovu Kolovrátkáři a Zasněžení trhovci obrazům těm nejproslulejším.

K nejpozoruhodnějším obrazům výstavy řadím Novotného podobizny. U podobizen žen se neubráníš nemyslil na Halasovy Staré ženy, jimž ony Novotného obrazy jsou beze zbytku kongeniální. Jako ono básnické dílo, i ony jsou do puntíku česky humanistické.

Co říci o Novotného krajinách? Jsou to kabinetní kousky fotografického krajinářství. Hleďme proto na Miloně Novotného jako na fotografa, jemuž patří budoucnost. Jde svými cestami, nezvyklán proroky, neproroky, pevně věřící, odhodlán fotografickými obrazy sloužit společnosti, národu. A tak je tato dnešní výstava velikým příslibem, daným české fotografii. Věřme, že Miloň Novotný nezklame a co slibuje i splní.

Jiří Jeníček
(Katalog výstavy v Galerii SČSVU, Olomouc, 1956)

Miloň Novotný

Fotografie se zrodila uprostřed poklidného devatenáctého století. Lidé ji však skutečně přišli na chuť až později. Až když člověka, který popsal a prozkoumal přírodu kolem sebe, začal znovu zajímat člověk. Neklidné dvacáté století nás naučilo chápat, co fotografie opravdu znamená. Jaké může nést poselství. Pochopili jsme to, neboť dálky se staly blízké a události tak hrozivé, že vyžadovaly vysvětlení. Bitva o nový svět a nové lidství se stala generálním tématem fotografie. Fotografie se změnila v reportáž a z reportáže se zrodilo nové umění. Na začátku stál Atget. Neúspěšný herec, který chodil s aparátem po Paříži a zachycoval mizivé okamžiky života. Zanechal po sobě na několik tisíc negativů a naznačil nejrůznější cesty. Tou nejdramatičtější, kterou šli Cartier-Bresson, Capa, Bischop a celá řada jiných, se dal i Miloň Novotný. Bylo řečeno, že fotografie je uměním postřehu. Že fotograf musí především umět vidět. Ale fotograf musí mít i něco jiného. Fantazii. Musí umět vidět pod tlakem fantazie. Zdánlivě je to nemožné. Zdánlivě fotografie fantazii zcela vylučuje. Fotograf si nemusí nic vymýšlet. Snímá hotovou skutečnost. Ale je to mrtvá skutečnost, je-li vnímána bez fantazie. Nevloží-li fotograf do ní svou představu. Nezažívá-li divák před ní okamžik překvapení. Nadšení s nečekaného. Miloni Novotnému se dostalo daru fantazie. Zdá se mi, že mohl být povídkářem, kdyby se nestal fotografem. Nad mnoha jeho snímky lze vysnít celou historii. Neboť zachycenému okamžiku něco předchází a něco za ním následuje. Pohled, který Novotný vrhl na objekt, napovídá, co bylo před ním a za ním. A člověk zírá, kolik podobných příběhů míjí, aniž by si jich všiml. Fotograf zprostředkuje nečekaný kontakt člověka s jinými lidmi. Místy je to překvapující a místy to až zraňuje. A často se probouzí chuť filosofovat. Jako třeba snímek Josefa Sudka. To jeho příznačné zamyšlení a příznačné gesto orámované zimní Stomovkou. To postižení mizejícího a přece nepomíjivého podzimu lidského života v hramonii se stejně nepomíjivým a mizejícím podzimem přírody. Tady máš o čem přemýšlet. Třeba i o smyslu lidského bytí. A dobíráš se myšlenky i nedobíráš se ji. Neboť se jí nelze nikdy zcela dobrat. Novotný má nerv vypravěče a dramatika. Nikdy není unaven zvědavostí. Nosí ji s sebou jako svou Leicu. Zvědavost znamená u něho vidění s fantazií. Jeho výsledkem jsou příběhy ve fotografiích. Příběh osamělého muže kutálejícího po městské periférii automobilové kolo, příběh tuniského prodavače obuvi, příběh zeměměřiček v Dráždanech, nebo příběh dvou pražských kluků, kteří se opozdili za lampiónovým průvodem. A protože má rád příběhy, rád fotografuje divadlo. Ani tam mu však nejde o iluzi a atmosféru, nýbrž zase o drama člověka, o vyprávění života. Podívejte se na jeho snímek Heleny Weiglové v Matce Kuráži a pochopíte to. Takto jsem Novotného znal již delší dobu. Překvapil mě však, že vedle toho se dokáže i zaradovat nad nečekaným seskupením židliček kdesi v parku, nad porostlou kamennou koulí s petřínskou rozhlednou v pozadí, če že dokáže vytvořit poetický snímek Lidic, kde rozkvetlá třešeň tak ostře kontrastuje se stromy smutečního háje. Není zde nic a je řečeno vše. Je vyřčena tragédie, i postižena síla života, který každou tragédii překonává. Historik by nám ještě řekl, že Miloň Novotný se narodil 11. 4. 1930 ve Štětovicích u Prostějova. Fotografovat začal o dvacet let později. V roce 1956 vystavoval poprvé a od té doby několikrát samostatně a mnohokrát se zúčastnil skupinových výstav. Ale to jaksi sem už nepatří, neboť to o fotografiích neříká nic. Jen snad něco o jejich tvůrci. Ostatně: o fotografiích je lépe nemluvit, na fotografie je nejlépe se dívat. Řeknou samy mnohem víc, než může komentátor.

Jaroslav Boček
(Text ke stolnímu týdennímu kalendáři pro rok 1964, vydaného OTK Kolín)

Hovoří Miloň Novotný

Miloň Novotný je reportér. Reportér z rozumu, vůle i vášně. A také „selfmademann". Přirozeně jsme začali touto věcí.

„Čtyřleté a pětileté fotografické školy moc neuznávám. Nejsou školy pro spisovatele a nevím, proč jsou pro fotografy. Vyvolávat film se naučí každý za den. Když jsem se to naučil já, tak může i každý jiný. Těžiště fotografie je v něčem jiném, než sedat v lavici."

„Tys přesvědčený leikař…"

„Dělám jenom dvěma leikami a třemi objektivy. Jiným aparátem nedělám."

„Proč?"

„Jsem pro boj zblízka. Pro hrozně bezprostřední fotografii. Snímám i portréty z největší blízkosti, aniž by to lidem vadilo. Neuznávám připravovat na lidi nějaké fotografické „nástrahy".

„Někdy je to snad nevyhnutelné, zejména při reportáži, alespoň myslím…"

„S lidmi, které fotografuji, musím nějakým zvláštním způsobem navázat kontakt. Vědí, že je snímám a nevadí jim to. Musí vzniknout vztah. Takový, že se navzájem nerušíme. A tím předem nevzniká rozpor. Ovšem vadí mi, když mě někdo třetí v této chvíli vyruší."

„Poslyš, o tobě se říká, žes náš nejčistší reportér. Řekni mi, jak chápeš reportáž. Prostě takové malé autorské vyznání."

„Na začátku je přirozený »human interst« (zájem o člověka). Dnes už je styl, základ a charakter reportáže v základech zformován. V literatuře třeba Steinbeckem, Hamingwayem, Kischem - vzrušující myšlenky (recherché) a názor na téma. A nevyčerpatelné dané téma. U reportáže jsou nutné. Pochopit objekt v jeho významu a zobrazit jej »objektivním podáním«. Podle mého názoru by reportér neměl napadat skutečnost, jako třeba karikaturista, ale objektivním způsobem zprostředkovat čtenáři skutečnost, že ponechal mu dost místa pro jeho rozum. Musí se dosáhnout přitom ohromné přesnosti, aby si reportér i čtenář porozuměli."

„Tak se ovšem u nás reportáž vždycky nechápe."

„Ano, u nás se tento pojem zbagatelizoval. A zvulgarizoval. Někteří lidé si myslí, že stačí seřadit několik zajímavých fotografií, a to že už je reportáž. To ještě nestačí. To ještě stále může být je »reprodukce«. A mezi reportáží a reprodukcí skutečnosti je ohromný rozdíl. Reportér se musí vystřídat balastu, kterého je kolem každého jevu a střetnutí. Zorientovat se na podstatu skutečnosti. A všechno záleží na přesnosti přenesení faktu a na selekci."

„Ale přece jen cítím jeden rozpor v tom, co říkáš. Na jedné straně hovoříš o myšlenkách, to je o něčem, co přináší reportér ze sebe a na druhé o přesnosti faktu. Nevylučuje se to navzájem?"

„Přesnost myslím v tom smyslu, co chce reportér udělat. Měl by se, alespoň podle mého, držet červené nitě základního pojetí, které vyčerpává motivicky, významově, co do předností i nedostatků, skutečnost před níž stojí. Nemá ji urážet, napadat, diskreditovat, ale podat ji v obrovské podstatě a pravdě. Bez zkrášlování. A dobrat se k tomu: tam začíná reportážní hodnota. Sám věřím ve vzniklou skutečnost, kterou nalézám. Nestěhuji předměty. Nediriguji lidi kam se mají postavit a co mají dělat. Pracuji na konstelaci daných věcí, jejichž význam, smysl a hodnotu se snažím sdělit mírou jejich velikosti, abych se dobral podstaty daného a nazval vše pravým jménem. (To však neznamená, že bych něco jen komentoval.) Tady nastává velmi rychlé reagování na situaci, za které - nemáme-li dostatečnou aprobaci - můžeme vyjít poražení. Bohužel, pro některé fotografy neexistuje těžké a lehké téma. Říkají, že mohou fotografovat všechno. Těch jsou davy. Jeden by se usmekal."

„Ovšem pozor, hovoříme velice teoreticky a zapomínáme, že v reportáži do jisté míry hraje určitou roli i náhoda, být přítomen, nepřijít pozdě, prostě shoda zachytitelného okamžiku s fotografovým časem a prostorem, abych to řekl učeně."

Nevěřím na náhodu. Nedávno jsem hovořil s jedním odpůrcem reportáže, který mi tvrdil, že reportérovi jde prostě a především o to, být u toho, když Gavrile Princip střílí svých pověstných sedm kulí do Ferdinanda v Sarajevu a zmáčknout to. Ale tak to není. Takový záznam má jistě svou velkou hodnotu, ale to všecko lze vyjádřit i jinak. Myslím na celý komplex stávajících událostí. A potom reportér »náhodu« vylučuje tím, že ji vyhledává. Dílo okamžiku má svoji stavbu v předvoji a daná situace jako její výslednice může tvořit zdání náhody. Tato »náhoda« se sice nedá předvídat, ale dá se tušit, V předvídání situace je určité tajemství reportážního úspěchu. Nemohu dobře vědět, co se za určité situace stane, ale tuším, že se něco stane. Proto konflikty jsou dány a vyvíjejí se svou cestou. A nemusím být v samém středu událostí, třeba na okraji a mohu její podstatu vyjádřit výrazněji a přesněji, na nějakém detailu, než kdybych fotografoval to mechanicky nejdůležitější. Ale přece jen je to určité východisko z nouze, když nelze pracovat v ohnisku dění."

„Souhlasím, to je ostatně princip každého umění, ne jen reportáže, a ne jen fotografie. Třeba děj Lavreněvovy povídky Jedenáctyřicátý se odehrává na periférii revoluce a přece v něm Lavreněv vyjádřil samu podstatu konfliktu."

„Třeba si skutečnost uvědomovat. A orientovat se v ní. Jedině tak překonává fotoreportér pasívní vztah a začíná objevovat zákony příhod a vůbec lidského života."

„A tady jsme u podstaty…"

„Ano, tady jsme u podstaty fotografie. U momentu, kdy se fotografie stává tvořivou činností. Kdy není hodnota objektu totožná s hodnotou fotografie. Proto jsem hovořil o zájmu o člověka. Miluji lidi, kterým jde o něco víc, než jen tak dělat něco pro sebe."

Rozmlouval Jaroslav Boček
(Československá fotografie, 1963, č. 3)

FOTOGRAFIE MILONĚ NOVOTNÉHO se začaly porůznu objevovat před čtyřmi pěti lety. Jeden čas se potom zdálo, že Novotný se chce specializovat na divadlo. Jeho snímky měly to, co naší jevištní fotografii dlouho chybělo: bezprostřední atmosféru představení, kterou připravované snímky ze zkoušek tolik zplošťují. Novotný navíc nefotografoval divadlo jako divadlo, ale jako jeden z životních projevů člověka. Někdy mi připadá, jako by se číhaje se svou leicou ve ztemnělém hledišti brousil drápky, až se vypraví lovit neopakovatelné okamžiky života do bílého dne. Na malé výstavce svých prací ve foyer divadla Na zábradlí nyní ukazuje, jak se mu to daří. Novotný nevyhledává „události“, naopak: muž žene kdesi na předměstí automobilové kolo, artistka se rozcvičuje před vystoupením, na refýži se sešel buben s vánočním stromkem, plošináři s maskami proti prachu se chystají odstartovat. A divák nad tím vším má pocit, jako by ve chvíli, kdy klapla spoušť, stál vedle fotografa a spolu s ním spráskl ruce: „Tak se podívejme, jak ten život někdy vypadá!“ Je v tom hodně chápající dobrosrdečnosti i kousíček ironie, jako by se fotograf nechtěl zcela odhalit, a nad tím vším neustávající nelíčený podiv nad proměnami divadla života, který Novotnému i v budoucnu nahraje do hledáčku ještě nejeden pěkný obrázek.

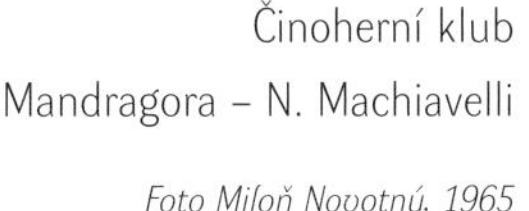

Jiří Macků
(Kultura, 1961, č. 3)

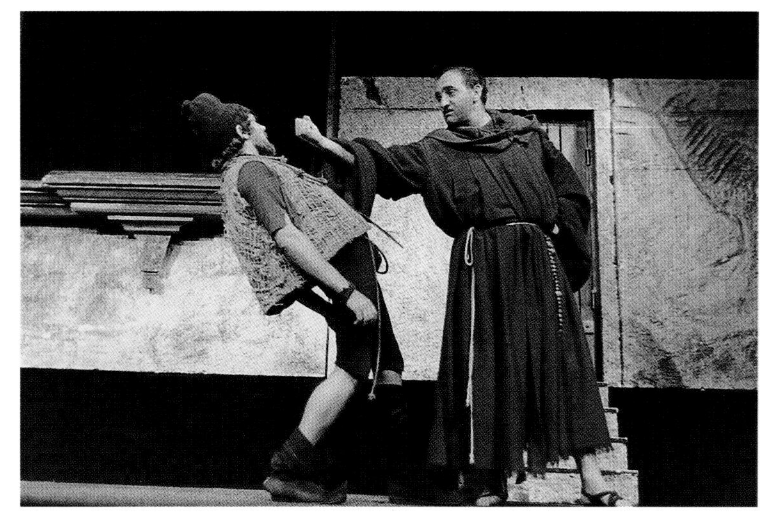

Činoherní klub
Mandragora – N. Machiavelli

Foto Miloň Novotný, 1965

FOTOGRAFIE MILONĚ NOVOTNÉHO, které naplnily foyer Divadla Na zábradlí, dobře korespondují s nekonvenčním zacílením této scény. Stačí si všimnout už tematického okruhu Novotného fotografování: všude se u něho setkáváme se snahou postihnout skutečnost, která mluví o konkrétním lidském osudu, o atmosféře současného života. Novotného zajímá člověk zvláště tam, kde se ocítá nějak v mezní či psychické situaci, kde něco ztrácí a něco nalézá, něco riskuje a něčemu se poddává. Zvláště dobře si jeho umělecký názor můžeme ozřejmit na fotografiích divadelních: tam, kde objektiv fotografa hledá v představení především místa pohybově, mimicky, nebo výtvarně exponovaná (ovšem bez ohledu k charakteru představení), jde Novotnému o pravdivý koncentrát divadelního zážitku. Volí vždy místa pro dané představení nějak příznačná, hledá charakteristickou gestaci jevištní postavy. Pátrá tak po skutečném náboji dramatické situace i za cenu ztráty řady možností světelných, kompozičních, herecky akčních a jaksi „všeobecně estetických“. Novotného fotografie - obecně - jsou v nejlepším smyslu dokumentární, a proto mají onu zvláštní a drsnou sugestivitu skutečnosti. Přejme Miloňovi Novotnému do další práce schopnost ještě důslednějšího proměňování nekonvenčního fotografického názoru v realitu hotových snímků.

Václav Havel
(Divadelní noviny, 1961, leden-únor)

DIALOG

Pořadatel statí, věnovaných v tomto čísle jubileu Josefa Sudka, nezačal pozorovat vztah fotografů zejména mladší generace k tomuto umělci včera. A nevymyslil si ad hoc otázku, jestli je tento vztah českých fotografů nutný, živý, bytostný nebo formální, zdvořilostní, příležitostný - vnitřní, společenský, poučený, prostičce citový nebo mezi generacemi neobvyklý. Veden poznáním, že v každém případě tu existuje nějaký vztah, pokoušel se všelijak dozvědět, z čeho pramení; v čem vězí a co je z něho pro českou fotografii důležité. Několik fotografů různého věku i vyznání odpovědělo v tomto čísle na otázku takového vztahu ve vyžádaných příspěvcích. Krom toho je asi třeba číst odpovědi i z jistého dialogu, který mezi Josefem Sudkem a většinou významných fotografů neustále trvá v jakési latentní podobě. Neboť není například možno udělat dnes ve fotografii krajinu a necítit v sobě povzbudivé i varovné gesto Sudkovo. Není možno formulovat lyricko-epický projev ve fotografii a nevědět o tom, že celou řadu jeho principů si nese v sobě už několik fotografických generací právě od Sudka. A jednou za docela obyčejného večera, za pozvolného stmívání, vytáhl autor těchto řádků přece jenom blok a suše si zapsal kus takového dialogu, vedeného tentokrát opravdu z tváře do tváře mezi Josefem Sudkem - tehdy už skoro sedmdesátiletým - a mezi Miloněm Novotným - poměr věku 1: 2. Není to celá šíře tohoto dialogu, formulace opouštějí úmyslně často mluvný tón a celý záznam se vlastně nepokouší o víc než o zachycení výrazu jistých myšlenek, takže to už málem vypadá jako teoretizování. Ale byl to opravdu jen dialog. V nepopsatelném chaosu, v němž se rýsuje neobyčejný pořádek tak jako mlhovina prozrazuje uspořádání galaxie, v ateliéru, který je sám o sobě objektem a sám o sobě dílem, je první, nač návštěvník narazí, množství. Je tak očividné, že i o něm musela padnout zmínka.

NOVOTNÝ *Množství je základna pro výskyt ojedinělostí.*
SUDEK *Množství je malá násobilka.*
NOVOTNÝ *Kromě množství musí být patrně také vzory.*
SUDEK *Na švestky se musí chodit.*
NOVOTNÝ *Z množství vzejde úmysl.*
SUDEK *Někdy je to ještě jinak. Jednou jsem se zeptal Filly nad jeho obrazem, proč ho dělal. (Otázka záměru mě vždycky trápila.) Odpověděl mi: Jo, to kdybych věděl! (A mně se ulevilo)*
NOVOTNÝ *Snad není důležité to, co víme o svém popudu zevně. Nejdůležitější je vědomí vnitřní stavby věcí.*
SUDEK *Vnitřní výstavba roste pomalu. Pomaličku. Když jsem byl ještě ve škole, udělal jsem si takový plán: vyfotografuju Vltavu podle Smetany. Pořád*

jsem s tím chodil, nebyl to planý úmysl, ale nevěděl jsem kudy na to, trvalo to, trvalo. - A najednou se mi osvětlilo, proč nedošlo k realizaci. Za protektorátu mi nějaký fotograf ukázal celé album: Vltava - podle Smetany. A já koukám - jo, tak ono to nejde udělat...
NOVOTNÝ *Poznat napřed co bude platit a co ne, je moc těžká věc.*
SUDEK *Nejdřív přijde objev. Pak následuje práce. A nakonec z toho někdy něco zůstane...*
NOVOTNÝ *Předem nejde nic konstruovat. Taková konstrukce i když vyjde, je moc subjektivní, ze všeho nějak trčí... Myslím, že se vysunuje z toho vnitřního řádu, z té vnitřní výstavby zamýšleného díla.*
SUDEK *Všechno totiž musí mít společnou, vzájem-*

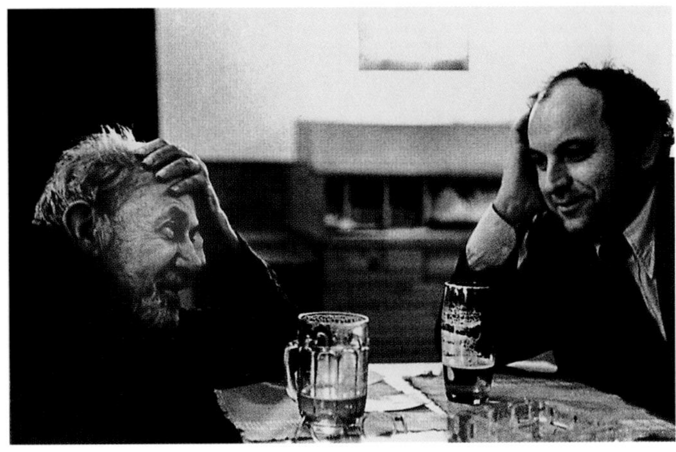

S Josefem Sudkem na Vikárce
With Josef Sudek in the Vikárka restaurant

Foto Alena Novotná, 1974

nou podobu - ale musí to mít zároveň podobu samostatnou, jenom svou vlastní.

NOVOTNÝ *Průvodní pocity při odhadu či pohnutce jsou jen velice přibližné. Bez vnitřní stavby - architektury - by na ně nebylo spolehnutí.*

SUDEK *Jednou jsme šli s Tichým za plného léta a Tichý najednou povídá celý oslněný: Hele, jak je ta tráva modrá! - Tichý byl malíř. Já viděl trávu jen zelenou.*

NOVOTNÝ *Nejvíc vzrušení poskytuje to první: nacházení věcí.*

SUDEK *Ano, zaplať pámbú, objevy jsou! S Funkem jsme často chodili za něčím, co jsme si vzali do hlavy a ono to ne a ne vyjít. Přitom jsme udělali najednou něco jiného - a bylo to ono. Objevovat je moc důležité.*

NOVOTNÝ *Důležitý je také ten pocit prudké naléhavosti. Musí trvat i když se nic neděje. A třeba dlouho neděje. Najednou to přijde - tam leží objev - a tady v člověku jeho připravenost.*

SUDEK *Jenomže u fotografa k tomu ještě musí být aparát, hehe!*

NOVOTNÝ *Každý jev nese svůj řád. Člověk uvidí věc v přesném stadiu. Mine ji, nic s ní neudělá. Podruhé se s ní setká připravenější a poznává, že už si ji tomu svému prvotnímu dojmu podřídit nemůže.*

SUDEK *My jsme neuměli být módní. Byly tu vlivy, samozřejmě - Funke byl například ovlivněn literaturou - ale hlavně tu byla doba vnitřního zrání, doba poznávání, doba podnikavosti. K tomu patří toulání světem, přírodou. Jednou přijde věk, kdy to člověku myslí už pomaleji, rozvážněji - ale zato zase du-*

kladněji. *Už zná úskalí, už ví jak je obejít, už si umí poradit - chybí jen ta bezstarostná podnikavost. Do činů vstupuje váhání a někdy dlouhé rozmýšlení.*

NOVOTNÝ *Je potřeba pořád poznávat lidi a svět, vidět obojí.*

SUDEK *Každá izolovanost je špatná. Příslušníci velkých národů mají v krvi všechno, co obsahuje jejich národní minulost - a jsou to někdy pěkné řádky století velké kultury. My bychom měli koukat všechno si to osvojit, poznat, nasát tu atmosféru, to ještě přece neznamená, že zfanfrním.*

NOVOTNÝ *Vědět své, nedat se oslnit a moct vidět.*

SUDEK *Mně se kdysi nabízel ateliér nahoře na Národní třídě se vším všudy. Zůstal jsem na Újezdě. Tam na Národní se to měnilo, zmizel ten, kdo mi ateliér nabízel, změnil se ateliér, byl tam fotograf a už dávno není - a já jsem tady. Poslyšte, Újezd je Újezd!*

Setmělo se a u Sudků rozsvítili. Z pěšiny, vedoucí k brance, bylo pak vidět okno, které zářilo do tmy. Když jste přibrali do zorného pole i tu tmu i slabě patrné obrysy dřevěného baráčku mezi dvěma činžáky i zvuk ulice i doznívající ještě hlas Sudkův - muselo se vám zdát, že jste vykročili z fotografie do skutečna. Vida, jak realita může mít různé podoby. Vyšli jsme do světa, stvořivšího člověka, ze světa stvořeného člověkem. A pomalu se rozhučel kravál pražských ulic a byl zase obyčejný večer...

Karel Dvořák
(Československá fotografie, 1966, č. 2)

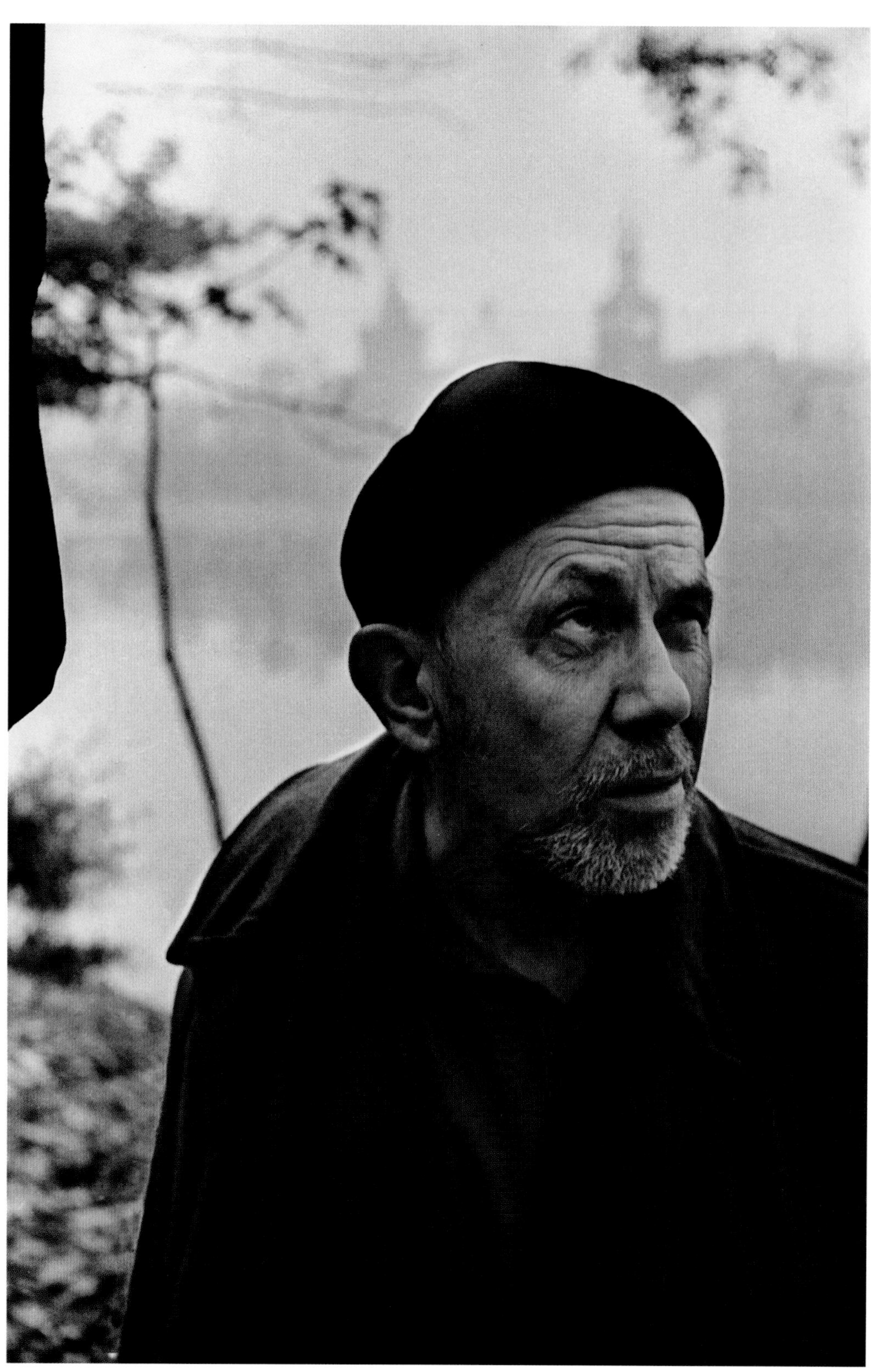

Josef Sudek, Praha, 1958

Foto Miloň Novotný

MILOŇ NOVOTNÝ

„Chci nazývat věci jejich pravým jménem", prohlašuje Miloň Novotný o smyslu svého fotografování. K tomuto účelu používá přímé bezprostřední fotografické metody a skutečnost, kterou snímá, nearanžuje. Sleduje život a lidi v jejich přirozeném počínání, z něhož pak vyjímá jediný okamžik, ve kterém se gesta, prostředí, předměty a lidé seskupí ve smysluplnou kompozici sdělující fotografův zážitek a poznání. Většinou se jednoznačně a bez dalšího rozvažování tento druh fotografie přiřazuje k fotografii reportážní. Pokud jde o metodu, je opravdu reportážní fotografii podobný, už v tom smyslu, že skutečnost se sleduje pozorně a bez zásahu. Ale zatímco reportážní fotografie se váže přesně k určitému výjevu, k události, činu a místu, které věrně popisuje a o nichž přináší „report" - zprávu, druh, který pěstuje Miloň Novotný, je odlišný ve svém základním poslání. Nejde o popis určité události nebo určitého místa, ale o zhuštěný dojem z lidských situací, které existují kdykoli a kdekoli a u nichž není podstatné, zda se něco výjimečného přihodilo a skutečnost byla nějakým způsobem vyšinutá. Jde o koncentrované vyjádření humanistických problémů.

Tento způsob fotografování lidského údělu vyžaduje od fotografa zvláštní vztah a neobyčejné porozumění pro lidství v tom opravdovém smyslu slova. Žádá si od fotografa také pokoru ke skutečnosti a k životu. Tato slova se mohou jevit jako zbytečná, tak se zdají základní. Avšak mnoho fotografů je považuje za samozřejmá a nepodstatná, až je přezírají. A potom se reality „zmocňují". Vstupují mezi skutečnost, život a fotografii.

V tomto druhém případě je nutné umět trpělivě čekat, přitom však velmi vypjatě a soustředěně, na onen přechodný a rychle pomíjející okamžik, kdy se všechny složky budoucí fotografie ve výjevu života uspořádají tak, aby se v této jedinečné a většinou neopakovatelné chvíli svou skladbou proměnily ve sdělení. Při této metodě hraje velmi podstatnou úlohu výběr. A to hned několikerý: výběr chvíle, která je významuplná, výběr úhlu záběru, který do daného rámce zahrnuje všechny předměty dokreslující situaci, nebo je z něho vylučuje, a konečně výběr definitivního obrazu z mnoha negativů. Tato selektivní metoda je jediným možným procesem, který umožňuje vznik bezprostřední a humanistické fotografie, proměňující banální a nepřehledné životní výjevy brané ze skutečnosti v symboly pocitů.

Miloňovi Novotnému je čtyřicet tři let a žije v Praze. Mnoho cestoval, ale z těchto jeho cest, které uskutečňuje od roku 1959, nepřináší exotické snímky ani turistický záznam. Hledá a nachází v celém světě velmi podobné lidské momenty. Novotný pochází z Moravy, studoval gymnasium v Prostějově. Od roku 1954 fotografuje lidi kolem sebe. V roce 1956 poznává Josefa Sudka a Jiřího Jeníčka, setkání významná pro jeho budoucí vývoj. Sám o tom říká: „To oni mi pomohli pochopit, že fotografie může hovořit, že je řečí, kterou je možné něco povědět."
Z cizích fotografů má rád především Atgeta, Cartier-Bressona a Roberta Capu. V roce 1957 začíná spolupracovat s divadly, zvláště potom s Činoherním klubem, kde fotografuje od založení a pořizuje pro něj fotografie do programů a na plakáty. Fotografuje také pro ČSVA. Jeho první samostatná kniha fotografií se nazývá Londýn a vyšla v Mladé frontě před pěti lety.

Anna Fárová
(Československá fotografie, 1973, č. 11)

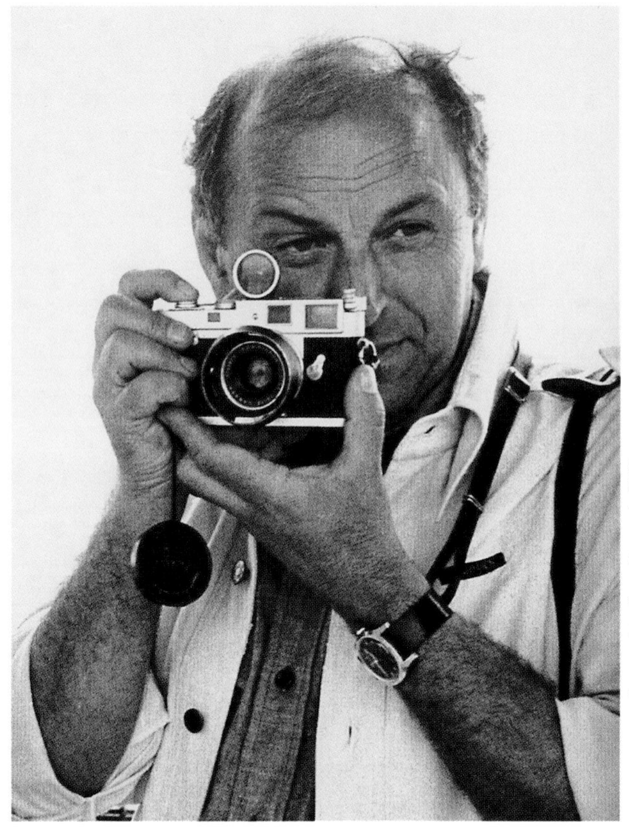

Svůj první fotoaparát Leica si Miloň Novotný koupil v roce 1958.
Od té doby pak celý svůj život používal výhradně leiky.

Miloň Novotný bought his first Leica camera in 1958.
From that time he used Leica cameras all his life.

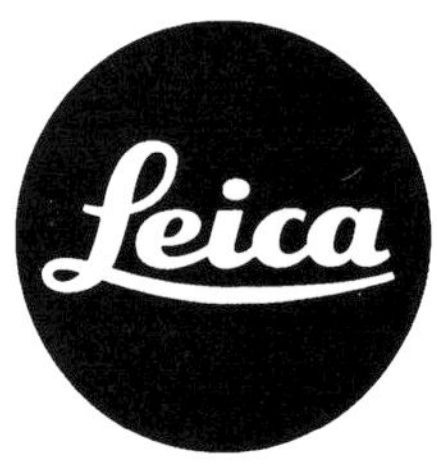

Tato kniha byla vydána díky velkorysé finanční podpoře

Ministerstva kultury České republiky
Nadace Dagmar a Václava Havlových VIZE 97
Leica Camera AG
PRO HELVETIA
Paní Aleny Novotné

This book was published with the generous support of

the Ministry of Culture of the Czech Republic
Dagmar and Václav Havel VIZE 97 Foundation
Leica Camera AG
PRO HELVETIA
Mrs. Alena Novotná

Kodak Professional